DO CAOS À COERÊNCIA

Doc Childre
Bruce Cryer

DO CAOS À COERÊNCIA

Um método revolucionário para alavancar o desempenho nos negócios

Tradução
MIRTES FRANGE DE OLIVEIRA PINHEIRO

Prefácio de
ROBERT K. COOPER, PH. D.

EDITORA CULTRIX
São Paulo

Título do original: *From Chaos to Coherence.*

O primeiro número à esquerda indica a edição, ou reedição, desta obra. A primeira dezena à direita indica o ano em que esta edição, ou reedição, foi publicada.

Edição	Ano
1-2-3-4-5-6-7-8-9-10	02-03-04-05-06-07-08-09

Direitos de tradução para a língua portuguesa
adquiridos com exclusividade pela
EDITORA PENSAMENTO-CULTRIX LTDA.
Rua Dr. Mário Vicente, 368 — 04270-000 — São Paulo, SP
Fone: 272-1399 — Fax: 272-4770
E-mail: pensamento@cultrix.com.br
http://www.pensamento-cultrix.com.br
que se reserva a propriedade literária desta tradução.

Impresso em nossas oficinas gráficas.

Sumário

Prefácio

Scott Shuster
Diretor e fundador da *Business Week Executive* Programs

O mundo é um fenômeno criado interiormente. Recebemos os estímulos pelos sentidos e processamos esses dados sensoriais por intermédio da mente e das emoções para criar o que cada um de nós vivencia como sendo "o mundo". Por esse motivo, ele difere rigorosamente para cada um de nós.

A qualidade do nosso mundo individual depende da habilidade que temos de processar e de usar os dados que recebemos. Quanto melhor operarmos o sistema de processamento de dados do organismo, mais acurada será a nossa compreensão do mundo. E, quanto mais acurada a impressão que temos do mundo ao nosso redor e do nosso interior, mais chances temos de reagir a eles de maneira mais eficaz para nós mesmos e para aqueles com quem convivemos.

Mas quais são os nossos sistemas internos? Como funcionam? Onde estão as alavancas de controle dentro de nós, e como as alcançamos? Doc Childre trabalha com esses mistérios do corpo e da reação humana há mais de 25 anos. No início da década de 70, Doc descobriu que o coração, um órgão que parece ser sobretudo uma bomba, na verdade desempenha um papel comprovado nas reações emocionais e na inteligência humana. Esse fato não é nenhuma novidade para os amantes, compositores, poetas ou pais. Mas Doc provou essa tese desenvolvendo uma série de práticas físicas e mentais minuciosas que aproveitam o poder emocional do músculo do coração e fazem que ele atue na redução do *stress*, num melhor relacionamento de grupo e em outros efeitos positivos. Ele chama esse processo de *HeartMath*.

Doc e seus colaboradores — Sara Paddison, Rollin McCraty, Howard Martin, Deborah Rozman, Bruce Cryer e outros — aprenderam que a linearidade do pensamento humano e o ritmo no qual o corpo e a mente tendem a passar de uma experiência momentânea para outra eram instrumentos extras que podiam contribuir para a descoberta básica relacionada com o papel do músculo do coração. Eles também aprenderam que a prática HeartMath é especialmente eficaz quando conduzida na presença de outras pessoas — colegas de trabalho, por exemplo.

Por intermédio do Instituto HeartMath, uma instituição sem fins lucrativos, e das técnicas da GQI (Gestão de Qualidade Interna) desenvolvidas recentemente, os instrumentos HeartMath empregados por Doc utilizados para o aprimoramento da experiência pessoal foram direcionados para a esfera do desenvolvimento de grupos e do aperfeiçoamento de empresas. A HeartMath e a GQI atualmente estão sendo usadas por setores empresariais, governamentais e militares. Entre os freqüentadores assíduos dos treinamentos estão Motorola, Hewlett-Packard, Canadian Imperial Bank of Commerce, Royal Dutch Shell (RU) e Cathay Pacific Airways (Hong Kong), bem como várias secretarias municipais, estaduais e federais dos Estados Unidos. A GQI está tão em alta que Doc, Bruce e a equipe administrativa de sua recém-formada empresa de consultoria e treinamento, a HeartMath LLC, uma empresa com fins lucrativos, está se expandindo rapidamente para atender à demanda por seus cursos em todo o mundo.

Numa tarde de 1992, Bruce Cryer foi ao meu escritório na Business Week Executive Programs, no 36º andar do Rockefeller Center, no coração de Manhattan. Sua tarefa era partilhar uma visão que, para um editor completamente cético como eu, que se interessava apenas por informações de aplicação prática para suprir as necessidades das grandes empresas, a princípio pareceu tratar-se de psicologia moderna. Bruce não tinha nenhuma empresa como cliente: apenas algumas penitenciárias, um programa de delinqüência juvenil, algumas escolas municipais e uma base do exército norte-americano.

Porém, a tecnologia HeartMath em apenas alguns segundos consegue se impor perante qualquer cético: concentre seu pensamento na bomba que bate no seu peito. Imediatamente o corpo se aquece e o seu estado de espírito se transforma. Essa é a notável descoberta de Doc Childre, uma transformação que ocorre naturalmente no corpo humano e que, de alguma forma, passou despercebida ou, no mínimo, não foi desenvolvida, registrada e transmitida durante séculos. Era como se Bruce tivesse me dado a notícia da invenção da roda, do telefone ou do semicondutor em primeira mão. Estava claro que se tratava de uma nova tecnologia utilíssima.

A HeartMath é importante como descoberta e como definição. Graças a este livro escrito por Doc e Bruce e a vários livros anteriores de Doc — *Self-Empowerment* (1992), *Freeze-Frame* (1994) e *A Parenting Manual* (1995) —, essa notável tecnologia interna do corpo humano provavelmente nunca mais será esquecida. À medida que as técnicas forem sendo difundidas, a HeartMath integrará o léxico do comportamento humano e passará a fazer parte do dia-a-dia de todos nós.

Não há limite para o potencial da tecnologia HeartMath, pois no fundo ela consiste em uma ação física simples: uma formação mental, um pensamento com efeitos físicos. Não é nenhuma filosofia, fé ou crença. O caráter essencialmente físico da prática permite que ela transponha as barreiras que costumam dividir a humanidade. Não há nada culturalmente "americano" na tecnologia HeartMath. Ela não irá transgredir nenhuma religião ou preceito cultural e funcionará na Índia, no Irã, na China ou na Nigéria, da mesma forma que funciona na Califórnia, em Nova York, no Reino Unido ou na Suécia.

Dentro do seu potencial universal, existe uma imensa promessa da HeartMath: se todos fizessem isso, o mundo seria maravilhoso.

Prefácio à Edição Revista

Robert K. Cooper, Ph.D.
Presidente da Advanced Excellence Systems
Presidente do Conselho da Q-Metrics
Membro do Silicon Valley World Internet Center
Autor dos *best-sellers* internacionais *The Performance Edge* e *Executive EQ: Emotional Intelligence in Leadership & Organizations*

Este livro é um presente para todas as pessoas e empresas que estão lutando para sobressair, e não apenas para ganhar a vida, na sociedade opressiva em que vivemos. Como você vai ver nas páginas que seguem, as descobertas recentes da neurociência viraram o conceito convencional de sucesso de cabeça para baixo.

Com o tempo, compreendi que cada um de nós nasce com um potencial exclusivo que define o nosso destino nos campos pessoal e profissional. Poucos de nós conseguem vislumbrar esse potencial oculto e singular, muito menos liberá-lo e explorá-lo.

Uma das principais razões disso é a nossa dependência exagerada da inteligência cerebral e a subutilização da inteligência dos recém-descobertos "segundo cérebro" e "terceiro cérebro", no coração e no intestino humanos, respectivamente. Esse sistema triplo complexo e integrado foi planejado para ser brilhantemente usado e distribuído por todo o corpo humano e dentro das empresas. Até agora, porém, raramente isso ocorreu. Este livro convida a mudar isso.

Num apelo extraordinário para a ação, Doc Childre e Bruce Cryer reúnem as pesquisas mais relevantes e anos de experiência prática para desafiar os leitores e as empresas a crescer de forma significativa e mensurável. Sua abordagem ajuda a tornar seus esforços mais eficientes, e não mais complicados. Acontece que alguns gramas de emoção equivalem a um quilo de repetição.

Descobri que, quando as pessoas conseguem enfrentar desafios e dar o melhor de si, é porque encontraram seus próprios caminhos singulares para gerar níveis de energia, paixão, força interior e comprometimento excepcionais. *Do Caos à Coerência* constitui uma contribuição valiosa para a literatura especializada.

Este livro antecipa o futuro, colocando a liderança onde ela deveria estar — em primeiro plano. É leitura obrigatória para administradores e profissionais de todos os escalões da empresa.

Os próximos passos dependem de você.

Introdução à Edição Revista

Nos dois anos que se passaram desde que a primeira edição deste livro foi publicada, ocorreram mudanças fantásticas. A Internet desencadeou uma revolução do comércio eletrônico que poucos analistas, até mesmo os mais otimistas, poderiam ter previsto. As ações de tecnologia alimentaram um período de incrível expansão econômica. A riqueza está sendo gerada num ritmo sem precedentes. A fusão de muitas indústrias está diminuindo o número de concorrentes e criando empresas gigantes. Quanto maior e mais rápido, melhor. As empresas pontocom são a coqueluche do momento, mas as falhas estão ficando mais aparentes. O *bug* do milênio se foi, mas pelo menos 50 bilhões de dólares foram gastos só por companhias norte-americanas para impedir que houvesse uma catástrofe. O primeiro filme transmitido pela Internet foi lançado no mesmo mês em que equipes de pesquisadores rivais disputavam o mapeamento do código genético humano. É também uma era em que o medo e o pânico podem causar uma perda de 1,9 trilhão de dólares no mercado de ações em uma só semana.

Ainda estamos nos divertindo?

O ritmo da mudança é feroz, excitante, frenético e está deixando muitos de nós para trás mais depressa do que nos damos conta. Mas podemos sustentar essa mudança? Que preço pagamos, da sustentabilidade das empresas à qualidade de vida que estamos oferecendo para os nossos filhos?

Há uma nova tendência ganhando impulso em todo o mundo — a coerência, que surge na esteira do desejo de criar novas formas de comunicação, novos modelos de negócios, novos tipos de relacionamento e uma nova inteligência.

Com certeza nada mais será igual. Então, onde é que entra o coração? Os funcionários adoram ter opção de compra de ações, mas anseiam por dar um significado ao seu trabalho. As empresas se preocupam com o retorno para os acionistas e em ser as primeiras a lançar um produto no mercado, mas lutam para entrar na lista dos "100 Melhores Locais de Trabalho" para conservar seus maiores talentos. Os integrantes da geração X e os *baby boomers* estão delineando na areia fronteiras sobre liberdade, lazer e realização pessoal.

Este livro ensina a dar coerência ao que muitas vezes parece caótico e contraditório. Ele apresenta os instrumentos que estão sendo usados em todo o mundo para ajudar as pessoas a analisar montanhas de dados, a tornar suas conversas mais profundas, a dar o melhor de si e a contribuir para a excelência da empresa.

Do Caos à Coerência informa, conta histórias, fornece instrumentos práticos e abre a sua mente para novas maneiras de ser — para você e para a sua empresa. Apesar de não ter todas as respostas, vai ajudá-lo a fazer perguntas realmente relevantes. Pode ser até mesmo que desperte o seu coração.

Os Negócios na Velocidade do Equilíbrio

> Algum dia, depois de ter dominado os ventos, as ondas, as marés e a gravidade [...] vamos explorar [...] as energias do amor. Então, pela segunda vez na história do mundo, os homens terão descoberto o fogo.
>
> — TEILHARD DE CHARDIN

Está ocorrendo uma discreta revolução nos corações, nas salas de bate-papo da Internet e nas salas de diretoria das empresas em todo o mundo. As pessoas estão conversando sobre assuntos relevantes, como questões de significado, valor e preocupação com o próximo. Isso é motivado pelo anseio de sermos mais do que o nosso trabalho, mas também pelo desejo de ter um excelente desempenho profissional e de nos orgulharmos da organização da qual fazemos parte.

Recentemente, passei um fim de semana com um grupo de executivas que conheci num programa em Stanford cinco anos atrás. Elas se reúnem a cada quatro anos para conversar sobre a carreira, a família, frustrações e esperanças. Essas mulheres criaram uma comunidade para ajudar a preencher um vazio que muitos profissionais que ocupam altos cargos em algumas das maiores empresas de tecnologia do mundo sentem. O coração delas quer se relacionar, e o espírito anseia por equilíbrio. Elas não constituem um exemplo isolado.

Ao longo da última década, essa revolução vem ocorrendo sob o radar de uma mídia glorificada pela Internet, pelo "*e*-tudo", pela mania de fusão e pela mudança mais rápida que este planeta já viu. É uma revolução de objetivo e de significado, de fincar uma estaca no chão e dizer: "Esta é a vida que eu quero para mim. Este é o tipo de organização em que eu quero trabalhar."

O ritmo alucinante das conquistas tecnológicas nos levou a crer que tudo é possível, que a vida pode ser excitante, desafiadora, inquietante e impetuosa — sem perdermos a sensação de equilíbrio. O coração está voltando à vida.

A velocidade é uma droga incrível. Pergunte a um corredor de Fórmula 1, a um *day-trader** ou ao diretor executivo de qualquer uma das milhares de empresas recém-formadas que estão tentando desesperadamente chegar na frente com *a próxima grande sacada, a tecnologia revolucionária, o aplicativo que vai estourar no mercado*. Nós nos convencemos de que, quanto mais rápido, melhor, e, mais ainda, de que é imperativo. A letargia, até mesmo o equilíbrio, representa a morte nos mercados atuais. Mas que combustível está nos movendo? Será que a nossa empresa — e nós mesmos — estamos sendo movidos por alta octanagem ou pela descarga do medo? Medo de perder a corrida, de ficar para trás, de ser soterrados pelo monte de lixo *do que poderia ter sido*?

O equilíbrio parece maçante. E quem tem tempo para isso? Quem se importa com o fato de que o nosso corpo não foi planejado para lidar com a incrível avalanche de informações produzidas ao longo da última década? Quem se importa com o fato de que o volume de informações dobra a cada doze ou dezoito meses, em comparação com os trinta ou 36 meses em 1995, ou os vinte anos nos idos de 1954? Quem se importa se a maioria das pessoas no meio empresarial hoje em dia processa centenas de informações diariamente (uma pesquisa indica que a média atual é de 196 mensagens por dia), sem contar o seu trabalho regular?!? Quem se importa se paralelamente à globalização da informação a violência juvenil aumentou de forma alarmante? Ou se o planeta levou vários milhões de anos para atingir o número de 3 bilhões de habitantes, e menos de cinqüenta anos para acrescentar mais 3 bilhões.[1]

Muitas pessoas se importam.

Do Caos à Coerência foi escrito para o futuro das companhias e do potencial das pessoas. O livro propõe uma nova maneira de desenvolver empresas que respondam às mudanças, às crises e aos desafios com harmonia e equilíbrio. Empresas formadas por pessoas que sabem reagir com rapidez e cuidado às mudanças que ocorrem na economia, nos mercados, na sua cultura e em si mesmos. O "como" é um misto de ciência, praticidade e inteligência do coração e do intelecto.

Achamos que é possível alcançar um novo nível de eficiência, sincronização e eficácia organizacional, estudando e aplicando as novas informações sobre a inteligência do corpo humano. As empresas só conseguirão dar um salto substancial em eficácia e sustentabilidade quando adquirirem uma nova compreensão dos processos humanos. Está na hora de realmente começar a se importar.

---

*Especulador que compra e vende títulos ou contratos no mesmo dia, procurando obter lucro com boatos ou tendências momentâneas de mercado. (N. do T.)

As pesquisas realizadas na década de 90 afetaram sobremaneira o conhecimento que temos da inteligência humana, abrindo novas possibilidades radicais. Os fatos de a inteligência ser distribuída pelo corpo humano e de o coração ser um sistema inteligente que afeta profundamente o processamento do cérebro representam um novo modelo para ajudar as empresas a ficarem mais equilibradas, mais inteligentes, mais adaptáveis e mais humanas. Em muitos aspectos, o surgimento da Internet espelha essa descoberta.

Nossa equipe se dispôs a criar uma organização coerente que colocasse o cuidado e a eficiência no centro de todas as atividades: cuidado com os clientes e consigo mesmo, atendimento eficiente e competência. Grande parte das vinte pessoas ou mais que compunham a equipe original da Heartmath havia trabalhado em organizações ou órgãos públicos atolados em incoerência e ineficácia. Os valores humanos muitas vezes inexistiam e, conseqüentemente, reinava a ineficiência. Logo no início, Doc reconheceu a existência de uma ligação entre o coração das pessoas e o coração da empresa. Ele sabia que as companhias refletem a postura coletiva e as atitudes das pessoas que a compõem.

Passamos a maior parte da década de 90 pesquisando com afinco a fisiologia humana e a eficácia organizacional. Testamos nossas teorias e instrumentos com milhares de pessoas em dezenas de empresas públicas e privadas na América do Norte, na Europa e na Ásia, além das empresas que criamos. Por meio desse processo, desenvolvemos a Gestão de Qualidade Interna (GQI),* uma série de instrumentos com embasamento científico destinados a ajudar as empresas (todos os tipos de organização) a trabalhar na velocidade do equilíbrio.

AS QUATRO DINÂMICAS DA GQI

As quatro dinâmicas da gestão de qualidade interna são objetivas e de fácil compreensão:

- Autogerenciamento interior
- Comunicação coerente
- Estímulo de um clima saudável na empresa
- Processos estratégicos de renovação

Uma das bases da GQI é o *autogerenciamento interior* — que ajuda as pessoas a lidar de modo eficaz com a mente e com as emoções. A criatividade, o processo de tomar decisões e até mesmo a saúde e o bem-estar melhoram quando a mente e as emoções são coerentes e estão relativamente livres de ruído. Nessa era de mu-

*Em inglês: *Inner Quality Management®* — IQM. (N. do T.)

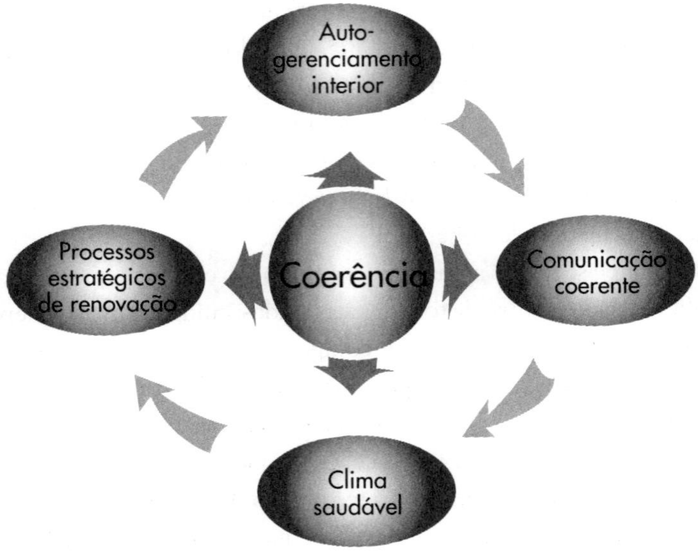

danças aceleradas, isso é essencial para alcançar um bom desempenho nos negócios. O objetivo principal da segunda dinâmica é proporcionar uma *comunicação coerente* num mundo cada vez mais cheio de ruídos. Isso envolve tanto o enorme volume de comunicação eletrônica a que estamos expostos como questões interpessoais. O tipo que nos deixa malucos — ou nos proporciona uma grande satisfação. Um número crescente de pesquisas vem revelando o papel do *clima* na saúde financeira e no desempenho de uma empresa a longo prazo, e todos sabemos como é trabalhar num local que amamos ou num que detestamos. É para lá que nos leva a terceira dinâmica. A quarta dinâmica nos lembra, por meio de instrumentos e estudos de casos, da necessidade de *renovar* os processos empregados pelas empresas atualmente. O objetivo de todas elas é levar maior coerência a todos os aspectos da vida, tanto no âmbito pessoal como no profissional. (O capítulo 2 introduzirá as quatro dinâmicas de forma mais detalhada.)

Um Sistema Vivo!

Pense que todas as companhias são sistemas vivos compostos de pessoas que pensam *e* sentem. Cada companhia representa, na verdade, um grande organismo complexo, cuja saúde e capacidade de recuperação dependem de muitos dos mesmos fatores que determinam a saúde e o equilíbrio individual. As empresas inteligentes — assim como as pessoas inteligentes — reconhecerão e procurarão medir os elementos que estão funcionando e os que estão em desequilíbrio. Qualquer um dos fatores pode enfraquecer os outros ou diminuir a sua eficácia: mudanças no mercado, na liderança, no governo. Qualquer tipo de mudança afeta de forma crescente a capacidade de recuperação da empresa, sua perspectiva e sua clareza de propósitos. É muito fácil identificar as conseqüências dessas mudanças para as companhias. Mas é muito mais difícil — e mais audacioso — compreender os efeitos no nível individual.

Dinâmica 1. Autogerenciamento interior

Se você passou a maior parte da sua carreira trabalhando numa empresa de porte médio ou grande, sem dúvida foi treinado para melhorar a qualidade, pensar de forma estratégica, vencer a competição ou manter os clientes satisfeitos. As empresas, mais do que nunca, precisam voltar a atenção para fora. Não há mais lugar para isolamento e miopia na nova economia. Tudo gira em torno de relacionamentos, parcerias, colaboração e do aprimoramento do que temos por meio da força e do talento de outros. Muitas companhias estão percebendo que sua única vantagem competitiva real reside na capacidade de adaptação, na criatividade e na inteligência das pessoas que a compõem.

No curso da História, o exército tem se preocupado muito mais com esse fator do que o setor privado, pois seu principal objetivo sempre foi manter as "tropas de prontidão".[2] Os comandantes do exército não têm a menor dúvida de que as pessoas devem estar preparadas mental, emocional e fisicamente para enfrentar quaisquer situações, incluindo as que implicam risco de vida. Em geral, as empresas se esquecem da necessidade premente de apoiar, incentivar e preparar as pessoas, e, por causa do desequilíbrio emocional básico existente na maioria delas, problemas triviais são transformados em dramas de vida ou morte. As pessoas que trocam a carreira militar pela iniciativa privada muitas vezes ficam chocadas com a tempestade feita pelas organizações com fins lucrativos em torno de questões que, em sua opinião, "não merecem uma noite de insônia". Um dos nossos clientes, um veterano do exército e das comunidades de inteligência que interrogou dissidentes iraquianos durante a Guerra do Golfo, disse ter ficado surpreso com o desperdício de energia que viu no meio empresarial norte-americano por causa de questões triviais que ganharam um enfoque muito maior do que mereciam.

O autogerenciamento interior baseia-se nos seguintes pontos:

1. A pressão sobre as pessoas aumentará nos próximos anos.
2. A compreensão dos processos humanos – mental, emocional e físico — é essencial para o indivíduo e para a empresa.
3. Impedir o desgaste emocional do próprio sistema economiza energia.
4. Você pode aumentar a sua capacidade de inteligência.

Dinâmica 2. Comunicação coerente

O sucesso das técnicas de autogerenciamento interior é testado primeiramente nas relações com outras pessoas e, num mundo cada vez mais interligado, a comunicação está mais presente e exigente do que nunca. Uma dose significativa de ineficiência pessoal soma-se à da companhia quando a qualidade da comunicação é ruim, não é levada a sério ou simplesmente dizemos a nós mesmos que "existem outras prioridades". A comunicação coerente representa um modelo para uma troca eficaz de informações entre colegas de trabalho e com os clientes ou consumidores, e também para reflexão pessoal. Para que haja uma comunicação coerente, é preciso:

1. Primeiro, compreender.
2. Ouvir sem fazer julgamentos.
3. Ouvir tentando assimilar a essência.
4. Ser autêntico.

Dinâmica 3. Estímulo de um clima saudável na empresa

Uma importante pesquisa demonstrou — e a experiência individual de inúmeras pessoas confirma — a necessidade de um clima positivo no local de trabalho para que haja eficiência. Esse tópico não deveria ser da competência apenas do departamento pessoal ou de recursos humanos, pois todas as pessoas que fazem parte da empresa contribuem para esse clima, da mesma forma que os fatores externos. Qualquer um que já passou por uma fusão conhece perfeitamente o impacto causado por uma mudança de clima no ambiente de trabalho e os efeitos devastadores que essa mudança pode ter na produtividade individual. Essa dinâmica cria os fatores ambientais internos que podem apoiar ou, caso sejam ignorados, desestabilizar as dinâmicas 1 e 2. Os princípios fundamentais são os seguintes:

1. Um "vírus emocional" está atacando muitas empresas hoje em dia.
2. Um clima saudável dentro da organização combate o vírus por meio de uma administração que oferece apoio aos funcionários, contribuição, expressão das próprias idéias e sentimentos, reconhecimento, clareza e desafio.
3. Qualidades humanas como capacidade de adaptação, valores centrais compartilhados, interesse e valorização do funcionário constituem as principais características de excelentes locais de trabalho.
4. A distinção entre conhecimento e sabedoria leva a decisões mais sensatas e a empresas mais competitivas.

Dinâmica 4. Processos estratégicos de renovação

Para que as empresas sejam coerentes é essencial que abandonem a teoria, os modelos inteligentes e os estudos de casos e passem para a aplicação prática. Só assim elas poderão usar tudo o que aprenderam. Essa é também a dinâmica que permite que elas se renovem num nível estratégico, contanto que as dinâmicas internas de comunicação e de clima saudável estejam bem equilibradas e sejam positivas. Os princípios que regem essa dinâmica são:

1. O equilíbrio é a diretriz que norteia a renovação das empresas.
2. O desenvolvimento de equipes eficazes e o treinamento de habilidades pode alavancar o capital intelectual da organização.
3. Criatividade e inovação são fruto de pessoas competentes.
4. Decisões complexas exigem um pensamento "abrangente".

Este livro fornece instrumentos específicos para a orquestração de todas essas dinâmicas. Se alguma área apresentar fraqueza, todo o sistema sofrerá e o desempenho geral será prejudicado. Em contrapartida, se alguma área fizer progressos, todas as outras se sentirão estimuladas a melhorar o desempenho. Trata-se de um equilíbrio dinâmico.

capítulo 2

A Necessidade de Coerência

Os cientistas que estudam o comportamento da luz, bem como os que estudam os sistemas biológicos, compreendem o conceito de *coerência*. A diferença entre uma lâmpada doméstica comum e um raio *laser* ilustra bem esse conceito. Uma lâmpada padrão produz ondas ou partículas de luz que se dispersam da sua fonte e se chocam, diminuindo a potência da emissão da luz. Os cientistas a chamam de luz *incoerente*. Embora não seja extremamente eficaz, essa é a natureza de uma lâmpada comum. Conseqüentemente, a luz que emana dessa lâmpada ilumina apenas um campo estreito de visão. Quanto mais forte a lâmpada, maior será o seu raio de ação e mais energia será necessária para acendê-la. Mas, para que essa lâmpada forneça uma quantidade significativa de luz, ela precisa de muita energia, por causa da incoerência — ou ineficiência — de suas ondas. Ela cumpre seu papel, mas à custa de uma quantidade considerável de energia. As lâmpadas comuns também queimam com mais facilidade.

Entretanto, se pudéssemos fazer com que essas ondas fossem coerentes — em outras palavras, mais focadas e organizadas —, elas seriam muito mais eficientes. Esse é o princípio que está por trás da potência do raio *laser*. O *laser* produz ondas de luz coerentes extremamente *eficientes*. A energia é organizada, e não desperdiçada e dissipada, pois as ondas ou partículas não batem umas nas outras. Por esse motivo, os raios *laser* comerciais operam com um consumo mínimo de energia. Graças à sua alta precisão, foco, coerência e penetração, eles vêm sendo utilizados cada vez mais em procedimentos cirúrgicos e nas indústrias. A transformação de ondas incoerentes em coerentes pode trazer grandes mudanças: se as ondas de luz de uma lâmpada de 60 watts pudessem ser transformadas em ondas coerentes como um raio *laser*, ela teria o poder de fazer um buraco no Sol.[1]

Todos nós já tivemos momentos de coerência, quando as coisas pareciam estar em sincronia, tudo corria "às mil maravilhas", nossos atos e intenções estavam entrosados e os resultados eram produtivos, eficazes e satisfatórios. Para muitos, esses momentos podem parecer raros e esparsos. Imagine se pudéssemos fazer que a nossa vida e a nossa empresa alcançassem um novo nível de coerência, enfoque e clareza. Na verdade podemos, mas para isso temos de ficar mais conscientes do que é a verdadeira coerência. O que acontece se uma empresa estiver fazendo um ótimo trabalho, atendendo bem aos consumidores, produzindo bons produtos ou oferendo bons serviços, igualzinho a uma lâmpada branca doméstica, mas inconscientemente estiver neutralizando grande parte da sua eficácia devido à distorção, ao ruído e ao *stress* interno? As pessoas e as empresas também queimam como as lâmpadas.

Se os funcionários ficarem constantemente remoendo os comentários negativos dos colegas ou pensando sobre algum problema doméstico, sua coerência interior certamente ficará comprometida. Como poderia ser diferente? Eles podem tentar ficar atentos ao trabalho, mas os processos mentais e emocionais pelos quais estão passando irão debilitar sua vitalidade e diluir sua eficiência. Assim como no exemplo da lâmpada caseira, eles estariam produzindo aleatoriamente, e é preciso muita energia até mesmo para manter a lâmpada acesa. No local de trabalho, as pessoas de certa forma encontram essa energia recorrendo à sua força interior ou, em alguns casos, levadas pelo medo de não corresponder às expectativas da administração. Se não tomarem cuidado, elas ficarão esgotadas e a produção cessará.

Eis o enigma: o caos é tentador. Um número cada vez maior de pessoas está trocando seu emprego rotineiro, previsível e metódico em empresas bem-sucedidas (mesmo com opção de compra de ações ou planos de benefícios) pela aventura e imprevisibilidade das novas empresas pontocom. Embora as organizações que a geração X e os *baby-boomers* estão deixando dificilmente representem modelos de coerência ou de equilíbrio, caos com divertimento parece ser bem melhor do que caos com monotonia.

Esse é um grande desafio para as empresas mais antigas (no Vale do Silício, qualquer negócio iniciado antes de 1994 é considerado antigo em termos de tecnologia, processos e atitude das pessoas). Se elas quiserem manter qualquer tipo de coerência e atrair pessoas competentes, é fundamental que conservem o quadro de funcionários.

As pessoas — funcionários e clientes — querem receber atenção individual, soluções personalizadas e projetos de desenvolvimento exclusivos. A época do "tamanho único" — para qualquer coisa — há muito já passou. Como a coerência pode emergir desse caos aparente?

Se as pessoas procurarem realmente aprender a ser mais eficientes no trabalho e lidar melhor com seus problemas pessoais, elas ficarão mais coerentes. A concentração, a clareza mental e a criatividade aumentarão naturalmente. A coerência é a eficiência em ação. As pessoas coerentes florescem mental, emocional e fisicamente. Não é um estado estático e rígido. Quando um sistema é coerente, literalmente nenhuma energia é desperdiçada, por causa da sincronia interna. O poder é maximizado — o poder de se adaptar, de ser flexível e inovar. Esse poder coerente conduz a um grande salto em eficiência e eficácia. As pessoas anseiam por isso e farão qualquer coisa que possa contribuir para esse resultado.

A coerência nas pessoas pode ser medida biomedicamente, com implicações profundas na produtividade, na clareza mental, no sistema imunológico e cardiovascular e na saúde hormonal, bem como na realização pessoal. *Coerência cardíaca* é um termo utilizado para descrever o sistema cardiovascular de uma pessoa quando os sistemas elétrico e mecânico do coração estão em perfeita sincronia e em sua máxima eficácia.[2] A coerência interna pode ser medida monitorando-se a sincronização elétrica do cérebro e do coração e determinando se o sistema nervoso está cheio de ruídos ou não está estático. Quando somos mais coerentes, gastamos menos energia para conservar a saúde, desperdiçamos menos energia em pensamentos e reações ineficazes, e o nosso corpo não precisa se esforçar para nos manter concentrados e produtivos. A qualidade de vida na era da Internet.

A coerência é um estado progressivo — quanto mais desenvolvemos, mais reservas temos. O objetivo é aumentar o índice de tempo gasto, tanto no âmbito pessoal como no da empresa, em coerência. Maior coerência pessoal gera maior flexibilidade, adaptabilidade, criatividade e, talvez, mais importante ainda, confiança em si mesmo para recuperar a esperança.

As empresas — sendo a somatória total de inteligência, criatividade, gerenciamento e coerência das pessoas que as compõem — operam da mesma forma. À medida que a coerência das pessoas e das equipes aumenta, um nível muito mais alto de alinhamento e coerência dentro da empresa se torna possível — coerência entre suas metas, visões e atitudes. Coerência é *harmonia* entre as expectativas do consumidor e aquilo que ele recebe. Coerência é a *continuidade* de cada processo interno e modalidade de comunicação. Coerência é o *equilíbrio* na vida pessoal de cada um dos envolvidos no processo. Será que isso implica ambiente externo estático? Dificilmente. Do nosso ponto de vista – defendido atualmente por muitos outros pesquisadores —, o aumento do caos e da incoerência em todo e qualquer segmento requer respostas extremamente flexíveis, adaptáveis e coerentes. A *coerência representa o modelo energia/eficácia num mundo caótico.*

A coerência no meio empresarial também pode ser medida. Não há mais necessidade de adivinhar, teorizar ou fornecer histórias atraentes difíceis de serem traduzidas para uma só empresa e suas necessidades em constante transformação. As pesquisas conduzidas nos laboratórios do Instituto HeartMath,[3] assim como outras mencionadas neste livro, confirmam o que muitos especialistas da área de negócios e executivos sabem por intuição há muito tempo: as empresas precisam abordar simultaneamente as dinâmicas pessoais *e* as próprias estruturas. Este livro relata histórias de várias companhias determinadas a compreender claramente como está o seu desempenho.

A Sincronização Automática

Por meio do nosso trabalho com equipes de vários tipos de empresas dos setores público e privado, ficou claro que as pessoas precisam, em primeiro lugar, saber quais são os instrumentos necessários para o autogerenciamento. Essa é a base. Inúmeros seminários abordam o tema "formação de equipes", mas a grande maioria ignora completamente os processos *interiores* da pessoa. Nós nos perguntávamos como as equipes poderiam ser mais eficazes se as pessoas não estivessem "em sincronia" consigo mesmas. Começamos a analisar exemplos práticos de um fenômeno conhecido pelos cientistas, mas bastante em falta na maioria das empresas, o fenômeno da sincronização automática (veja Figura 2-1). *Sincronização automática* é o termo científico para a sincronia de sistemas. Bandos de pássaros, cardumes de peixes, as células automáticas do coração humano — todos são exemplos de sincronização. As equipes sincronizadas funcionam maravilhosamente, tirando pro-

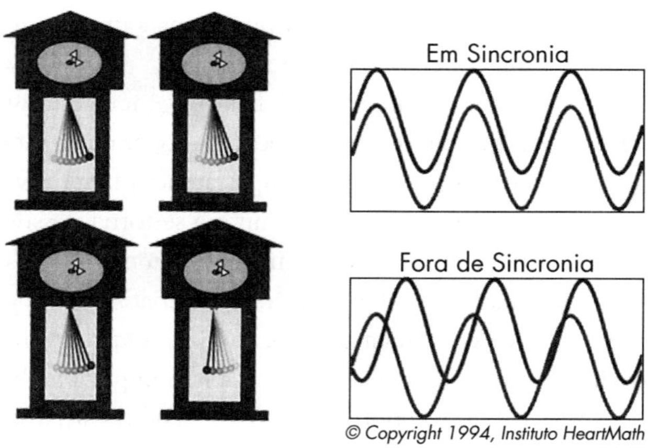

Figura 2-1 Sincronização automática. O conceito de sincronização automática foi descoberto em 1665 pelo holandês Christiaan Huyggens, fabricante de relógios, ao observar que os pêndulos dos relógios batiam sincronizadamente se tivessem o mesmo comprimento. Mesmo quando esse ritmo era interrompido, eles voltavam a ficar em sincronia. Existem inúmeros exemplos no mundo biológico dessa tendência inata de conservar a energia.

veito da criatividade e da inteligência de cada um de seus membros com a mínima distorção ou ruído. Usando o termo de Faith Popcorn, elas estão "tinindo".[4] São mais coerentes em tudo o que fazem. Existe menos distorção, menos conflito interior e mais resistência e flexibilidade na hora de enfrentar crises ou desafios.

Pessoas coerentes são o pré-requisito para equipes sincronizadas. Além de um maior equilíbrio no trabalho e na vida pessoal, elas têm também mais facilidade para tomar decisões. Para elas, os desafios da mente e os anseios do coração estão em maior equilíbrio, o que as faz mais felizes e realizadas.

Você já teve oportunidade de constatar a falta de sincronia: empresas que cresceram rápido demais e ficaram incrivelmente desarticuladas; atletas que competiram em seu limite, mas acabaram perdendo e ficaram desanimados; e a sincronia: conjuntos musicais, equipes esportivas e grupos de dança que alcançaram um alto nível de harmonia e passaram a integrar facilmente um todo coerente, sem sacrificar a maestria e a singularidade de cada um de seus componentes.

O coração parecia representar o elo de ligação. Será que eles colocavam o "coração" em tudo o que faziam? Será que estavam agindo com base numa profunda inteligência intuitiva, ou as diferenças individuais foram sobrepujadas pelos objetivos, valores e metas em comum? Será que o amor e a compreensão eram os princípios fundamentais que governavam suas atitudes? Nossa experiência profissional tem sido bastante diversificada — já atuamos no meio industrial, musical, empresarial, editorial e no setor de biotecnologia. Atualmente damos consultoria sobre eficiência para pessoas e empresas. Nossos melhores resultados sempre foram alcançados quando nos dedicávamos de coração ao que fazíamos. Esse processo sempre produziu idéias criativas e soluções eficazes. Além disso, nós nos divertimos muito mais.

Em Que Pé Estão as Coisas

Como esta era de mudanças sem precedentes está afetando a coerência individual e da organização? Para as empresas, o consumidor mais informado gerou maiores expectativas e exigências. A competição mais acirrada aumentou as pressões internas — muitas das quais são emocionais — e reduziu a margem de lucro. Um mercado de trabalho mais complexo passou a exigir uma sofisticação cada vez maior das técnicas de vendas e de *marketing*. A rápida proliferação da tecnologia da informação produziu uma montanha de dados que precisavam ser processados e analisados. O setor público também passou por muitas mudanças profundas, com a agravante de ter de enfrentar um eleitorado bastante cético quanto à relevância de várias instituições e políticas governamentais. O termo *paralisação total* agora é usado para descrever impasses políticos tanto quanto congestionamento de veículos nas rodovias. O *enxugamento*, também conhecido eufemisticamente como *reestruturação* da empresa e por baixo do pano como *degola*, atingiu todos os setores da sociedade. O fechamento de várias bases militares nos Estados Unidos causou uma mudança radical nas comunidades que dependiam delas. A reengenharia e a terceirização foram introduzidas com o objetivo de estimular a eficiência interna, ao mesmo tempo que foi necessário o aprendizado de novas habilidades para lidar com as mudanças. Já está cansado?

O Impacto das Mudanças

Muitas empresas ficaram mais achatadas, e, com a redução das camadas burocráticas, os funcionários precisam ser muito mais flexíveis, ter habilidades múltiplas e se empenhar em funções muitas vezes não muito bem definidas. Até mesmo o mundo da ciência sentiu o peso das mudanças. Nos Estados Unidos, os cuidados gerenciados de saúde alteraram por completo o modo como as doenças são tratadas e afetaram profundamente as relações já tensas entre médico e paciente. Ao mesmo tempo, a fragmentação da ciência em milhares de subespecialidades vem sendo substituída por abordagens mais integradas baseadas em forças interdisciplinares, como a psiconeuroimunologia, o estudo das relações entre a mente e o corpo.[9]

Um estudo do Departamento de Estatísticas do Trabalho dos Estados Unidos revelou que as mudanças afetam consideravelmente a produtividade e o comportamento dos funcionários.[6] Prova disso é que, como conseqüência direta das mudanças que ocorreram nas empresas — quer tenham sido causadas por alterações no mercado, redução do quadro de funcionários, troca da liderança ou simplesmente por uma série de decisões mal tomadas:

- A produção despencou de 4,8 para 1,2 hora por dia, resultando numa perda de 75%.
- O bate-papo e os mexericos aumentaram de 1,5 para 3,2 horas por dia, um aumento de mais de 100%.
- O tempo gasto com reciclagem subiu de zero para 1,8 hora, passando a ocupar quase 25% do tempo do empregado.

Os Custos do Stress

Segundo o Departamento do Trabalho dos Estados Unidos, o local de trabalho representa a maior fonte isolada de *stress*, independentemente do salário do funcionário.[7] O *stress* atualmente é responsável por 75% a 90% de todas as consultas médicas, de acordo com o Instituto Americano de *Stress*,[8] e custa pelo menos 200 bilhões de dólares por ano ao setor empresarial do país.[9] Essa é a roupa nova do rei da eficácia empresarial — todos nós sabemos que o *stress* está fora de controle, mas temos medo de dar a nossa opinião.

A Globalização do Stress

Os Estados Unidos não detêm a franquia exclusiva do *stress* no local de trabalho. Um artigo recente do *The New York Times* observou que a palavra *stress* tornou-se tão universal que não precisa ser traduzida para outras línguas.[10] Diga *stress* literalmente em qualquer país e a população local saberá o que significa. Um relatório de 1992 das Nações Unidas referiu-se ao *stress* no trabalho como "*a* doença do século XX".[11]

No Reino Unido, 10% do PNB atualmente é gasto com despesas relacionadas ao *stress*. Um estudo recente[12] mostrou que 60% dos administradores têm uma carga horária semanal superior à normal, 52% reclamam de excesso de trabalho, um aumento de 40% comparado a 1993. Além disso, 40% dos entrevistados do sexo masculino disseram que não passavam tempo suficiente em casa. Mais de 50% consideravam o equilíbrio entre a casa e o trabalho estressante. Esse estudo descobriu também que 47% dos entrevistados achavam que sua carga de trabalho havia "aumentado muito" naquele ano. No Canadá, pelo menos 12 bilhões de dólares são gastos todos os anos com problemas relacionados ao *stress*, e 46% das mulheres e 36% dos homens canadenses dizem que a principal causa do *stress* no trabalho é o fato de estarem "sobrecarregados".[13]

Seus colegas no Japão, em Hong Kong e nas economias em desenvolvimento da Ásia enfrentam problemas semelhantes. De fato, os administradores asiáticos apresentam muitos dos comportamentos causados pelo *stress* observados em seus colegas da Europa e dos Estados Unidos e sofrem as mesmas conseqüências.[14] No Japão, a palavra *karoshi* significa, literalmente, morrer sobre a escrivaninha, e é considerada uma crise de saúde nacional que afeta dezenas de milhares de pessoas todos os anos. Segundo o Departamento de Polícia Nacional, os suicídios no Japão em 1996 somaram 23 mil, mais que o dobro do número de mortes no trânsito. "A morte do sistema de emprego vitalício está sendo especialmente dura para o assalariado japonês, cuja posição social é determinada pela empresa em que ele trabalha e pelo cargo que ocupa", relatou a reportagem de capa da revista *Time* em fevereiro de 1998.[15] Pelo menos duzentas ações judiciais foram movidas por famílias de pessoas que caíram mortas depois de vários serões.[16]

Essas estatísticas mostram o nível de perturbação e incoerência interior em todo o mundo. A reação típica das empresas consiste em negar ou lançar mão de algum paliativo. Promover almoços de treinamento para os funcionários que estão sofrendo de *stress*, estimular os gerentes a conversarem mais com seus subordinados e encaminhar executivos para cursos de liderança para que possam fazer uma reciclagem. Não existem soluções sistêmicas.

Certos modismos administrativos abordam problemas estruturais, mas todos eles negligenciam o *cerne* de todo o sistema humano — o individual.

"Só os Mortos Já Fizeram o Suficiente"

Sem dúvida alguma, há muito o que temer nos dias de hoje. A incoerência reina. Muitos aspectos deveriam ser valorizados. A coerência emerge. Que coerência? Para onde devemos voltar a nossa atenção? Se valorizarmos apenas o que é bom, não estaremos menosprezando os verdadeiros problemas e as questões que clamam por atenção? Uma recente reunião de cúpula de uma multinacional de telecomunicações mudou seu curso consideravelmente quando um gerente exausto disse: "Só os mortos já fizeram o suficiente." Essa afirmação, apesar de sarcástica e desesperada, ganhou imediatamente a compreensão e a solidariedade dos outros gerentes e executivos subvalorizados e cansados pelo acúmulo de trabalho.

Em seu excelente livro *Leadership and the New Science**, Margaret Wheatley pergunta: "Como podemos criar coerência nas empresas, de modo que as atividades correspondam ao objetivo? Como podemos criar estruturas que acompanhem as mudanças, que sejam flexíveis e adaptáveis, até mesmo sem limites, que dêem liberdade em vez de coibir? Como podemos simplificar as coisas sem perder o controle nem a diferenciação? Como podemos conciliar nossas necessidades de liberdade e autonomia com as necessidades de previsão e controle da empresa?... Existe uma força magnética tão poderosa que atrai todo o comportamento para ela e gera coerência?[17] Podemos dizer que sim. Essa força realmente existe e não só pode como deve ser usada para o futuro das empresas e para o nosso próprio futuro.

> **ESTAMOS PREOCUPADOS...**
>
> **Num estudo recente, 44% dos trabalhadores consultados acreditavam que sua carga de trabalho era excessiva, 46% estavam com medo de ser demitidos, 55% estavam preocupados com o futuro da empresa e 50% achavam que seu emprego não era estável. Isso corresponde a milhões de pessoas tentando trabalhar diariamente preocupadas e inseguras. Outro estudo revelou que 42% dos americanos haviam procurado outro emprego, na tentativa de manter um equilíbrio entre a vida particular e profissional.**

**Liderança e a Nova Ciência*, publicado pela Editora Cultrix, São Paulo, 1996.

Teste a Teoria

Como uma empresa de pesquisas, um dos objetivos fundamentais do Instituto HeartMath tem sido levar suas descobertas ao conhecimento dos líderes nas área da ciência e dos negócios e tirar proveito dos trabalhos anteriores, transformando-os em projetos mais abrangentes. A grande prioridade consiste em testar as idéias do instituto sobre coerência nas empresas numa firma de renome internacional. Em 1994, o diretor de tecnologia de uma grande empresa consultou Bruce sobre um dos seus objetivos centrais: melhorar o desempenho do seu pessoal. A empresa já tinha fama em todo o mundo por lançar produtos inovadores e demonstrar uma preocupação genuína pelas pessoas. Ela entrou em novos setores do mercado e rapidamente os dominou. Essa liderança era atribuída à grande importância que a organização dava ao treinamento dos seus funcionários.[18]

Porém, os problemas da companhia estavam mudando. Os avanços tecnológicos em suas principais fábricas estavam se dando de forma tão rápida que a sua liderança no mercado ficou ameaçada. As pessoas estavam ficando estressadas, em parte por causa do tamanho da empresa e do desafio de sustentar um crescimento saudável, em parte por causa de questões sociais e familiares que não tinham relação com o trabalho. Pediram, então, que a equipe HeartMath concebesse uma série de programas abrangendo uma gama de funcionários para abordar e avaliar questões múltiplas como produtividade, trabalho de equipe, comunicação, saúde, *stress*, criatividade e inovação.

Seja Coerente

REDUZA O STRESS

O *stress* constitui o principal inibidor do desempenho numa companhia, e, portanto, o seu combate se tornou uma estratégia de negócios imperativa. A visão que as pessoas têm sobre os eventos gera *stress*; assim, abordar apenas as questões estruturais sem abordar essa percepção não vai resolver o problema. Se as pessoas aprenderem a mudar a maneira como vêem a carga de trabalho, o relacionamento com os colegas, a administração e os clientes, os níveis de *stress* poderão sofrer uma redução sensível, sem que haja necessidade de identificar uma "lista" de fatores que causam *stress* em cada grupo na empresa. A mudança de visão exige uma nova inteligência. Aplique recursos para aumentar a inteligência do coração dentro da sua empresa e tome medidas para promover o equilíbrio mental, emocional e profissional. Seus esforços e suas despesas contribuirão significativamente para aumentar a coerência na empresa e melhorar o desempenho dos funcionários.

Foram preparados planos para recrutar três equipes de funcionários para os programas piloto, que seriam realizados em dois locais diferentes dos Estados Unidos. As equipes piloto consistiriam num grupo composto por executivos, gerentes de nível médio e funcionários da área administrativa, um grupo formado apenas por engenheiros de *software* e outro por trabalhadores da linha de montagem. Essa foi a primeira incursão significativa da HeartMath na área empresarial baseada em pesquisas[19] e a primeira a testar a validade desses conceitos, portanto o projeto era um tanto audacioso.

Mais Produtividade, Melhor Trabalho de Equipe, Mais Saúde e Fortalecimento Pessoal

O estudo foi conduzido por um período de seis meses, e o aumento de produtividade verificado na linha de montagem foi extraordinário (veja Figura 2-2):

- 93% aumentaram a produtividade.
- 90% passaram a trabalhar melhor em grupo.
- 93% reconheceram um maior sentimento de fortalecimento pessoal.
- 93% sentiram-se mais saudáveis, incluindo ganhos significativos em energia e vitalidade, menos tensão, menos problemas físicos, menor necessidade de tomar medicamentos e maior sensação de realização no âmbito pessoal e profissional.

RECONHEÇA QUE O RITMO DA MUDANÇA VAI SER ACELERADO

A condescendência acabou. Agora é a vez da adaptabilidade. Todas as previsões mundiais nas áreas da economia, dos sistemas políticos, da educação e da vida familiar apontam para um período de mudanças sem precedentes. É necessário uma nova inteligência para saber lidar com essas mudanças, que ampliam nossas habilidades no âmbito pessoal e profissional. Faça da sua coerência interior uma prioridade. O futuro, mais do que nunca, vai exigir isso.

Além de se sentirem melhor, passaram a dar uma contribuição maior: mais de vinte sugestões para melhorar a produtividade apresentadas pelos funcionários foram implementadas pela equipe administrativa.

A saúde cardiovascular dos funcionários era motivo de grande preocupação para a empresa. Cerca de 28% da população trabalhadora adulta dos Estados Unidos sofre de pressão alta.[20] Os números são semelhantes na Europa. A pressão alta (ou hipertensão) é a principal res-

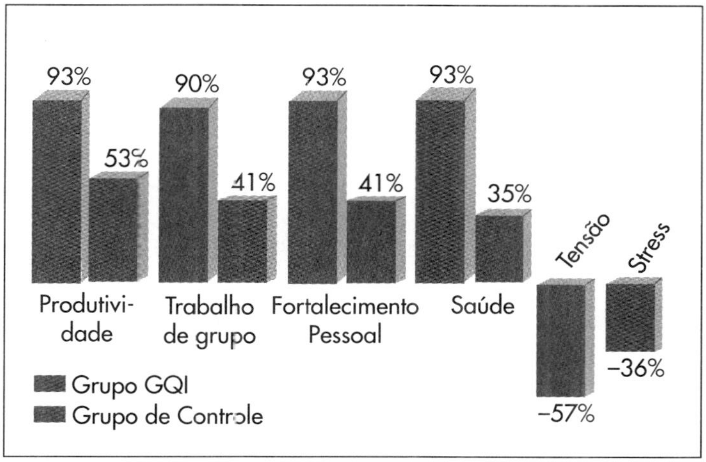

Figura 2-2 O gráfico mostra mudanças na produtividade, no trabalho de grupo, no fortalecimento pessoal e na saúde, em comparação com um grupo de controle formado por trabalhadores que desempenhavam as mesmas funções.

ponsável pelos casos de doenças cardíacas e acidente vascular cerebral[21] e pode inibir sobremaneira o *desempenho* e a *produtividade*. Embora essa intervenção não tivesse sido planejada como um programa de condicionamento físico – a intenção era *aumentar a produtividade dos negócios* –, nossos clientes intuitivamente perceberam a relação entre a saúde das pessoas e a produtividade.

- 26% dos executivos, funcionários administrativos e engenheiros que compunham as equipes eram hipertensos no início do estudo, em concordância com a média nacional.
- Depois de seis meses, todos os participantes estavam com a pressão normal. Eles aprenderam também a fazer a pressão baixar em situações muito estressantes.

Houve uma melhora significativa em outros fatores que afetavam a produtividade:

- 18% a menos de ansiedade
- 26% a menos de esgotamento
- 20% a menos de hostilidade
- 32% de aumento no nível de satisfação

Houve uma redução de 36% nos sintomas de *stress* em geral, incluindo:

- 56% de redução de insônia
- 31% de diminuição de taquicardia
- 27% de redução de dores de cabeça
- 33% de redução de azia
- 30% de redução de tremores decorrentes do *stress*

Bruce também recebeu muitos comentários que mostravam um grande aumento de coerência, tanto na esfera pessoal como na de equipe.

- "O número de invenções aumentou nos últimos seis meses."
- "Como meus níveis de *stress* estão mais baixos, estou mais relaxado e consigo pensar com mais clareza. Minhas habilidades de negociação aumentaram."
- "Meu número de patentes por mês literalmente dobrou."
- "Sinto-me mais feliz comigo mesmo, desempenho melhor meu trabalho e me comunico mais — sem medo."
- "O relacionamento com minha família melhorou muito, tenho menos preocupações e solucionei várias pendências antigas. Consigo ouvir as outras pessoas, sinto-me aberto, tenho mais disposição para treinar os colegas e mais motivação para trabalhar."

No jargão das empresas, fizemos "um gol de placa" — dados excelentes, muito entusiasmo, planos para expandir a implementação de pelo menos uma fábrica. O fato de se tratar da Motorola nos deu bastante credibilidade e um grande espaço para começar a ministrar palestras em outras empresas sobre os enormes benefícios da tecnologia do instituto. Recebemos até mesmo um prêmio especial numa competição interna promovida pela companhia.

Atualmente, mais de mil pessoas já passaram pelo programa GQI, a coerência está aumentado, e o moral está alto. A primeira divisão em que esses instrumentos foram implementados registrou um crescimento recorde, e a universidade administrada pela empresa está oferecendo GQI nas sedes de outras empresas. Por esse motivo, apresentamos essa história como exemplo. Numa época em que predominam a tensão e a incerteza no trabalho, quando nossas horas e nossos anos mais produtivos continuam a ser dedicados a empresas que muitas vezes demonstram pouca ou nenhuma lealdade com os funcionários, existem razões prementes para mudanças. E essas mudanças podem resultar em melhorias mensuráveis que as empresas — e as pessoas — exigem.

A percepção — as lentes através das quais enxergamos a vida – faz parte da solução. Como diz de forma tão eloqüente Victor Frankl, escritor e sobrevivente do Holocausto: "Pode-se tirar tudo de um homem, exceto a última liberdade que lhe resta — a liberdade de escolher que atitude tomar diante de qualquer circunstância, de fazer sua própria opção de vida."[22] Doc passou anos demonstrando que as atitudes pessoais estão por trás de cada aspecto de coerência, tanto no âmbito pessoal como empresarial. São as posturas herdadas das gerações ou dos administradores que nos antecederam que reforçam a rigidez e a inflexibilidade das empresas. Ao nos livrarmos dessas atitudes, a coerência passará a ser possível, principalmente numa época em que todas as regras foram alteradas.[23] Como disse Albert Einstein: "O mundo que criamos é o produto da nossa maneira de pensar."[24] Precisamos adotar uma nova maneira de pensar. Precisamos de uma nova inteligência.

DINÂMICA 1
AUTOGERENCIAMENTO INTERIOR

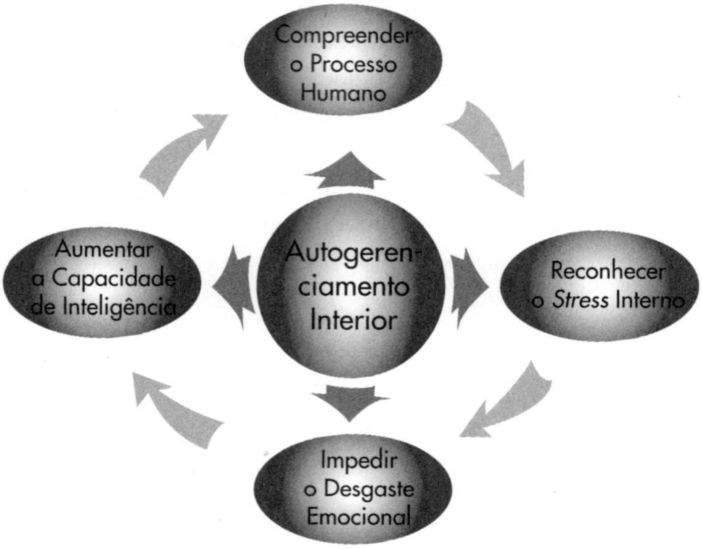

1. *Compreensão dos processos humanos — mental, emocional e físico* — é preciso criar uma transformação sustentada na empresa. Um novo modelo de inteligência humana fornece as dicas.
2. A *pressão sobre a pessoa aumentará* nos próximos anos à medida que o *stress* social, familiar e interior se acumular e o ritmo das mudanças for acelerado.
3. À medida que as pessoas aprenderem a *impedir o desgaste emocional dos seus próprios sistemas*, elas deixarão de minar energia e eficácia tanto na esfera pessoal como na profissional.
4. *As pessoas podem aprender a aumentar sua capacidade de inteligência*, passando a tomar decisões mais eficazes, adquirindo maior capacidade de recuperação e uma grande sensação de bem-estar. Isso representa um enorme valor para qualquer empresa.

capítulo 3

Um Novo Modelo de Inteligência Humana

O conceito de inteligência era muito simples. Bons genes significavam QI alto, que o conduzia para uma universidade de primeira linha e que, por sua vez, preparava o terreno para um ótimo emprego, uma bonita família e uma carreira de sucesso. Contanto que você fizesse parte da *intelligentsia* ou da elite empresarial.

Chegou a complexidade.

Começamos a duvidar de que o QI representasse um indicador preciso de verdadeira inteligência, do tipo necessário para ter uma vida boa, bons relacionamentos e ser bem-sucedido. Sabíamos por intuição que o QI não media a capacidade de sobrevivência num ambiente hostil, a criatividade, o talento ou a sensibilidade emocional. Começamos a questionar a própria inteligência.

> Placa de uma loja na zona rural da Carolina do Norte:
>
> "O cérebro disse: 'Sou o órgão mais inteligente do corpo'. O coração respondeu: 'Quem disse?'"

O corpo humano é um sistema incrível — cerca de 7 trilhões de células com um nível impressionante de coordenação física e bioquímica necessária para simplesmente virar uma página, tossir ou dirigir um carro. Mais espantoso ainda é o fato de que praticamente não precisamos pensar sobre isso. Qual foi a última vez que você lembrou seu coração de bater, seus pulmões de se expandirem e contraírem ou seus órgãos digestivos de produzirem as substâncias químicas certas nas horas certas? Esses e uma miríade de outros processos são realizados de forma inconsciente a cada momento. A inteligência administra todo o sistema, em grande parte de forma inconsciente. Mas o que está ficando cada vez mais evidente é que os mesmos processos são profundamente afetados por aquilo que fazemos de forma consciente: o que *pensamos*, o que *sentimos*, como *reagimos*. As pesquisas demonstram claramente que *a incapacidade de administrar a si próprio de forma eficaz leva a um envelhecimento precoce, a uma menor clareza mental e até mesmo a um bloqueio do acesso à inteligência inata*. O contrário também é verdadeiro: uma maior coerência interior leva a uma maior eficiência em todos os sistemas fisiológicos, maior criatividade, adaptabilidade e flexibilidade.

Esse é o pano de fundo para o primeiro tema da dinâmica de autogerenciamento interior:

> Para compreender os processos humanos — mental, emocional e físico —, é necessário criar uma transformação sustentada na empresa. Um novo modelo de inteligência humana fornece as dicas.

A noção de inteligências múltiplas foi adquirida nos últimos vinte anos, cada qual com uma dimensão exclusiva do significado de ser completamente humano. Essa noção correspondia de forma mais precisa à experiência interior que muitos tinham de exercer diversas atividades em campos diferentes e de desenvolver várias habilidades.

Um Paralelo Impressionante

Os paralelos entre o desenvolvimento da informática e a evolução da compreensão da inteligência humana são surpreendentes. Trinta anos atrás, os computadores de grande porte e o cérebro humano eram considerados a fonte suprema de toda a inteligência em seus respectivos domínios: computador inteligente, terminal burro; massa cinzenta inteligente, órgãos que simplesmente obedecem a comandos. A explosão da capacidade dos microprocessadores levou à produção de *desktops* inteligentes conectados a outros *desktops*. Logo, a rede se transformou no computador, e a conexão entre eles passou a ser sinônimo de maior inteligência, ou pelo menos de maior acesso às informações. Ao mesmo tempo, os cientistas começaram a descobrir que o processamento de informações humanas era muito mais distribuído do que se pensava. Porém, talvez a descoberta que mais tenha desafiado nossa concepção de inteligência centralizada seja a de que a inteligência não está confinada à massa cinzenta dentro do cérebro humano.

Os circuitos neurais são vias existentes no cérebro que se desenvolvem à medida que aprendemos novos comportamentos e aptidões. Eles também crescem e se desenvolvem. Quando nascemos, já existem cerca de 100 bilhões de neurônios no nosso cérebro; no entanto, poucos circuitos foram formados, o que explica por que um bebê é tão dependente nos primeiros anos de vida. A maneira como os neurônios se ligam uns aos outros é determinada em grande parte pelas experiências da criança e pelos fatores humanos e sociais do seu ambiente. Suas ligações com outros neurônios formam os circuitos neurais — uma rede —, que afetam sobremaneira nossa percepção e conduta. Eles constituem o depósito da memória. No entanto, existem também redes neurais em outras partes do corpo. A caça por mais inteligência começou.

DNA e Desenvolvimento

O DNA é uma molécula complexa encontrada em todas as células do corpo. Essa molécula contém o código genético das células e o modo como elas formarão nosso corpo. Em termos de desenvolvimento cerebral, o DNA codificou dentro dele os padrões básicos da estrutura cerebral. Ele não determina, contudo, as vias neuronais (circuitos) e as ligações que se formam, tampouco a força dessas ligações. Elas se formam a partir da repetição das nossas experiências e da influência do ambiente em que vivemos e ao qual nos adaptamos. Imagine um *chip* de computador cujos circuitos se formassem por meio da experiência da pessoa que está operando o computador, e não apenas por seu projeto intrínseco. Todo computador seria exclusivo para seu usuário. A essência disso é que, enquanto o DNA nos fornece uma estrutura básica para o desenvolvimento do cérebro, os padrões formados pelos neurônios e a força de suas ligações se desenvolvem como conseqüência dos estímulos e das experiências de cada um de nós. Nossa inteligência é exclusiva e maleável.

Na infância, nossos neurônios formam rapidamente novos circuitos em resposta ao aprendizado de uma nova aptidão, como andar, adquirir coordenação motora ou adaptar-se ao ambiente. Se as crianças ficarem freqüentemente estressadas, haverá o desenvolvimento de circuitos hipersensíveis ao *stress* na idade adulta, e sua capacidade de se adaptar ficará limitada. A puberdade é caracterizada pelo início da produção de hormônios sexuais, ocasionando várias mudanças fisiológicas, incluindo a redução da "plasticidade" dos circuitos nervosos. Por exemplo, é muito mais difícil aprender um segundo idioma depois da puberdade, neurologicamente falando, do que antes. Ou então — a primeira geração que cresceu junto com computadores desde a pré-escola está entrando para o mercado de trabalho e liderando boa parte da revolução da Internet. Seus circuitos foram formados em resposta a um conjunto de estímulos completamente diferente do de seus pais. Eles tiram a tecnologia de letra. Na verdade, trata-se de uma extensão natural da forma como eles pensam e se relacionam com o mundo.

Voltamos à história do circuito neural.

Desprendendo os Neurônios

Depois que um padrão básico é estabelecido, é preciso muito mais concentração e energia para reconfigurar os circuitos neuronais. Isso não significa que o cérebro não possa ser "reprogramado" ou que não podemos aprender um novo idioma depois da puberdade, e sim que isso requer mais energia. Depois que um padrão de pensamento é firmemente estabelecido, ele se transforma numa "postura", o que quer dizer que nossas percepções e reações são limitadas por esse padrão. Isso limita o nosso leque de possibilidades e a nossa capacidade de adaptação. Se você alguma vez já se perguntou por que a mudança de postura pode ser uma experiência tão desafiadora, você já tentou desprender um neurônio? O conceito de inteligência precisou ser atualizado a partir da descoberta dessas novas informações. Limitar a nossa definição de inteligência à capacidade mental poderia impedir a nova compreensão de que todo o sistema humano é inteligente. A própria inteligência tem muitas dimensões.

A Inteligência em Toda Parte

Sabe-se agora que existem estruturas neuronais complexas não apenas no cérebro, mas também dentro do intestino e do coração humanos. As substâncias químicas liberadas pelo sistema nervoso, que transportam as informações, também são produzidas em grande quantidade nessas áreas. Essas substâncias químicas, por sua vez, atuam sobre os mecanismos de processamento do cérebro e, literalmente, de todos os outros órgãos. Durante vários anos os pesquisadores estudaram o sistema nervoso entérico, um complexo conjunto de nervos localizado no trato intestinal. Essa rede elaborada de neurônios e substâncias químicas é tão sofisticada e exerce um impacto tão profundo que vem sendo chamada de *cérebro do intestino*. Sua atividade está diretamente ligada ao funcionamento do cérebro. Existem mais neurônios no intestino — cerca de 100 milhões — do que em toda a coluna vertebral,[1] e esse cérebro do intestino parece ser bastante influenciado por nossas emoções. Você já sentiu um "frio" no estômago ou um "nó" na garganta por causa de uma preocupação? Muitos transtornos gastrointestinais têm um forte componente emocional, como qualquer paciente com colite ou estudante prestes a fazer um exame pode confirmar.

Os Sentimentos Viscerais

Muitas pessoas acham que o sentimento visceral, ou instinto, tem raízes biológicas. "Considerado uma entidade única, ele [o cérebro do intestino] consiste numa rede de neurônios, neurotransmissores e proteínas que transmitem mensagens entre os neurônios, células de suporte, como as encontradas no cérebro propriamente dito, e um circuito complexo que permite que ele aja de forma independente, aprenda, lembre e, como se diz, produza sentimentos viscerais, ou intuições", segundo um artigo do *The New York Times*.[2] Em várias artes marciais, essa área da anatomia é vista como fonte de força e inteligência. Os mestres das artes marciais afirmam que devemos nos concentrar nela para obter força.[3] Os sentimentos inquietantes também se concentram nessa área, como milhares de pessoas preocupadas com o preço das ações podem atestar.

O Cérebro no Coração

Mas foi publicada uma nova pesquisa que pode reestruturar completamente a nossa visão de inteligência. Esses novos dados revelam que dentro do coração humano existe um sistema nervoso intrínseco sofisticado. Um importante pesquisador, o cardiologista J. A. Armour, da Dalhousie University, em Nova Scotia, chama esse sistema nervoso intrínseco cardíaco de pequeno cérebro do coração.[4] Esse sistema nervoso tem habilidades de computação extremamente sofisticadas e age profundamente tanto sobre o funcionamento do coração como sobre o do cérebro. Substâncias químicas liberadas pelo sistema nervoso, como a norepinefrina e a dopamina, que antigamente acreditava-se serem produzidas apenas no cérebro e no sistema nervoso, também são produzidas no coração, da mesma forma que hormônios como o FNA (Fator Natriurético Atrial), conhecido como hormônio do equilíbrio. Essas substâncias parecem influenciar diretamente o funcionamento do cérebro.[5] Assim como o circuito do cérebro do intestino permite que ele aja de forma independente, que aprenda, lembre e produza "sentimentos viscerais", a existência do cérebro do coração ajuda a explicar a grande amplitude de sentimentos associados a esse órgão.

A Inteligência em Rede

Ao que parece, pelo menos três cérebros — mente, intestino e coração — estão interligados, formando uma rede, influenciando um ao outro 24 horas por dia, em grande parte sem que estejamos conscientes disso. Tudo indica que o *stress* e as emoções mal trabalhadas exercem um impacto negativo no funcionamento coerente desses três sistemas de inteligência.

A Última Decisão Equivocada

Em seu livro *Descartes' Error: Emotion, Reason and the Brain*, o neurocientista Antonio Damasio oferece provas convincentes de que as emoções e as funções intelectuais são processadas em diferentes partes do cérebro, que, em seguida, são integradas no córtex pré-frontal.[6] Tanto essa como outras publicações recentes mostram que a noção de que a inteligência é uma atividade isolada puramente cerebral que não se deixa contaminar nem influenciar pelas emoções não passa de um mito ultrapassado. As emoções desempenham um papel fundamental no desenvolvimento e no funcionamento da mente e influenciam a produtividade diária. Pense na última decisão equivocada tomada em sua empresa. Ela foi resultado de uma emoção mal trabalhada? Alguém reagiu de forma exagerada e criou uma política baseada em reações automáticas e impensadas? Será que as emoções reativas na empresa desempenharam um papel importante nos protestos que geraram a decisão desastrosa? Provavelmente sim.

A Inteligência Emocional

O trabalho de Daniel Goleman sobre inteligência emocional confirma essas descobertas. Goleman, médico doutorado em Harvard que escreve para a seção de ciências do *The New York Times*, popularizou esse conceito no livro de mesmo nome.[7] Ele cita inúmeros estudos que demonstram a importância do equilíbrio emocional e da autoconscientização para o sucesso em todos os aspectos da vida. Daniel alega que devemos começar a valorizar as habilidades emocionais da mesma forma que valorizamos as intelectuais, pois o QI padrão raramente representa um indicador preciso de eficácia pessoal e profissional. Daniel resume a *inteligência emocional* como a capacidade de:

- autopercepção
- motivação
- autocontrole
- empatia
- habilidades sociais

Todos esses requisitos poderiam ser resumidos como habilidades de autogerenciamento e interpessoais. Muitos pesquisadores e educadores adotaram a estrutura da inteligência emocional porque ela torna válidas a nossa experiência do que determina o sucesso ou o fracasso da empresa e a coerência ou o caos individual.

Até Que Ponto Somos Emocionalmente Inteligentes?

Para ser honesto, nossas empresas e nós mesmos poderíamos fazer um uso muito maior dessas características. Acreditamos que, na era do caos, o sucesso a longo prazo de uma empresa está mais ligado à capacidade de trabalhar as emoções das pessoas que a compõem do que ao mero sucesso de produtos ou ao aprimoramento dos processos. Isso se aplica tanto a uma empresa novata que alcança sucesso rapidamente mas não está preparada para as novas realidades operacionais, como a empresas mais antigas ou à burocracia que se recusa a admitir a perturbação e o mal-estar emocional da sua força trabalhadora. Aplica-se também a 80% das empresas relacionadas na *Fortune* 500 de 1970 que desapareceram da lista.

Esperança e Capacidade de Recuperação

Sem esperança, ninguém pode viver plenamente. Empresas que têm esperança são resilientes e cheias de energia. Elas continuam a aprender e crescer e são capazes de se adaptar de forma saudável às crises ou aos desafios oferecidos pelo meio em que vivem. As raízes biológicas da esperança e do desespero estão ficando mais claras. O escritor e especialista em desenvolvimento infantil Joseph Chilton Pearce relatou uma pesquisa que mostra que, quando ficamos "perturbados" por alguma razão, "todas as ações neurais — aprendizado, memória, percepção, capacidade de resolver problemas, entre outras — são afetadas de forma adversa".[8] (Com que freqüência isso acontece em sua empresa?) Nosso estado emocional influencia de forma decisiva o que aprendemos, como aprendemos e até que ponto conseguimos recordar e aplicar esse aprendizado. Uma experiência infeliz durante o processo de um novo aprendizado pode, no futuro, trazer à baila o mesmo sentimento toda vez que esse aprendizado vier à memória. Inconscientemente, a pessoa muitas vezes evita ambientes de aprendizado e desafios que suscitam sentimentos desagradáveis fixados anteriormente nas vias nervosas do cérebro.

Logo no início da nossa carreira, começamos a compreender as conseqüências da incoerência nas empresas. Uma companhia de biotecnologia à qual estávamos associados trabalhou com afinco no lançamento de uma campanha nacional de um importante produto, pois sabia que isso a colocaria na mira dos principais consumidores e lhe garantiria o sucesso. Determinada a alcançar esse objetivo, concentrou nele todos os seus esforços. A empresa estava procurando a ascensão e o reconhecimento imediatos, o topo, o estímulo do sucesso rápido. (Não houve uma discussão mais detalhada sobre as conseqüências operacionais e humanas que isso acarretaria). A campanha foi coroada de êxito, e os negócios cresceram 500% em um mês. Não é preciso dizer que eles não estavam preparados para esse tipo de crescimento. Além de todos os sistemas essenciais não estarem funcionando perfeitamente, os empregados estavam despreparados. Isso gerou uma alta rotatividade no quadro de funcionários, prejudicando a eficácia da empresa. A incoerência predominou, e o número de vendas astronômico daquele mês nunca mais foi alcançado.

Emoção e Intelecto

A emoção, e não o intelecto, é o combustível que impulsiona o motor dos negócios. O intelecto aponta a direção, mas não fornece o combustível. Na maioria das empresas, essa compreensão ainda não foi ativada, e, portanto, o combustível usado não é de alta octanagem, parecendo-se mais com querosene, de queima rápida mas de baixa qualidade. A forma como uma empresa reage, como prepara o seu pessoal para a mudança — o "campo" emocional de uma empresa —, tem componentes emocionais subjacentes que não podem mais ser ignorados. As companhias verdadeiramente inteligentes aprenderão a explorar e utilizar uma inteligência emocional coerente para desencadear um enorme poder.

Quais são os fatores biológicos por trás desse conceito de inteligência emocional? Dentro das estruturas emocionais cognitivas do cérebro existem muitas funções evolutivas que remontam à luta do ser humano pela sobrevivência e aos mecanismos que surgiram para lidar com esse *stress*. As estruturas cerebrais, como a tonsila do cerebelo, na região "emocional" ou límbica do cérebro, podem "raptar" os processos intelectuais quando emoções intensas são sentidas no organismo.[9] Por esse motivo, mesmo as pessoas mais espertas podem fazer opções tolas quando estão sob *stress* emocional. Um fato ainda mais assustador para as empresas e as pessoas hoje em dia é que milhões de pessoas não estão preparadas para enfrentar o *stress* em sua vida e nem mesmo sabem que estão sob a sua influência!

Evolução, Inteligência e Stress

Uma visão comumente sustentada pela neurociência é a de que estruturas cerebrais diferentes desempenham funções distintas que se desenvolveram ao longo do tempo (veja Figura 3-1). De maneira geral, pode-se dizer que o cérebro humano tem três regiões estruturais principais, associadas a diferentes níveis de controle e a uma variedade de funções e impulsos básicos. Chamamos essas regiões de primeiro, segundo e terceiro cérebros.

O primeiro cérebro é composto pelas estruturas do tronco encefálico nos processos modernos do cérebro humano, abrangendo o hipotálamo, a ponte, o bulbo e a formação reticular. Além de controlar os reflexos e os instintos, ele é responsável por várias funções básicas necessárias à sobrevivência, incluindo:

- Comportamento de aproximação/resistência
- Controle hormonal
- Controle de temperatura
- Controle da fome e da sede
- Controle da respiração básica e da freqüência cardíaca
- Impulso reprodutivo

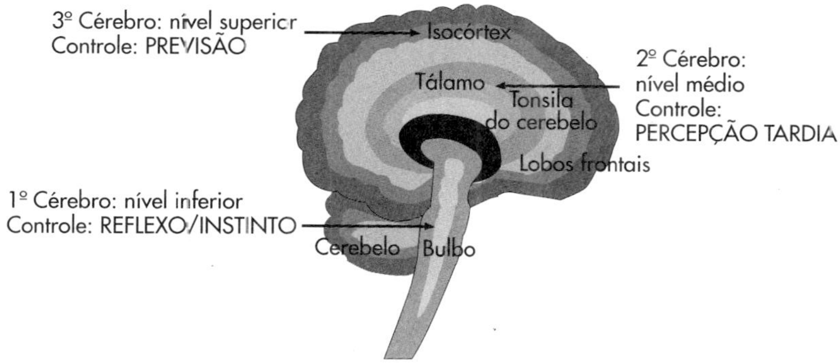

Figura 3-1 Este diagrama ilustra os três estágios generalizados da evolução do cérebro e os níveis de controle, funções e comportamentos associados às três regiões estruturais principais do cérebro humano moderno.
© Copyright 1998, Centro de Pesquisa do Instituto HeartMath.

O segundo cérebro consiste nas áreas subcorticais (também chamadas de límbicas), abrangendo o hipocampo, o tálamo, a tonsila do cerebelo e a glândula pituitária. Essa região do cérebro exerce controle sobre o primeiro nível e tem *percepção tardia*, a capacidade de perceber, depois do acontecimento, o que deveria ter sido feito. Esse aspecto do desenvolvimento da memória representa um importante acréscimo evolutivo. Suas funções e impulsos básicos incluem:

- territorialidade
- medo, raiva, agressão
- amor maternal
- ansiedade
- ódio
- ciúme

Embora pareça que as informações emocionais são processadas nessa região do cérebro, não é nela que experimentamos realmente a manifestação física dos sentimentos. Os sentimentos positivos, como amor ou estima, normalmente são sentidos ao redor da área do coração. As emoções negativas, como medo ou raiva, muitas vezes são sentidas no plexo solar, onde o cérebro do intestino nos esclarece sobre coisas que parecem não estar certas. A angústia, porém, é uma experiência sentida por muitos tanto no coração como no plexo solar.

O terceiro cérebro tem o nível mais alto de controle e, além de ser capaz de prever, atua sobre outras importantes funções, incluindo:

- percepção e diferenciação de pensamento e emoção
- introspecção

- capacidade de optar por uma conduta adequada
- solução de problemas
- culpa
- realização de objetivos
- capacidade de perdoar

O terceiro cérebro, que abrange o isocórtex, os lobos frontais, temporais, parietais e occipitais, constitui 80% do cérebro humano. Uma empresa contrata um funcionário em grande parte com base no que ela pode extrair dessa parte do seu cérebro. Acredita-se que as capacidades humanas superiores — como fala, criatividade, introspecção, capacidade de solucionar problemas complexos e de optar por uma conduta adequada — emergem dessas estruturas. Da adolescência em diante, os circuitos especializados continuam a se desenvolver nos lobos pré-frontais, ajudando-nos a estabelecer padrões morais. Por intermédio do desenvolvimento dos lobos frontais, aprendemos a administrar e equilibrar reação e emoção ao tomar as pequenas e as grandes decisões ao longo da vida.[10]

Uma pesquisa realizada pelo Instituto HeartMath (IHM) indica que a reação ao *stress*, que muitas vezes experimentamos como sentimentos de perturbação, pode inibir as regiões corticais do terceiro cérebro.[11] Com as funções corticais inibidas, a capacidade de solucionar problemas diminui, bem como a velocidade das reações e da coordenação, e não conseguimos raciocinar com tanta clareza. A inteligência superior pode ser obstruída pelas reações e impulsos da primeira e da segunda regiões do cérebro. Nossas decisões passam a ser menos eficazes, a capacidade de ouvir as pessoas diminui e a criatividade fica bloqueada. Felizmente, o contrário também é verdadeiro. Quando nos sentimos em harmonia e equilíbrio, a função cortical (centros superiores do cérebro) é realçada. Passamos a ver possibilidades onde antes só víamos becos sem saída. (Muitas pessoas sabem intuitivamente que isso é verdade. É divertido ver a pesquisa confirmar a intuição.)

Percepção e Stress

Vamos analisar com mais profundidade o papel da percepção e do *stress*. Durante muitos anos acreditou-se que percebíamos conscientemente um acontecimento antes de ficarmos cientes de que ele pudesse representar algum perigo ou uma ameaça à nossa sobrevivência. Recentemente, entretanto, as pesquisas revelaram que uma estrutura do tamanho de uma amêndoa influencia profundamente a percepção e o comportamento. Chamada de tonsila do cerebelo e localizada na região do segundo cérebro, uma das suas principais funções é comparar as informações novas com as experiências anteriores e procurar pares que combinem com elas (veja Figura 3-2). Acredita-se tratar-se também do depósito da memória emocional. Portanto, os pares que ela está procurando são emocionalmente importantes. A tonsila do cerebelo não é absolutamente precisa; se as novas informações *aparentemente* combinarem, ela envia uma mensagem para o cérebro avisando que encontrou um par. Isso pode resultar no que chamamos de *seqüestro emocional*, em que temos uma reação emocional imediata a algo baseada em experiências anteriores, quer essa experiência seja relevante para a nova situação ou não. Essa reação emocional não apenas contorna os centros superiores do cérebro, mas também afeta profundamente a percepção e, por fim, o comportamento.

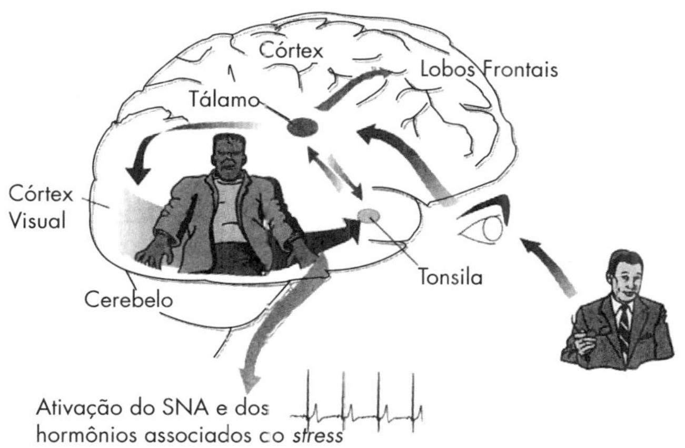

Figura 3-2 A tonsila do cerebelo é uma estrutura do tamanho de uma amêndoa situada na área subcortical do cérebro. Ela "bisbilhota" uma informação recebida através do tálamo e busca uma informação emocional correspondente adquirida numa experiência anterior. Trabalhando em grande velocidade, quando encontra um par ela comunica aos centros superiores da região que afeta o nosso comportamento e orienta as nossas decisões.

© Copyright 1998, Centro de Pesquisa do Instituto HeartMath.

Fisiologia do Stress

Quando percebemos ou antevemos qualquer tipo de ameaça, por menor que ela seja, colocamos o nosso sistema nervoso em ação, ou, mais especificamente, uma ramificação do sistema nervoso autônomo (SNA) chamada de sistema nervoso simpático. A perturbação emocional interior que muitas vezes acompanha a ativação dessa reação de "luta ou fuga" é o que chamamos de *stress*. Esse estado de excitação caracteriza-se pela produção de substâncias químicas, como a adrenalina. Em contrapartida, quando estamos relaxados, outras substâncias químicas, como a acetilcolina, que ajudam a diminuir o ritmo dos nossos sistemas, são produzidas em quantidades maiores pelo sistema nervoso parassimpático. Isso é o que chamamos de "reação de relaxamento". Existem vários indícios de que a predominância acentuada do impulso simpático pode causar hipertensão. Muitas doenças crônicas estão associadas ao desequilíbrio dessas duas ramificações. (Veja Figura 3-3)

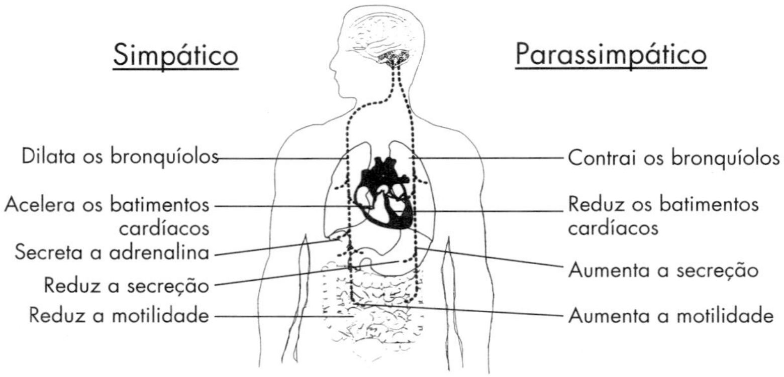

Figura 3-3 Sistema nervoso autônomo. O SNA consiste de duas ramificações, os sistemas simpático e parassimpático. Ele controla mais de 90% das funções do corpo automaticamente. O coração, o cérebro, os sistemas imunológico, hormonal, respiratório e digestivo – todos eles estão interligados por essa rede de nervos.
© Copyright 1998, Centro de Pesquisa do Instituto HeartMath.

O Eixo Emocional

Além do sistema nervoso autônomo, existe um componente adicional da experiência humana que influencia profundamente a reação a uma ameaça: o eixo emocional e hormonal. Em caso de emoções "negativas" como medo, raiva, preocupação ou ansiedade, o organismo produz mais cortisol. Se essas emoções negativas persistirem, os níveis de cortisol aumentam de tal forma que podem exercer um impacto negativo na saúde, na produtividade, no sistema imunológico e nos padrões do sono. Os efeitos prejudiciais dos níveis mais elevados de cortisol são exacerbados amiúde pelo aumento concomitante dos níveis de adrenalina. Além de causarem danos a longo prazo, essas alterações químicas aceleram o processo de envelhecimento.[12] Em contrapartida, quando estamos num estado emocional positivo permanente, a produção de hormônios como o DHEA aumenta, proporcionando uma sensação de bem-estar e sucesso, bem como de resistência e capacidade de recuperação. A maioria das técnicas tradicionais de gerenciamento do *stress* concentra-se no relaxamento e na redução do nível de excitação. Embora seja muito importante conseguir relaxar, os efeitos do relaxamento muitas vezes são a curto prazo. Por conseguinte, ele constitui apenas parte da resposta, pois baixa excitação e estado de relaxamento podem ser prejudiciais quando associados a uma emoção "negativa" como enfado, apatia, ressentimento ou retração. Em outras palavras, o relaxamento não é a resposta quando a paixão não existe mais. (Ver Figura 3-4)

Alquimia Emocional

A transformação positiva do estado emocional interior promove uma profunda alteração no equilíbrio hormonal, aumentando a produção de DHEA[13] e reduzindo os níveis de cortisol. O DHEA é um hormônio essencial, conhecido como hormônio da vitalidade, por causa da sua atuação no combate ao envelhecimento. Quando nosso estado emocional está mais positivo e coerente, até mesmo fatores externos difíceis não conseguem nos desestabilizar, e, dessa forma, na maior parte do tempo somos capazes de passar da excitação ao contentamento. A produção de uma "reação de *stress*", com níveis mais elevados de adrenalina e cortisol, não deve ser vista como negativa. Desde que a ativação das substâncias químicas não persista nem se torne crônica, isso pode ser perfeitamente normal. O mesmo ocorre com as "situações estressantes", que devem ser encaradas como um *grito de alerta*, uma oportunidade de mudar a marcha e descobrir perspectivas e soluções mais produtivas. O problema não é o caos, e sim quanto tempo leva para descobrir que tudo depende da coerência.

Figura 3-4 Fisiologia do *stress*. O eixo vertical representa o sistema nervoso autônomo descrito na Figura 3-3. Na parte superior está a atividade simpática, indicada como grande *excitação/esforço*. Na parte inferior está a atividade parassimpática, indicada por pequena *excitação/relaxamento/sono*. O eixo horizontal representa o domínio emocional. A emoção negativa à direita está associada a níveis excessivos de cortisol, ao passo que a emoção positiva à esquerda está associada a níveis mais altos de DHEA.
© Copyright 1998, Centro de Pesquisa do Instituto HeartMath.

O Ciclo da Percepção

O mais importante é que temos controle sobre todo o processo. Temos controle sobre as nossas percepções e sobre as reações subjacentes que geramos, o que cria uma série de acontecimentos que aumentam ou limitam a nossa eficiência. As percepções geram pensamentos e emoções que, por sua vez, produzem efeitos mensuráveis na freqüência cardíaca, no equilíbrio hormonal, na capacidade do sistema imunológico e em inúmeros outros processos internos. Esses efeitos fisiológicos, por sua vez, agem sobre os próprios circuitos neurais, afetando a nossa percepção. Esse é um sistema de *feedback*. Quando estamos de mau humor, por exemplo, uma percepção distorcida pode gerar emoções e pensamentos negativos, causando desequilíbrios fisiológicos no coração e nos sistemas imunológico e hormonal que reforçarão a continuidade do ciclo negativo. Pesquisas sobre inteligência emocional revelaram que as pessoas mais bem-sucedidas são as que aprenderam a lidar com suas reações emocionais, neutralizando ou transformando as emoções negativas e saindo enriquecidas desse processo.[14] A inteligência emocional pode ser ensinada e aprendida. A chave está no coração humano.

A Comunicação Coração-Cérebro

O segredo para melhorar a comunicação entre o coração e o cérebro consiste em desenvolver a inteligência emocional. Uma das maiores mudanças na compreensão científica dos últimos vinte anos, gerada por anos de pesquisas criteriosas realizadas em vários laboratórios, foi a avaliação precisa de como os diferentes sistemas do corpo humano interagem. Uma das descobertas mais surpreendentes é que o coração desempenha um papel importantíssimo em todos os processos cerebrais. O coração se comunica com o cérebro de várias formas. Ele se comunica eletricamente, por meio de dois conjuntos de vias nervosas; eletromagneticamente, irradiando um sinal que alcança todas as células do corpo, inclusive as do cérebro; e mecanicamente, por meio de ondas de pressão que percorrem os vasos sangüíneos. A influência do coração sobre o cérebro não deve ser subestimada. Muitas vezes falamos da importância do "coração" nas nossas realizações, no orgulho pelo nosso trabalho, na coragem de assumir riscos ou de expressar a verdade. Contudo, ao longo dos últimos cinqüenta anos ou mais, nos Estados Unidos e na Europa o coração tem sido visto como um sinal de fraqueza, comportamento irracional ou sinônimo de "pieguice". Ele foi banido da maioria das discussões de negócios sob a alegação de imaturidade e excesso de sentimentalismo. Ironicamente, muitas empresas hoje em dia agem de formas extremamente imaturas e sentimentais por causa da falta de coração, compreensão e compaixão. Enquanto isso, as doenças cardiovasculares passaram a ser as maiores responsáveis pelo número de mortes em grande parte do mundo.

Pesquisas realizadas nas últimas duas décadas revelaram que os estados emocionais afetam profundamente o ritmo das batidas do coração e os sinais que elas transmitem.[15] Esses sinais, por sua vez, causam mudanças mensuráveis na capacidade que o cérebro tem de pensar e processar informações. Na década de 60, os pesquisadores descobriram que o coração agia como se tivesse "uma mente própria".[16] O coração do feto começa a bater antes de o cérebro e o sistema nervoso terem se desenvolvido. Parece que o coração tem um tipo de inteligência próprio. A energia elétrica de cada batida desse órgão e as informações que elas contêm são enviadas para todas as

Ouvir

O ideograma moderno para ouvir é composto pelos seguintes símbolos: ouvido, rei, olho e coração. Seu significado é ouvir com o ouvido, de forma respeitosa, como se faria diante de um rei, observando com os olhos e agindo com todo o coração.

思
Refletir

O antigo ideograma chinês para pensar mostra o crânio de um bebê ligado ao coração. Seu significado é que pensar requer uma mente aberta ligada ao coração. A definição de um antigo dicionário descreve os "fios de seda" que ligam o cérebro e o coração.

células do corpo. Quando os padrões elétricos do cérebro entram em sincronia com os padrões rítmicos do coração, as pessoas agem com mais coerência fisiológica, adquirindo uma percepção mais inteligente. A capacidade de produzir sentimentos como carinho, estima e compaixão representa um fator essencial para uma maior eficácia do cérebro, maior capacidade de aprendizado e uma vida emocional mais equilibrada. Por esse motivo, a inteligência do coração está estreitamente associada à eficácia tanto na esfera pessoal como na empresarial. E, o que é mais importante, ela funciona.

Inibição Cortical

Uma reação negativa a uma interrupção desagradável pode fazer com que o coração fique caótico, o que, por sua vez, pode inibir a atividade cortical.[16] Você foi perturbado e perdeu a concentração e vai precisar de energia adicional para recuperá-la. A compreensão da interação coração-cérebro ajuda a explicar a relação entre os processos emocionais e cognitivos tanto no início do desenvolvimento na infância como na vida adulta. Em termos práticos, está claro agora que *estados emocionais negativos causam batimentos cardíacos irregulares. Portanto, as informações que estão sendo enviadas a todas essas estruturas no cérebro são menos coerentes.*[17] A conseqüência normalmente é a falta de sincronização no cérebro, que leva a decisões tacanhas ou medíocres, comunicação impulsiva, falta de coordenação motora e outras conseqüências desastrosas. O caos e a confusão resultantes no cérebro, descobertos pela primeira vez na década de 60,[18] são chamados de *inibição cortical.* (Ver Figura 3-6)

O Café no Teclado do Computador

A inibição cortical se manifesta como menor capacidade de tomar decisões satisfatórias ou maior dificuldade de encontrar as palavras certas. Nessas ocasiões, a velocidade das reações físicas também sofre uma redução. Via de regra, quando estamos com pressa ou tomados de pânico é que derramamos acidentalmente uma xícara de café numa pilha de papéis ou no teclado do computador. O autogerenciamento interior o ajuda a adquirir controle à medida que você se torna um mestre, e não uma vítima inconsciente das reações corriqueiras impensadas. As empresas do futuro vão estudar atentamente como o aprendizado ocorre no nível biológico e ajudar as pessoas a maximizar esse aprendizado.

O Contraste Ampliado

A incoerência nas empresas – ruído acumulado, perturbação, pressão e conflito – pode aumentar a distorção interior que as pessoas sentem, fortalecendo ou

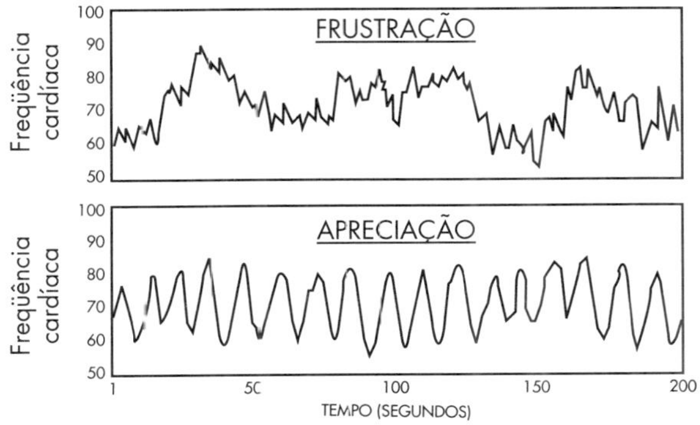

Figura 3-6 As alterações na freqüência cardíaca não afetam apenas o coração, mas também a capacidade que o cérebro tem de processar informações, tomar decisões, resolver problemas e criar. Os ritmos irregulares, mostrados na parte superior, levam à inibição cortical, enquanto os ritmos mais regulares, abaixo, são associados à facilitação cortical. *© Copyright 1998, Centro de Pesquisa do Instituto HeartMath.*

reforçando o padrão negativo e caótico do indivíduo. Em contrapartida, um ambiente positivo é importante para que a coerência seja familiar e os padrões negativos sejam dissolvidos. Até mesmo aqueles que tiveram padrões improdutivos ou nocivos durante toda a vida conservam no íntimo o anseio de serem produtivos e eficientes e se sentirem realizados. Os níveis crescentes de *stress* em todo o mundo apenas aumentam o contraste entre o desejo de coerência e a incoerência reinante. À medida que a discrepância entre a maneira como as pessoas se sentem e a maneira como querem se sentir aumenta, o desespero ou a resignação preenche essa lacuna. Do ponto de vista biológico, além de piorar as coisas, isso enfraquece ou distorce a capacidade de lidar com os problemas. A identificação dos padrões reativos e a compreensão de suas conseqüências representa o primeiro passo rumo à reprogramação. Os pesquisadores afirmam que é possível reprogramar os processos ineficazes emocionais e do pensamento.[19] Se você almeja eficiência pessoal ou manter bons funcionários em sua empresa, isso é imperativo.

Os Bebezões e a "Fachada"

Os estados emocionais são contagiantes. Se você sorrir para um bebê, ele também sorrirá. Se você tratar um cliente com sinceridade, ele passará a estimá-lo e recompensá-lo com sua lealdade. Se ficar perturbado, o bebê irá chorar. Se tratar os funcionários com raiva e falta de consideração, eles vão interiorizar seu ressentimento e perder a motivação para dar o melhor de si. Pode-se sentir uma mudança imediata no estado emocional de uma criança pelo seu tônus muscular e pela postura corporal. Alguma vez você notou a mesma mudança numa reunião constrangedora com os empregados ou num contato com um cliente? Geralmente essa mudança é muito mais sutil e velada do que com os bebês, pois eles foram condicionados a controlar socialmente o seu comportamento. Na vida adulta, muitos de nós aperfeiçoamos a aparência externa, a "fachada", escondendo nossos sentimentos verdadeiros por trás de uma fachada agradável forçada, enquanto o motor interior de descontentamento gira furiosamente. Isso exige quantidades enormes de energia e contrasta sobremaneira com o espírito de conversação que a Internet propiciou.

O Aprendizado no Local de Trabalho

No aprendizado durante a fase adulta, a eficácia da transferência do "professor" ou treinador, que muitas vezes é um supervisor ou gerente, está estreitamente relacionada com a coerência interior desse professor. Mas o nível de insegurança é tão alto em muitas empresas que as relações entre supervisor e supervisionado ficam repletas do ruído silencioso oriundo da incerteza, do medo de críticas e da resistência. A cordialidade e a coerência do supervisor podem contribuir muito para dissolver a resistência e a tensão. Em contrapartida, o desconforto, a frustração e a raiva do administrador tendem a reforçar a atitude resistente do funcionário. No excelente livro *First, Break All the Rules*, os autores nos lembram que a maioria das pessoas pede demissão por causa dos patrões, e não das empresas. Via de regra, são as decisões incoerentes por parte da administração que convencem as pessoas de que está na hora de mudar de emprego.[20]

Compra Emocional

Vamos levar essa discussão sobre coerência emocional interior para uma situação bastante prática na área dos negócios: as vendas. A primeira impressão do comprador normalmente é emocional: sentimentos de mal-estar e desconfiança ou de segurança e tranqüilidade com relação ao representante de vendas. O estado emocional do vendedor estabelece o tom para a transação. Quando as pessoas estão comprando, elas tendem a observar atentamente e, de forma inflexível ou errônea, formar rapidamente uma opinião sobre o vendedor. As pessoas normalmente compram de alguém de quem gostam, e, se o vendedor parecer falso, der a impressão de estar empurrando o produto ou ser instável emocionalmente, o comprador muitas vezes fica com reservas. Os representantes de vendas costumam dizer que não há nada pior do que um vendedor desesperado. Em contrapartida, um vendedor coerente transmite mais respeito e ganha a confiança do comprador, que ouve suas palavras com mais atenção e com um nível maior de compreensão e clareza, criando um clima mais favorável à venda. Vamos analisar agora as raízes biológicas e eletromagnéticas dessa observação.

Como "Reinstalar" as Vias Neurais

As pessoas podem aprender a "reinstalar" as vias neurais mal adaptadas que inibem o aprendizado, o crescimento e a maturidade emocional necessários para alcançar o sucesso em qualquer área da vida. Com a prática, conseguem obter excelentes resultados. Essas mudanças podem ser medidas pela análise espectral do ECG, como o aumento da coerência cardíaca,[21] pela sincronia das ondas cerebrais,[22] pelo fortalecimento do sistema imunológico[23] e por um maior equilíbrio hormonal.[24] Esses fortes efeitos são suscitados por intermédio da aplicação de técnicas que estimulam o estado sincronizado. A atenção e o reconhecimento, aplicados de forma consciente, são exemplos perfeitos do modo como a "inteligência do coração" altera a fisiologia.

Muito Mais do Que uma Bomba

O termo inteligência do coração indica que o coração é muito mais que uma bomba que bate mecanicamente pelo menos 110 mil vezes por dia. A rigor, suas propriedades elétricas, magnéticas, neuronais e hormonais o tornam uma parte verdadeiramente notável do sistema humano. A conclusão surpreendente de várias linhas recentes de pesquisas é que a inteligência do coração é ainda maior do que essas funções indicam.

Uma Proposição Radical

Sabemos que o coração é fundamental para a nossa existência, e na verdade usamos a palavra coração para descrever algo que está no centro, no âmago ou é fundamental. Ironicamente, apenas no último século o Ocidente assumiu a supremacia do cérebro e do intelecto, e o coração — visto como uma armadilha sentimental – ficou em desvantagem. Mas a imagem desse órgão como fraco, emocional e irracional está ultrapassada e não mais satisfaz nossos interesses mais elevados. É hora de parar de culpar o coração pelas emoções mal administradas e começam a enxergar o que ele é realmente — a fonte do nosso poder central e um instrumento essencial para termos acesso a uma nova inteligência.

O coração de que estamos falando não é sinônimo de emoção. As pesquisas realizadas pela HeartMath e por outras entidades revelam que a inteligência do coração supera a inteligência emocional ou analítica. Ele realmente sente as informações emocionais e é capaz de transcender as armadilhas das emoções não trabalhadas. Existem provas crescentes de que *a inteligência do coração representa o cerne do sistema operacional do ser humano, responsável por uma organização mental, emocional e celular inteligentes*. Uma proposição radical? Talvez. Uma proposição que vale a pena ser explorada? Certamente acreditamos que sim.

As Freqüências de Inteligência

As freqüências estão em toda parte. Podemos ver as freqüências da luz, ouvir as freqüências do som e sentir as diferentes freqüências dos pensamentos e das emoções. Os olhos são estações receptoras projetadas para captar determinadas freqüências de luz, mas não todas. Os ouvidos são planejados para detectar freqüências audíveis numa faixa específica. As pessoas não podem ouvir os sons que os ouvidos de um cão conseguem captar, embora esses sons também sejam reais. Um rádio AM é projetado para receber freqüências numa faixa AM; estações FM transmitem em outra faixa de freqüência, que um rádio FM é projetado para captar. Apesar de o coração e o cérebro irradiarem freqüências elétricas que vibram dentro de uma outra faixa, principalmente de 0-30 Hz, a faixa do coração é 40 a 60 vezes mais forte que a do cérebro. Ao mesmo tempo, esses órgãos inteligentes também "recebem" informações e podem produzir uma grande variedade de alterações bioquímicas e elétricas em resposta a esses estímulos sensoriais. (É interessante que algo tão fundamental como o espectro eletromagnético agora seja licenciado pelo governo federal para uso de todas as empresas de tecnologia que precisam de "faixa de freqüência".)

Definição de Inteligência do Coração

A inteligência do coração pode ser definida como o fluxo de inteligência que surge quando a mente e as emoções estão equilibradas e coerentes. Estima, carinho e compaixão são exemplos de "freqüências" centrais dentro das faixas de freqüência da inteligência do coração. Cada vez que geramos uma dessas freqüências, ou emoções positivas, nossa fisiologia muda para um método mais eficaz. A ativação dos sentimentos cardíacos representa um uso inteligente da capacidade que o corpo tem de sentir e serve como uma chave de ignição para a inteligência intuitiva. Muitas vezes, em momentos de paz, tranqüilidade ou aprovação, as inspirações intuitivas começam a "fluir". Até mesmo a mente mais inquieta ganha nova perspectiva e compreensão na presença de um coração afetuoso. As emoções positivas têm um determinado padrão de freqüência, como pode ser visto nos traçados do VRC (variação do ritmo cardíaco)*, e sua freqüência é bem diferente das emoções "negativas".

Inteligência Intuitiva

Definimos inteligência mental como a faixa da inteligência humana na qual o cérebro pode analisar, deduzir, julgar e memorizar. As emoções influenciam e perturbam esses processos, que são fundamentais para as relações humanas. A Heart-Math define inteligência do coração como essa parte da inteligência humana que opera numa faixa de freqüência que abrange a inteligência mental, a emocional e

*Em inglês HRV: *Heart Rate Variability*.

até mesmo a celular. Como o processo mental de uma pessoa está sob o comando da inteligência do coração e o combustível da emoção se rende à inteligência da sabedoria, ocorre o desdobramento da inteligência intuitiva. Uma nova compreensão de si mesmo, da empresa, do mercado ou de qualquer aspecto importante emerge mais rapidamente.

Você pode recorrer à inteligência do coração sempre que tentar se afastar de situações caóticas para adquirir uma perspectiva mais equilibrada e emocionalmente neutra. A percepção intuitiva emerge com freqüência.

A inteligência mental está para a análise assim como a inteligência do coração está para a intuição. O controle da própria natureza emocional — e a capacidade de gerar emoções positivas de forma consciente — abre caminho para a intuição. Sem intuição ativa, a vida fica rígida e inflexível e deixamos de aprender lições ou criar oportunidades importantes. Muitas das decisões tomadas nesse ambiente acelerado dos negócios baseiam-se mais numa mentalidade de competição do que numa intuição madura e equilibrada. Ironicamente, a intuição opera em alta velocidade, de modo que podemos acompanhar o ritmo explodir quando ativarmos a intuição.

A Intuição é uma Faixa de Freqüência

Uma das principais inspirações que influenciaram nossas pesquisas ao longo dos últimos 15 anos foi a afirmação de que a intuição é um tipo, ou faixa de freqüência, de inteligência fundamental do ser humano. Todas as

DESENVOLVA A INTELIGÊNCIA INTUITIVA PARA AUMENTAR A SUA CAPACIDADE INTELECTUAL

A intuição existe numa "faixa de freqüência" de inteligência além da que a maioria das pessoas desenvolveu. Todos nascem com a capacidade de intuir — a capacidade de saber algo sem conseguir explicar como se sabe. A tendência de usar métodos racionais e lineares para resolver problemas calou a voz da intuição na maior parte do mundo desenvolvido. E se o sistema humano realmente tivesse um alto nível de inteligência intuitiva, mas apenas não tivéssemos aprendido a utilizá-la? A época acelerada em que vivemos exige essa inteligência intuitiva. As descobertas tanto no âmbito pessoal como no empresarial necessárias para abandonar a rigidez e a inércia das velhas condutas não virão com análise ou raciocínio baseados nas experiências anteriores. O desenvolvimento da intuição representa o próximo passo para o aprimoramento do desempenho do ser humano. Pergunte ao seu coração como adquirir mais intuição.

pessoas nascem com a capacidade de intuir, tão importante para o homem como o impulso de sobreviver ou de se preocupar com as outras pessoas. Essa capacidade pode ser bloqueada e obstruída, mas isso não diminui seu potencial de orientar a vida das pessoas ou as empresas onde elas trabalham. O método mais eficaz de autogerenciamento interior de que dispomos consiste em recorrer sempre à nossa inteligência intuitiva inata. Achamos que o sistema humano está programado para atuar com um alto nível de inteligência intuitiva operacional, e que essa era acelerada de informações em que vivemos atualmente criou as condições perfeitas para aperfeiçoá-la. Com a prática regular, ela deixa de ser aleatória e passa a ser automática.

A Complexidade Domada

A intuição nem sempre surge como uma descoberta engenhosa ou algo grandioso. Soluções, pensamentos e sentimentos intuitivos muitas vezes se manifestam como o velho bom senso. O bom senso é simples e eficaz, e deve ser respeitado. A simplicidade é a complexidade domada e reduzida a algo que pode ser facilmente aplicado, como uma equação matemática complexa que finalmente resulta em "equivalentes". A equação pode ser bem extensa, mas, no final, é resumida e produz apenas alguns números precisos. A intuição muitas vezes conduz à simplicidade e ao bom senso. Quantas situações você gostaria que pudessem ser simplificadas e solucionadas por meio do bom senso neste momento?

Uma Nova Maneira de Pensar — Prioridade

As descobertas tanto no âmbito pessoal como no empresarial necessárias para abandonar a rigidez e a inércia das velhas condutas não virão com análise ou raciocínio baseados nas experiências anteriores. Isso aconteceu com você? Regularmente? Provavelmente não. Para que haja sucesso e coerência no futuro, será preciso a adoção de uma nova maneira de pensar — colaboradora, apaixonada e criativa. A chave para a coerência interior será a ativação da inteligência do coração.

Uma mente (ou empresa) sem coração fica dispersa e impulsiva e se deixa perturbar facilmente. Sem o equilíbrio inteligente que vem do coração, as emoções (e as empresas) criam focos de instabilidade e desperdício, fazendo que as pessoas fiquem presas num círculo vicioso mental e deixem de ver perspectivas inteligentes que poderiam levar a uma maior compreensão. A incoerência reina. (As pessoas deixam a empresa.) Os grupos que agem apenas de acordo com os instintos oriundos dos sentimentos viscerais e amiúde com base no medo ficam confinados a modalidades que aprisionam o espírito e causam um envelhecimento prematuro. O coração dá prioridade às coisas mais importantes, dos 7 trilhões de células que ele nutre à vida que ele sustenta e à vitalidade que ele assegura – intuitivo, inteligente, eficiente, fundamental: prioridade total.

capítulo 4

Como é Crescer no Rio Hudson: Supere a Adaptação

Muitos anos antes de conhecer Doc, participei como ator de cerca de setecentas apresentações da peça *The Fantasticks* em Nova York. Não demorou para que o processo de dizer as falas, cantar as canções e movimentar-me no palco se tornasse automático. Para um ator, com o passar do tempo o desafio passa a ser a mecanicidade, e não a memória. Certa noite, depois de mais de quatrocentas apresentações, tive um branco total. O tempo parou por uma fração de segundo e senti um verdadeiro pavor até que, sem que me desse conta, as palavras começaram a sair da minha boca, automaticamente. Fiquei aliviado e espantado por poder pronunciar as palavras aparentemente sem ter plena consciência. Fui salvo pelo bulbo.

Uma parte do cérebro — o bulbo — ajuda a nos "desprendermos" do processo consciente do pensamento graças ao que chamamos de *comportamentos estereotipados*. Essa é a parte do cérebro pela qual aprendemos as funções que logo se tornam automáticas. Com os comportamentos estereotipados, nem sempre temos consciência das funções que estamos realizando. As pessoas que costumam percorrer o mesmo trajeto todos os dias muitas vezes não se lembram de como chegaram ao trabalho, pois estavam absortas demais com problemas profissionais ou pessoais. No entanto, a inteligência inata do cérebro e o sistema muscular atuam de forma automática enquanto o principal centro de atenção está em algum outro lugar.

Fazemos muitas coisas automaticamente, sem entender realmente o impacto desse comportamento ou suas conseqüências no nível celular. Cresci em Nova Jersey e, nas décadas de 50 e 60, muito antes de trabalhar na Broadway, eu ia freqüentemente a Manhattan.

Naquela época, o rio Hudson estava em péssimas condições, e eu imaginava como os peixes — ou qualquer outra forma de vida — podiam sobreviver numa água tão suja, gordurosa e infestada de lixo. Mais tarde, com base no que aprendi sobre adaptação humana, refleti sobre a forma como os peixes que viviam no rio Hudson percebiam a vida. Crescendo naquele local, eles não conheciam outro tipo de vida, não tinham nenhuma outra experiência para servir de parâmetro. Nascidos e criados naquele ambiente, os peixes eram forçados a se adaptar, não importa as conseqüências que isso acarretasse para sua saúde ou sobrevivência. Na verdade, ouvimos dizer que a população era aconselhada a não comer os peixes pescados naquele rio e vimos fotos de peixes doentes encontrados nas velhas docas ao sul de Manhattan. E se um daqueles pobres peixes ganhasse umas "férias dos seus sonhos" no lago Tahoe? O peixe a princípio ficaria chocado pela pureza e extrema limpeza do lago, mas logo se adaptaria e se desenvolveria, e provavelmente acharia os cassinos do lado de Nevada particularmente intrigantes.

Adaptação. Muitas pessoas estão tão familiarizadas com um determinado nível de ansiedade, tensão ou frustração na empresa em que trabalham ou na vida em geral que imaginam ser essa a única alternativa; outra forma de vida parece um sonho distante ou cruel. Elas se adaptaram. Se, por acaso, tiram a sorte grande, a empresa em que trabalham abre o capital, alcançam um novo *status* social ou se mudam para um bairro melhor, é impressionante como se "adaptam" rapidamente e não dão o devido valor a tudo isso. A novidade e o poder regenerativo da valorização desaparecem.

Um dos aspectos verdadeiramente notáveis da vida neste planeta é a adaptabilidade. O poder de adaptação do ser humano é essencial em épocas de mudanças rápidas. Entretanto, as pessoas tendem a se *adaptar mal* ao ambiente em que vivem, bloqueando a mesma inteligência que poderia aliviar a dor ou o sofrimento que as aflige.

A Má Adaptação

Má adaptação significa adaptar-se de maneira pouco saudável às circunstâncias dentro de nós mesmos e no ambiente em que vivemos. Quando nos adaptamos mal a acontecimentos estressantes, não temos consciência das suas conseqüências, certos de que não existe alternativa ou, pior ainda, de que não tem importância agir de determinadas maneiras, quer sejam prejudiciais ou não. Como achamos que todos à nossa volta agem e pensam da mesma forma, ficamos semiconscientes, permitindo que nossa conduta lentamente nos enfraqueça. Acreditamos que tudo está bem, mas, na realidade, essa conduta pode estar sobrecarregando nosso organismo sem necessidade e nos fazendo produzir muito menos do que realmente poderíamos.

A maneira como muitas pessoas reagem a situações estressantes oferece um cenário perfeito para esse processo de má adaptação. Quando a administração implementa uma nova política, é comum os funcionários se queixarem das mudanças. As reclamações e os resmungos não só parecem normais, mas também parecem ser a forma apropriada de reagir a essa situação. As queixas se espalham como um vírus infeccioso, e uma vez iniciadas é como se houvesse um concurso para ver quem vai surgir com a crítica mais criativa. O fato de a mudança na política da empresa ser para melhor ou para pior não faz a mínima diferença para o nosso organismo. O *stress* gerado pelos pensamentos e sentimentos negativos e tendenciosos leva a um desequilíbrio hormonal e do sistema nervoso, sobrecarrega o coração e queima muita energia. A inibição cortical resultante faz com que pensemos com menos clareza. Sentimo-nos cansados e não sabemos por quê, mas colocamos a culpa, comodamente, nas pressões do trabalho ou na administração, que está sempre alheia. Afinal de contas, não é isso que nossos colegas estão dizendo? A acusação aumenta o impacto negativo da reação à mudança exigida, e as pessoas se afundam ainda mais numa areia movediça que elas mesmas criaram enquanto pensam que estão reagindo de forma apropriada.

Quantos na empresa em que trabalhamos se *adaptam mal* ao *stress* diário quando deveriam fazer isso de forma saudável? Até mesmo os benefícios positivos dos exercícios físicos podem mascarar as causas do *stress* — percepções ineficazes — enquanto tratamos apenas os sintomas superficiais, como a fadiga.

À medida que o *stress* se acumula, a maioria das pessoas interioriza a tensão e reage — essa é a extensão do seu processo de adaptação, de forma que um novo nível de tensão e distorção interior parece normal. Esse processo avança incontido, mas é tão lento que a maioria das pessoas não consegue perceber seus efeitos devastadores. Poderíamos chamar isso de "morte lenta". No nível fisiológico, a má adaptação é responsável por doenças crônicas, como a pressão alta. O organismo se adapta mal ao *stress* externo, sem neutralizar seus efeitos, e isso tem um preço alto. Agora que os padrões são mais elevados, fisiologicamente falando, absorvemos o ruído em vez de silenciá-lo, e um novo nível de incoerência interior começa a parecer normal. A pressão arterial alta amiúde faz parte do bojo.

Esse processo constitui a base de um tema importante do Autogerenciamento Interior:

> A pressão sobre o indivíduo vai aumentar nos anos vindouros à medida que o *stress* social, familiar e interior se acumular e o ritmo de mudança for acelerado.

A palavra *stress* origina-se da palavra latina *strictus* e tem significados antiqüíssimos, como "afligir", "castigar" e "separar". Logo depois da Segunda Guerra

Mundial, a comunidade médica começou a formular um novo conceito de *stress*, a noção de que os dissabores e as adversidades da vida desencadeiam uma *reação de stress* fisiológico que causa graves doenças físicas e mentais.[1]

Hans Selye cunhou o uso moderno do termo *stress* e o descreveu como "o ritmo de desgaste do organismo".[2] Uma pesquisa recente descobriu que o fato de as pessoas terem de alterar conceitos, mudar intenções e o foco de atenção várias vezes por dia gera mais *stress* do que qualquer agente estressante. O *stress* é pior quando aliado a sentimentos de preocupação, ansiedade, insegurança ou falta de controle sobre uma situação. Ao contrário de trinta anos atrás, as pesquisas indicam que, no ritmo de vida alucinante atual, as pessoas numa empresa são convocadas a mudar conceitos — ou mudar o foco da atenção dezenas de vezes por hora. Esse número, indubitavelmente, está crescendo. Correios eletrônicos, interrupções, aparelhos de fax, telefone tocando, pessoas (inclusive o cônjuge e os filhos) exigindo atenção enquanto você está tentando fazer alguma outra coisa — todos esses fatores representam a exigência da mudança de conceitos. Se levarmos em consideração o número de pessoas que têm empregos rotineiros sujeitos a poucas interrupções, chegaremos à conclusão de que muitas delas estão lidando *com cerca de dez a vinte ou mais mudanças de conceitos por hora*. Se pensarmos numa jornada de trabalho de oito a dez horas, essa mudança de conceitos facilmente pode ser traduzida em oitenta a cem ou até mesmo 150 mudanças por dia. Em cada um desses pontos de mudança, temos de escolher entre reagir e deixar o *stress* se acumular, ou permanecer neutro e equilibrado e com acesso total à própria inteligência. Você muda e destrói as engrenagens interiores, ou lança mão da sua inteligência e coloca em ponto morto antes de engatar a próxima marcha, evitando, assim, um grande desgaste? Embora esse conceito possa parecer abstrato e idealista, quase todos nós conhecemos alguém que parece passar tranqüilamente de uma tarefa à outra, com calma, sem perda de produtividade. Essas pessoas são valiosíssimas para as empresas.

As reações estressantes exercem um impacto na nossa saúde, na qualidade do nosso sono, na forma como nos comunicamos, nas nossas despesas médicas, em nosso processo de tomar decisões — e por aí afora. Está claro que todo o volume de reações de *stress* com que a maioria das pessoas depara — muitas das quais automáticas e inconscientes — representa o maior obstáculo à saúde, à produtividade e à coerência empresarial. Esse é um processo ininterrupto.

A abordagem do autogerenciamento interior dos processos e hábitos mentais e emocionais começa identificando quando alguém está estressado ou produzindo abaixo da média para, em seguida, neutralizar as dezenas de reações internas a fim de aumentar sua coerência interior. *Reconhecer* quando alguém está adaptado ou mal adaptado, entretanto, pode ser especialmente desafiador, pois muitas pessoas são como os peixes do rio Hudson, com reações automáticas, programadas para o ambiente em que vivem e sem alternativa aparente. Mais de uma vez as pessoas que ministram seminários da HeartMath ouviram os participantes afirmarem que não sofrem de *stress* e que não entendem por que o facilitador perde tanto tempo com esse assunto. Então, quando indagados, dizem que não se dão bem com os colegas de trabalho, que odeiam o patrão e têm poucos amigos, mas problemas de *stress* felizmente eles não têm!

Má Adaptação Hormonal

A má adaptação provoca o aumento dos níveis de cortisol, hormônio associado ao *stress*, e a diminuição dos níveis de DHEA, o hormônio da vitalidade. O DHEA e o cortisol têm uma atuação bastante distinta sobre as células do corpo humano. Quando esses dois hormônios poderosos estão em desequilíbrio, o organismo reage de várias formas: o nível de insulina cai, a densidade óssea diminui, a massa muscular é reduzida, há um aumento de gorduras ao redor da cintura e dos quadris. Além disso, a capacidade de renovação da pele, a cicatrização dos tecidos e a atividade imunológica ficam mais lentas — e todos esses fatores juntos aceleram o processo de envelhecimento. Isso ocorre porque, no aspecto bioquímico, o organismo está operando sob o comando "sobrevivência", como conseqüência da má adaptação que passou despercebida. Com o tempo, isso acarreta a destruição das células do hipocampo, a parte do cérebro responsável pela memória, enquanto as capacidades espaciais e outras habilidades de aprendizado sofrem uma redução. O sono REM fica prejudicado, causando insônia ou depressão ao se levantar. Os níveis mais elevados de cortisol e mais baixos de DHEA constituem um fator de predisposição para muitas doenças associadas à idade, como obesidade, osteoporose, artrite, mal de Alzheimer, arteriosclerose e algumas formas de câncer. Fora isso, nenhum problema.

Estudos recentes sobre envelhecimento realizados pela Fundação McArthur relatam que: "A maneira como as pessoas envelhecem — se elas acabam doentes, dementes ou sem atividade sexual na casa dos 70 ou 80 anos, ou vigorosas, aguçadas e libidinosas — depende, sobretudo, do tipo de vida que levam. Apenas cerca de 30% das características de envelhecimento têm raízes genéticas". A genética é a principal responsável pelas características de saúde no início da vida, mas, por volta dos 80 anos, dificilmente alguma influência permanece. Segundo John Rowe, geriatra e presidente do Mount Sinai Medical Center, em Nova York: "As pessoas são em grande parte as maiores responsáveis por seu próprio envelhecimento".[3]

Atitudes Flexíveis, Fisiologia Flexível

"Este trabalho está me matando." Esse desabafo pode ter um sentido literal, segundo alguns artigos publicados no *British Medical Journal*.[4] De acordo com os pesquisadores, os homens que apresentaram maior aumento de pressão arterial quando se preparavam para um teste de esforço e relataram exigências muito grandes no trabalho tinham a artéria carótida de 10% a 40% mais espessa do que os que tinham a *percepção* de que seus cargos exigiam menos. Essa descoberta ficou mais evidente entre homens que apresentaram pelo menos 20% de espessamento da artéria carótida nos exames de ultra-sonografia. Além disso, nesse subgrupo, os homens que ocupavam cargos com alto nível de exigência e cuja pressão arterial se elevou "apresentavam um aumento superior a 46% no avanço da arteriosclerose em relação aos outros".[5] A percepção novamente mostra sua influência. Um importante axioma aqui é que *atitudes flexíveis desenvolvem uma fisiologia flexível.*

Emoção e Saúde Imunológica

Um estudo realizado pelo Instituto HeartMath[6] mostrou uma ligação entre emoção e função imunológica. Foi solicitado que grupos de voluntários se concentrassem em duas emoções diferentes — raiva e carinho — enquanto um importante anticorpo do sistema imunológico, a IgA secretora, era medido. A IgA (imunoglobulina A) encontra-se distribuída por todo o sistema imunológico, agindo como uma camada protetora das células contra a invasão de bactérias e vírus. Sabe-se que o *stress* reduz os níveis de IgA, deixando-nos mais vulneráveis a problemas respiratórios como gripes ou resfriados. O estudo descobriu que cinco minutos de concentração numa experiência de raiva causou uma supressão dos níveis de IgA que se estendeu por seis horas. Em contrapartida, cinco minutos de sentimentos sinceros de cuidado e compassividade estimularam os níveis de IgA também por um período de seis horas.

Você sai de uma reunião com os funcionários aborrecido e com raiva porque sua proposta foi rejeitada e, por isso, passa e repassa a cena em sua mente, formulando a defesa perfeita, fervendo de raiva. (Se passar apenas cinco minutos fazendo isso, você tem sorte, pois muitas pessoas passam horas.) Você suprimiu uma parte importante da sua função imunológica — durante horas — de forma muito mais eficaz do que a atuação de qualquer fator ambiental. O hábito crônico de repassar as emoções negativas traz conseqüências dramáticas e pode levar facilmente a um estado cada vez mais comum — o esgotamento.

O Esgotamento Chega ao The Wall Street Journal

O mal-estar que atinge o local de trabalho está longe de ser um exemplo isolado. Um colaborador respeitado do *The Wall Street Journal* depois de escrever sobre esse assunto durante anos, sentiu-se compelido a falar abertamente sobre seus próprios desafios:

> Apesar de descrever o esgotamento como um problema relacionado ao local de trabalho, no íntimo eu acreditava que essa enfermidade atingia apenas os outros. Estudos revelaram que 25% da força trabalhadora corre o risco de ter esgotamento. No entanto, eu pensava nesse termo como um rótulo da cultura *pop* para a fadiga, ou um bode expiatório para maus hábitos na vida profissional. Com um emprego flexível, pensei que estava imune. E, com essa atitude, acabei com a minha vida.[7]

A Emoção e o Stress Afetam a Sobrevivência do Coração

Um número cada vez maior de estudos vem demonstrando que existe uma ligação entre o estado emocional e a saúde a longo prazo. Um estudo realizado na Faculdade de Enfermagem da Georgetown University, em Washington, D. C., mostra que os fatores psicossociais contribuem mais para a sobrevivência do coração do que as condições fisiológicas da pessoa. Num artigo publicado no *American Journal of Critical Care*,[8] o dr. Sue A. Thomas, pesquisador que conduziu o estudo, diz:

> Os pacientes que sofrem de doença cardiovascular grave correm um risco maior de também apresentar mudanças em seu *status* emocional. Não podemos tratar apenas um e negligenciar o outro e esperar que a pessoa se recupere. Não podemos tratar apenas o físico. Temos de tratar a pessoa como um todo, a mente e o corpo... O padrão de maior número de acontecimentos estressantes no passado, menores expectativas de mudanças no futuro e aumento dos níveis de depressão no período que sucede o infarto do miocárdio apresenta um perfil psicossocial constante de pacientes cardíacos com maior risco de óbito... Tanto esse como outros estudos mostram que o estado e os relacionamentos emocionais dos pacientes após o infarto são tão importantes quanto a gravidade da sua doença cardiovascular na determinação do prognóstico.

Um estudo realizado na Duke University, na Carolina do Norte,[9] revela que relaxamento, paz interior e controle do *stress* psicológico e emocional podem reduzir de maneira significativa o risco de doença da artéria coronária (CAD). O CAD afeta 13,5 milhões de americanos e centenas de milhões de pessoas em todo o mundo, a um custo para a economia dos Estados Unidos de pelo menos 117 bilhões de dólares em perda de produtividade e com tratamento médico. Publicado no *Archives of Internal Medicine* da American Medical Association, o estudo, realizado ao longo de cinco anos com 107 pacientes que sofriam de cardiopatia, revelou que aqueles que aprenderam a lidar com o *stress* reduziram em 74% o risco de terem outro infarto ou problemas cardíacos em comparação com os pacientes que apenas receberam medicação. A redução do *stress* mental também provou trazer mais resultados do que os exercícios físicos.

Como Impedir o Desgaste Emocional

O terceiro aspecto do autogerenciamento interior é importantíssimo:

> À medida que as pessoas aprendem a identificar e impedir os desgastes de seus próprios sistemas, elas param de gastar energia e eficiência tanto no nível pessoal como no empresarial.

Certamente você pode escolher a forma como vai reagir a essas estatísticas sobre a relação entre equilíbrio emocional e saúde: reaja com medo de estar a caminho de uma vida infeliz e negue essa relação, ou encare a notícia com esperança de que possam existir soluções inteligentes. Sugerimos a última reação. Qualquer mudança de paradigma destinada a contribuir para o aumento da paz e da inteligência no novo milênio terá de incluir o controle das emoções e a sua sincronia com a inteligência do coração. Esse processo desenvolve a força emocional necessária ao convívio com as mudanças rápidas. As pessoas aprendem na escola a controlar os rompantes emocionais, mas por dentro a maioria não percebe que ainda persiste um desperdício de energia. A maior parte das pessoas acha que lidar com as emoções significa simplesmente controlar a raiva ou as manifestações mais aparentes de destempero emocional. Mas, na realidade, isso engloba também todas as pequenas mágoas, ansiedades e projeções temerosas sobre o futuro, dentre outras. Esses estados emocionais mais

Seja Coerente

AUMENTE A SUA CAPACIDADE DE INTELIGÊNCIA

A capacidade de inteligência é reduzida diante de frustração, ansiedade ou perturbação interior. Esses estados emocionais geram incoerência na freqüência e na resposta elétrica do coração. Essa é uma das razões por que pessoas inteligentes podem fazer coisas estúpidas. Quando você faz da coerência interior uma prioridade diária, economiza tempo e energia. A coerência interior "lubrifica" o seu sistema. Quando um motor não é lubrificado, ele queima. O mesmo acontece com você.

sutis sugam mais vitalidade e capacidade de inteligência do que as pessoas imaginam. Eles são os verdadeiros ladrões. Uma vez que a energia emocional é desperdiçada, ocorre uma sensação de profunda exaustão. Quando as emoções estão consumindo toda a nossa energia, ficamos mais vulneráveis às explosões de raiva e a um comportamento cáustico. O acúmulo de emoções mal trabalhadas é o maior responsável por quadros graves de ansiedade e depressão. Como se esse argumento não bastasse, um estudo que levou 32 anos para ser concluído e contou com a participação de mais de 2 mil homens, demonstrou que a ansiedade constitui um dos maiores fatores de risco de morte cardíaca súbita. Os homens ansiosos apresentaram risco seis vezes maior de morte cardíaca súbita do que os que não exibiram sintomas de ansiedade.[10]

> Houve muitas tragédias em minha vida. Pelo menos metade delas realmente ocorreu.
>
> — MARK TWAIN

É preciso leveza emocional para sentir a natureza rica da vida. Quando você se sente leve, tem mais facilidade de achar soluções para os problemas. Algo que poderia deixá-lo irritado parece não ter tanta importância. A leveza o deixa cheio de energia. A qualidade de vida não depende apenas do estilo de vida ou da carreira profissional, mas sim de se as reservas emocionais estão plenas ou foram esgotadas. As pessoas muitas vezes tentam compensar o desgaste de energia emocional com estímulos físicos — comida, exercícios, drogas, sexo —, mas ainda se sentem cansadas e esgotadas depois que passa o efeito desses paliativos. Isso ocorre porque a mente continua querendo resolver o sangramento emocional provocado pela situação que não foi resolvida, levando a um diálogo interior contínuo que desencadeia um maior desgaste de energia e fadiga emocional.

A quantidade de energia necessária para sustentar uma "fachada"

Seja Coerente

FAÇA DA FLEXIBILIDADE O SEU OBJETIVO

Não se adquire flexibilidade e adaptabilidade apenas reagindo rapidamente diante de novas informações. Essas características são fruto do equilíbrio mental e emocional, da falta de apego a resultados específicos e do fato de fazer do cuidado consigo mesmo e com os outros um princípio básico. Atitudes flexíveis desenvolvem uma fisiologia flexível. Fisiologia flexível significa maior capacidade de recuperação nas horas de desafio ou tensão. Ficar aberto — emocionalmente — garante flexibilidade interior.

— dar a impressão de que tudo está bem quando, na realidade, por dentro você está se sentindo mal — é muito grande. Uma pessoa pode ter um temperamento calmo, mas, por dentro, estar cheia de reações emocionais que a levam continuamente a ter um rendimento abaixo da média. É preciso muita energia para sustentar a reação emocional, energia que, em outras circunstâncias, poderia ser usada para criar, fazer amizades enriquecedoras e aumentar a sua realização em todos os aspectos. Um índice mais alto de controle emocional trará maior retorno em termos de força e eficiência pessoais. Emoções positivas geram energia, emoções negativas consomem energia. À medida que você impede o desgaste emocional, suas energias começam a se acumular. Energia para pensar com clareza, criar, obter soluções rápidas e se relacionar com os seus semelhantes.

Existe um instrumento simples para limpar as águas densas e passar para o domínio da inteligência do coração — a Imagem Congelada (*Freeze-Frame*).

capítulo 5

A Imagem Congelada: O Controle do Stress em um Minuto

Quando éramos crianças, nos diziam: pare, olhe, ouça. Depois de adultos, o novo mantra passou a ser: pare, mude, ouça.

A pesquisa descrita no Capítulo 3 indica que o complexo coração-mente-corpo foi projetado para atuar de forma harmoniosa, sincronizada e eficiente no uso da energia. O objetivo é manter nossos níveis de energia quando estamos lidando com fatores ambientais ou sociais externos e também maximizar nosso potencial de crescimento. Devemos nos conscientizar de que se aplicarmos os mecanismos internos do nosso sistema com apenas uma fração da energia que usamos no aprendizado de sistemas externos, como computadores, equipamentos tecnológicos ou qualquer atividade a que nos dedicamos de corpo e alma, podemos obter grandes benefícios. Esses benefícios começam com a *atenção*.

A Imagem Congelada constitui um instrumento poderoso para neutralizar qualquer reação negativa ou ineficaz — ou evitar que ela ocorra — com o auxílio da comunicação inata entre o cérebro e o coração. Ela representa uma forma de "parar" a cena (como quando se aperta o botão "pausa" do controle remoto do videocassete), mudar o foco de atenção e procurar soluções capazes de

O próximo tema do autogerenciamento interior consiste no seguinte: As pessoas podem aprender a aumentar sua capacidade de inteligência e, com isso, passar a tomar decisões mais produtivas, ter maior capacidade de recuperação e maior sensação de bem-estar. Isso é muito valioso para qualquer empresa.

poupar energia. Embora essa técnica não seja de maneira alguma um instrumento destinado apenas a reduzir o *stress*, ao praticá-la regularmente você aumenta de modo significativo sua capacidade de perceber o ruído existente no sistema e consegue ouvir a voz sensata do seu íntimo e, assim, ter maior acesso à inteligência.

A Imagem Congelada é um instrumento poderoso e de ação rápida para a transformação de pensamentos e emoções estressantes em clareza que lhe permite agir com eficiência e eficácia. Com a prática torna-se possível equilibrar e transformar rapidamente uma reação negativa e debilitante numa reação positiva e criativa. As etapas da Imagem Congelada são apresentadas a seguir:

As Etapas da Imagem Congelada

1. Reconheça o sentimento estressante e congele a sua imagem. Dê um tempo!
2. Faça um esforço sincero para mudar o foco de atenção da sua mente atribulada ou das emoções perturbadoras para a área ao redor do coração. Finja que está respirando pelo coração e ajude a concentrar suas energias nessa área, mantendo esse enfoque por dez segundos ou mais.
3. Recorde um sentimento positivo ou um período bom da sua vida e tente vivenciá-lo novamente.
4. Em seguida, usando a intuição, o bom senso e a sinceridade, pergunte ao seu coração qual a reação mais apropriada para a situação, uma reação que possa minimizar um *stress* futuro.
5. Ouça o que ele tem a dizer.

A Etapa 1 exige que você se conscientize de que, aprendendo a conhecer a sua rede de comunicação interna, poderá maximizar todos os aspectos da sua realização pessoal. É uma forma de examinar atentamente a situação para descobrir o que está confuso ou fora de sincronia.

A Etapa 2 prepara o terreno para uma nova abordagem. Embora muitas pessoas não estejam acostumadas a se concentrar na área do coração, em pouco tempo elas se habituam. Normalmente os sentimentos mais positivos de amor, estima ou alegria são percebidos como uma sensação agradável ao redor do coração. Não tente sentir as batidas do seu coração ou qualquer outra sensação fisiológica nesse órgão. Em vez disso, volte sua atenção suavemente para essa área. Tente ficar neutro. (A melhor maneira é concentrar-se primeiro no dedão do pé por alguns segundos, em seguida na palma da mão e, depois, no centro do peito. Quando estiver se sentindo à vontade nessa área não há necessidade de voltar a se concentrar no dedão do pé ou na mão.) Respire fundo, como se estivesse respirando pelo coração, isso pode ajudar a aumentar essa sensação. A essência da Etapa 2 reside em *ancorar-se no coração* para não ser arrastado novamente para os devaneios mentais ineficazes que o fizeram usar a técnica da Imagem Congelada.

Na Etapa 3, você ativa um sentimento positivo. Isso neutraliza sua emoção negativa e proporciona mais coerência elétrica ao organismo. Essa etapa vai além da *visualização* de uma cena bonita ou de um "pensamento feliz". A intenção na verdade é *sentir* essa cena ou esse pensamento. Assim como a tonsila do cerebelo tem o poder de evocar memórias emocionais negativas capazes de impedir uma percepção clara, *você* pode gerar sentimentos positivos que restaurem o equilíbrio no nível fisiológico ao mesmo tempo que amplia suas perspectivas.

A Etapa 4 permite que você analise novamente o problema a partir de um novo estado emocional. Na pior das hipóteses, você neutralizou a reação de *stress* e deteve o processo de desgaste mental, emocional e físico. Na melhor, adquiriu uma intuição que vai ajudá-lo a resolver problemas ou tomar decisões.

A Etapa 5 assegura que você ouça sua intuição e aja sempre de acordo com ela.

Por Que a Imagem Congelada Dá Resultado?

Ao desviar sua atenção conscientemente do problema que está causando o *stress* e se concentrar num sentimento positivo na área do coração, você está diminuindo a extensão do problema e permitindo que suas perspectivas se ampliem. Na Imagem Congelada, a mudança de enfoque para o coração permite que o poder inerente ao sistema elétrico desse órgão trabalhe a seu favor, dando-lhe novos lampejos intuitivos para resolver o problema. Mesmo que esses lampejos intuitivos não surjam, esse processo pode ajudá-lo a se colocar numa posição neutra, dando-lhe mais tempo para refletir e reduzindo sua tensão.

> As questões do coração estão diretamente ligadas ao cérebro, e é a inteligência natural do coração que deve ser ativada para que o cérebro opere de forma mais eficiente.
>
> — JOSEPH CHILTON PEARCE, *EVOLUTION'S END*

Assim como Bruce, logo no início da minha vida profissional percebi que pedir orientação ao coração poderia resultar em soluções inteligentes. Natural da Carolina do Norte, como muitos dos meus amigos, comecei a trabalhar numa fábrica de móveis, depois de uma rápida passagem pela carreira militar. No trabalho sempre surgiam conflitos, principalmente quando eu me sentia injustiçado. Embora eu tivesse um temperamento forte, uma inteligência mais profunda me lembrava de que perder a paciência com algo de pouca importância poderia me custar amigos e colocar em risco meu emprego. Certo dia, ao chegar atrasado no trabalho, fui muito humilhado por um dos supervisores. Eu estava determinado a dizer algumas verdades a ele, mas percebi que essa seria uma atitude tola e sem visão. A inteligência do coração me salvou o dia — e o emprego.

A Imagem Congelada dá acesso direto à inteligência do coração. Com a prática, os processos fisiológicos são treinados novamente. A mente e o corpo estavam bastante familiarizados com os padrões de reação — que se transformaram em hábitos. Esses são hábitos que obviamente devem ser eliminados. À medida que a atenção está voltada para o coração e para a Imagem Congelada, a freqüência cardíaca fica mais regular e as mensagens que o coração envia para o cérebro facilitam as atividades cerebrais em vez de inibi-las. Quanto maior o equilíbrio emocional proporcionado pela Imagem Congelada, maior a coerência elétrica no organismo, responsável pelo funcionamento eficaz dos sistemas.

A essência do processo de Imagem Congelada reside em:

- Reconhecer
- Mudar
- Ativar
- Perguntar
- Agir

Reconheça a situação que precisa ser ajustada. *Mude* o foco de atenção para a área ao redor do coração. *Ative* um sentimento positivo do passado ou até mesmo algo divertido no futuro e *pergunte* a si mesmo qual é a solução sensata que economiza energia e pode fazê-lo voltar a ficar em harmonia com seus valores centrais. Em seguida, *aja* de acordo com seu instinto. (Lembre-se de que todas as vezes que você vai contra os seus valores, ditados pela inteligência do coração, trava uma luta consigo mesmo. Essa batalha você não consegue vencer.)

O Estado Neutro

O estado neutro é um dos estados psicofisiológicos mais eficazes do mundo. Trata-se de um estado em que não se age nem de forma precipitada nem muito lenta. Isso não significa ser inativo, complacente ou passivo, mas sim adotar uma postura calma que permita o surgimento de novas informações e possibilidades antes de tomar uma atitude apressada. O estado neutro aumenta a sensibilidade e a inteligência intuitiva e constitui um terreno fértil para novas possibilidades. Esse não é um estado que você pode manter em todas as horas de vigília — pelo menos não ainda —, mas os minutos e as horas em que você conseguir ficar neutro vão proporcionar benefícios extraordinários, como obter maior clareza, aumentar a sua energia e evitar o envelhecimento precoce.

Ficar neutro significa colocar a mente hiperativa em xeque, diminuir o fluxo ininterrupto de pensamentos e analisar as situações de forma mais profunda e imparcial, a despeito da sua dimensão. Nesse estado, nossos sistemas trabalham num fluxo harmonioso. É uma abordagem econômica à vida. Quando reagimos constantemente a todas as conversas, atribuições, mudanças ou percepções aleatórias, consumimos uma energia valiosa que pode ser necessária na hora de tomar uma atitude definitiva. O estado neutro não é desconcentrado e improdutivo. Ao contrário, é uma consciência ordenada e extremamente inteligente que você observa sem se envolver.

O estado neutro exige prática, pois a mente funciona em alta velocidade e forma rapidamente opiniões e perspectivas sobre tudo, certas ou erradas. Eis aqui um exemplo comum que geralmente acontece no local de trabalho. Estão circulando *e-mails* a respeito de uma mudança na administração da empresa em que você trabalha. Você projeta cenários negativos para o futuro e faz um monte de conjecturas, que tiram a vitalidade do seu sistema e comprometem a sua produtividade. A verdade é que alguém apenas ouviu dizer que o gerente da sua divisão seria transferido. Essa pessoa não ouviu toda a conversa, apenas parte dela. Sem entrar no estado neutro, você pode começar a pensar coisas como: "Será que isso significa que o departamento passará por outra reestruturação? Aposto que Bill ficará com o cargo de gerente. Eu sabia. Isso não é justo! Se eu não for promovido, acho que está na hora de começar a procurar outro emprego". Uma projeção leva à outra, e a outra, e logo você pinta todo o quadro de um possível cenário com base em pouquíssimas informações. Todo esse processamento mental acrescenta mais *stress* ao seu sistema e acelera o processo de envelhecimento desnecessariamente. Nessas ocasiões, uma dose de neutralidade é meio caminho andado. No estado neutro você conteria as projeções da mente. Permaneça equilibrado e espere para ver o que acontece. Afinal de contas, na verdade você não sabe qual será o resultado da mudança nem, como nesse exemplo, se ela realmente vai se concretizar.

Dando continuidade ao exemplo, um colega de trabalho pergunta se você ouviu algum comentário sobre uma mudança administrativa e como se sente a esse respeito. Você responde que está tudo bem e que vai se manter neutro. No íntimo, sente-se um pouco angustiado e ansioso. Você realmente acha que está mantendo uma posição neutra, mas na verdade continua a processar de forma sutil as possibilidades potencialmente desagradáveis durante todo o dia, esgotando a sua vitalidade. Você pode dizer que permaneceu neutro, mas isso não é verdade — não a ponto de ficar realmente tranqüilo a respeito do assunto. De uma perspectiva da inteligência do coração, ainda existem situações pendentes a serem abordadas, um estado de neutralidade mais profundo a ser alcançado.

Ficar neutro também não significa dizer a si mesmo: "Seja como for, acho que tudo ficará bem. De alguma forma encontrarei uma maneira de lidar com o problema". Esse é o tipo de abordagem que muitas vezes vem acompanhado por um sentimento de resignação. Você se sente derrotado e, na realidade, não se entrega à situação com entusiasmo. A verdadeira neutralidade implica sensação de segurança. Você deixa os fatos se desenrolarem tranqüilamente e usa a energia disponível de formas mais produtivas.

Voltar a um estado de neutralidade está se tornando cada vez mais importante para melhorar o próprio equilíbrio e eficiência. Um estudo revelou que, quando ficamos absortos por muito tempo em atividades mentais, nosso tempo disponível para a resolução de problemas pode diminuir até 500%.[1] Quando estamos neutros, a energia não é perdida nem desperdiçada com preocupações ou ansiedade.

A Vantagem de Ficar Neutro

Ficar neutro várias vezes todos os dias, mesmo quando não se encontra um sentimento positivo para se concentrar, traz os seguintes benefícios:

- Impede as descargas de adrenalina que esgotam as energias.
- Interrompe as mensagens caóticas que inibem o cérebro e tornam o raciocínio mais lento.

Seja Coerente

COMO FICAR NEUTRO?

Como ficar neutro? Qual é a sensação? A neutralidade representa um estado de quietude interior — nem silêncio total, nem ausência completa de pensamentos, mas sim um estado de maior equilíbrio, uma paz dinâmica.
Congele a imagem para conseguir ficar neutro:

1. Reconheça como está se sentindo.
2. Volte a sua atenção para a área do coração e finja que está respirando por esse órgão.

Pare. Mude. Ouça.

Quando presta atenção aos pensamentos e sentimentos diários, você consegue alcançar níveis mais profundos de neutralidade. Isso pode parecer paradoxal, mas, à medida que você aprimora o seu autogerenciamento, fica mais sensível ao ruído e à incoerência sutis existentes em seu próprio sistema. O que a princípio era neutro começa a se transformar, paulatinamente, numa conscientização mais profunda. Nesse estado de neutralidade, o seu sistema consegue se recarregar, dando origem a novas idéias.

A Prevenção do Stress

Existem inúmeras situações previsíveis na vida das pessoas capazes de desestabilizá-las ou causar *stress* — a reunião semanal com os funcionários, o deslocamento diário entre a casa e o trabalho, a avaliação de desempenho, as conversas telefônicas com clientes, consumidores ou vendedores. Um congelamento de imagem de trinta segundos antes de qualquer uma dessas situações é sinônimo de autocontrole e economia de energia.

Sente-se tranqüilamente à sua mesa de trabalho, de olhos abertos ou fechados, volte a atenção interior para o centro do peito e respire fundo. Traga à memória o sentimento mais positivo que puder. Se estiver prestes a se encontrar ou conversar com alguém com quem já se desentendeu anteriormente, descubra alguma qualidade nessa pessoa. Ancore-se em seu coração e lembre-se de pelo menos *permanecer neutro* se as coisas ficarem difíceis. (Nos próximos capítulos descrevemos como incorporar a Imagem Congelada em todo o processo de comunicação para assegurar que você se expresse de forma autêntica e ouça com bastante atenção.)

O Que Tira Você do Sério

Você já teve uma reação irracional negativa só de ler o nome do remetente de um *e-mail*? (Claro que já teve. Se acha que não, provavelmente está em "*e*-negação".) Alguma vez já pensou "Ah não, lá vem ele de novo", assim que um colega de trabalho começa a falar? Você sempre tira conclusões precipitadas e começa a acusar seu filho de alguma travessura antes de descobrir a verdade? Em todos esses exemplos você poderia ter "justificativas" para essa reação com base na memória emocional armazenada em seu cérebro. Entretanto, certo ou não, sua reação esgota toda a sua energia e o impede de ter acesso a uma percepção mais precisa. Além disso, você pode estar cravando um punhal no coração de alguém a quem estima.

Seja Coerente

APRENDA A LIDAR COM AQUILO QUE "TIRA VOCÊ DO SÉRIO"

Tem sempre alguma coisa ou alguém que nos "tira do sério". Essas coisas ou pessoas via de regra são bastante previsíveis, além de irritantes. Faça uma lista desses fatores aparentemente sem importância que geralmente o irritam para proceder a uma análise mais profunda e descobrir o que desencadeia essa reação. O fato de você continuar a reagir significa que também está sendo previsível, vítima dos circuitos neurais que são acionados toda vez que "algo acontece" ou "alguém age dessa forma". Congele a imagem ou adote uma perspectiva neutra para deixar que a sua inteligência veja a situação a partir de outro prisma.

Ficando neutro, você poupa energia *para o caso* de a outra pessoa não ter culpa, de o *e-mail* ser na realidade uma mensagem de agradecimento ou de o seu filho ser inocente do "crime" de que estava sendo acusado. A neutralidade tem uma capacidade tremenda de poupar energia.

A Eficiência no Uso da Energia

O autogerenciamento interior resulta num uso mais eficaz da própria energia em todos os níveis — mental, emocional e físico. Pare para congelar uma imagem e pergunte a si mesmo: "Qual a reação mais eficaz em termos de uso de energia para esta situação?" O conceito de eficiência no uso de energia ficou popular na década de 70, quando o consumo altíssimo de combustível e os preços exorbitantes do petróleo nos levaram a repensar a forma como gastamos nossos recursos esgotáveis de energia. Aplicado ao sistema humano, quando nos tornamos eficientes no uso da energia passamos a ter uma visão geral, a economizar energia no momento presente e em quantidade muito maior no futuro. Aumentar a eficiência no uso de energia no âmbito pessoal equivale a aumentar os lucros. A energia sobressalente fica disponível para ser "investida" em atividades de lazer, de criatividade ou regenerativas.

Você tem diariamente inúmeras oportunidades de ser mais eficiente no uso da energia. À medida que começar a congelar imagens várias vezes por dia, ficará mais sensível ao *stress* sutil presente em seu sistema. Você começará a notar com mais freqüência quando suas ações não estão de acordo com a sua intuição. Antecipará problemas futuros e terá mais energia disponível para evitar problemas ou suavizar seus impactos se eles já tiverem ocorrido. Ao prestar atenção à eficiência no uso da energia do pensamento, das reações e das atitudes, você terá retornos energéticos significativos. Aplique esse conceito nos contatos com os clientes, durante reuniões ou fora delas, ou no tipo de comunicação apropriado a cada situação. Dessa forma, você expandirá sua capacidade de percepção, passará a enxergar um maior número de opções e terá uma

CONGELE A IMAGEM EM REUNIÕES

Algumas vezes as reuniões ficam caóticas. As pessoas começam a falar todas ao mesmo tempo, surgem as primeiras divergências, e o tema original da discussão se perde. Se você perceber que isso está acontecendo, pode interromper a reunião por um minuto e pedir que os participantes congelem a imagem. Essa atitude vai ajudar a fazer que a reunião entre no eixo e possa prosseguir com clareza e equilíbrio.

EXERCÍCIO DE VANTAGENS E DESVANTAGENS

Analise a semana que passou e tome nota de todos os acontecimentos positivos que ocorreram, tanto na esfera pessoal como na profissional. Anote-os no lado esquerdo de uma folha de papel sob o título: *Vantagens*. Analise minuciosamente cada item anotado. Em seguida, passe para o lado das desvantagens e, *de uma perspectiva neutra*, tome nota dos acontecimentos negativos durante o mesmo período. Verifique se qualquer uma das desvantagens ocorreu porque você deixou de dar ouvidos à sua intuição. Veja também se alguma desvantagem poderia ter sido transformada — ou pelo menos neutralizada — pelo congelamento da imagem. Observe se suas vantagens e desvantagens se encaixam num determinado padrão. Por exemplo, muitas pessoas dizem que suas vantagens estão ligadas aos seus relacionamentos, mas as desvantagens refletem situações que fogem ao seu controle. É comum as pessoas se surpreenderem com a quantidade de energia que pode ser esgotada por uma ou duas desvantagens, enquanto vantagens significativas passam despercebidas. Congele a imagem uma última vez para fazer um balanço da sua semana. Até que ponto ela foi equilibrada?

maior compreensão das conseqüências. Isso implica visão de todo o sistema. Se determinado curso de ação parece oportuno para você ou para uma das partes interessadas, mas desagrada profundamente outras pessoas importantes no processo, está claro que não é um curso de ação eficaz no uso de energia. A energia extra que você iria gastar para lidar com o desentendimento poderia neutralizar o benefício positivo dessa decisão. Ao analisar várias situações esta semana ou este ano do ponto de vista da eficiência no uso da energia, uma visão nova e mais equilibrada começará a surgir, muitas vezes propiciando descobertas surpreendentes. Uma das formas de aprofundar essas descobertas no âmbito da resolução de problemas ou do processo de tomar decisões é chamada de *Balancete de vantagens e desvantagens*.

Balancete de Vantagens e Desvantagens

O objetivo do balancete de vantagens e desvantagens consiste em descobrir sistematicamente novas soluções para problemas pessoais e profissionais e ao mesmo tempo reduzir as emoções negativas e em desequilíbrio. Segundo esse conceito, ao tomar decisões que exigem uma reflexão mais profunda, uma análise criteriosa das vantagens e desvantagens do curso de ação proposto proporciona mais

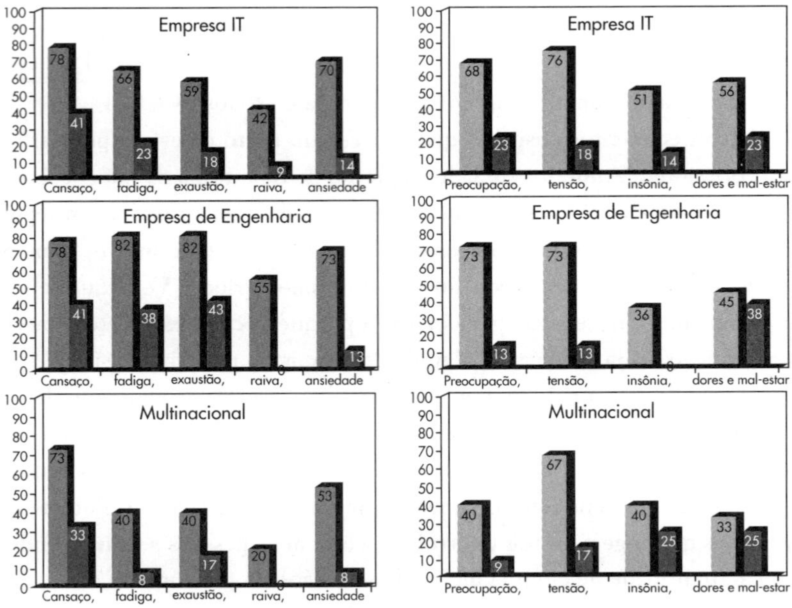

Figura 5-1 Resumo das melhoras associadas ao *stress* constatadas em três empresas que se valeram da tecnologia GQI. Os valores pré e pós-tecnologia correspondem a um período de seis semanas. Os valores numéricos representam a porcentagem de participantes que relatavam sintomas de *stress* "com freqüência ou na maior parte do tempo". *© Copyright 1998, Centro de Pesquisa do Instituto HeartMath.*

clareza e leva a decisões mais eficientes em termos de energia. Esse processo, exatamente pelo fato de pesar os altos e baixos de uma situação a partir de uma perspectiva neutra, reduz o desgaste emocional. Na nossa empresa, as pessoas muitas vezes faziam propostas contrárias ao seu primeiro impulso emocional depois de ter refletido profundamente sobre todas as vantagens e desvantagens envolvidas. Às vezes, vinham à mente vantagens inesperadas que não puderam ser percebidas quando a idéia foi exposta pela primeira vez. Também era comum perceber que os déficits em potencial eram facilmente controlados diante de vantagens tão evidentes. Outras vezes, descobria-se que desvantagens significativas teriam passado despercebidas se tivesse prevalecido o "entusiasmo" do primeiro impulso.

Mais Bem-Estar Pessoal e na Empresa

Todos os nossos clientes têm problemas importantes que precisam ser solucionados. Várias empresas do grupo Royal Dutch Shell, no Reino Unido, instituíram programas da tecnologia HeartMath depois do êxito de um programa piloto

Patricia Chapman freqüentou um programa HeartMath no outono de 1995, depois de apresentar surtos de arritmia e taquicardia ventricular durante seis anos (um mau funcionamento elétrico do coração). Ela havia sofrido várias crises sérias, submetera-se a uma cirurgia e tirara uma longa licença do trabalho. Funcionária antiga de uma das lendárias empresas do Vale do Silício, o grande pólo da indústria mundial de informática, ela afirmou: "Eu estava tão habituada às descargas de adrenalina que não sabia mais como era viver sem elas". Depois de freqüentar um seminário de uma semana na HeartMath, os colegas de Patricia logo notaram uma diferença — menos *stress*, menos tensão e mais tranqüilidade, mesmo durante um período de trabalho particularmente exaustivo. Impressionados, os especialistas da Universidade de Stanford que cuidavam de sua arritmia reduziram em 50% sua medicação, cinco meses depois do treinamento. "Depois do fim de semana que passei na HeartMath, sempre que o fluxo de adrenalina ia começar, eu conseguia 'parar o gatilho'. Agora consigo recuperar meu equilíbrio sozinha." Há cinco anos sua saúde está estabilizada. Não houve mais crises de taquicardia ventricular nem necessidade de cirurgia.

inicial abrangendo gerentes de nível médio e sênior. No programa piloto conduzido pelo dr. Alan Watkins e por Chris Sawicki, da Hunter-Kane, foram observadas várias mudanças positivas relevantes, incluindo uma queda generalizada da pressão arterial de 12,6/8,0 para 11,8/7,8 em seis semanas. A equipe com o nível mais alto de *stress* apresentou uma melhora significativa. Isso incluiu reduções de 65% na tensão, 87% na fadiga, 65% na raiva e 44% na intenção de deixar a empresa. Uma avaliação posterior, seis meses depois que as técnicas HeartMath foram aplicadas, revelou reduções ainda maiores em literalmente todos os principais parâmetros (veja Figura 5-1).[2]

Numa das maiores empresas de tecnologia do mundo, foram registrados resultados semelhantes com uma equipe de engenheiros altamente qualificados. O treinamento foi conduzido durante um dos períodos mais intensos de crescimento e tensão nessa divisão, e os resultados foram comparados com os apresentados por uma equipe de engenheiros de controle da mesma área.

- A equipe de teste apresentou uma redução de 17% na fadiga, contra um aumento de 1% na equipe de controle.
- A equipe de teste teve um aumento de 7% no quesito vitalidade, contra uma queda de 7% na equipe de controle.

- A equipe de teste obteve uma melhora de 8% nos problemas de insônia, contra uma piora de 18% na equipe de controle.
- A equipe de teste teve um aumento do apoio social de 11%, contra uma diminuição de 6% na equipe de controle.
- A equipe de teste apresentou uma queda de 13% na ansiedade, contra um aumento de 1% na equipe de controle.
- A equipe de teste apresentou uma redução de 17% no problema de taquicardia, contra um aumento de 10% na equipe de controle.

Um dos benefícios mais mencionados por milhares de pessoas em todo o mundo que aprenderam a usar as técnicas GQI é o fato de terem mais tempo. Obviamente, qualquer coisa que pudesse nos dar mais tempo, ou pelo menos mudar nossa perspectiva com relação ao tempo, representaria uma tremenda vantagem.

capítulo 6

Tempo, Expectativas e Outros Fatores Difíceis de Administrar

Estava difícil administrar o tempo; então, chegou a Internet. As pressões geradas pelo fato de realizar transações comerciais com vários continentes num único dia (sem mencionar os fusos horários), a necessidade de lançar produtos ou serviços no mercado no "tempo da Internet", tudo isso contribuiu para a impressão geral de que o tempo voa e os freios não estão funcionando. Como recuar sem ficar para trás? E, o que é mais temerário, como enxergar com clareza à nossa frente se as imagens ao redor parecem embaçadas?

A relação de amor e ódio que as pessoas têm com o tempo é uma das maiores responsáveis pela dispersão de energia. Sentimos isso na pele durante a elaboração deste livro. O IHM foi criado em 1991 como um centro educacional e de pesquisas sem fins lucrativos. Durante o tempo em que trabalhamos neste livro, todas as atividades de treinamento e consultoria foram transferidas para uma nova empresa com fins lucrativos, a HeartMath LLC. Houve um remanejamento das pessoas a que nos reportávamos, ninguém perdeu o emprego, mas muitos outros cargos foram criados, e vários dos nossos relacionamentos sofreram uma mudança profunda. Qualquer um que tenha participado de uma grande reestruturação numa empresa compreende as complexidades envolvidas. Somem-se a isso todas as implicações de ordem legal, os problemas de contabilidade e os impostos gerados pela criação de uma empresa com fins lucrativos a partir de outra sem fins lucrativos.[1] O tempo voava, e as pessoas tinham de desempenhar suas funções normais e ao mesmo tempo planejar e organizar a transição.

Embora essa transição fosse crucial para a expansão do nosso trabalho, nós não a apressamos. Estabelecemos marcos e metas, arrecadamos os recursos necessários para atingi-los, mas permanecemos flexíveis diante dos negócios e das realidades legais. Era uma mudança definitiva, portanto era essencial ter calma e fazer tudo da melhor maneira possível, sem pressionar as pessoas nem prejudicar os negócios em andamento.

O instituto iniciou suas atividades de treinamento para empresas em 1993 e apresentou uma média de crescimento anual de 70% durante quatro anos. Mesmo administrando quatro divisões de treinamento e consultoria internacionais, com todos os sócios estratégicos e um grande número de pessoas envolvidas, não nos descuidamos da base de todo o nosso trabalho: o *trabalho interior*.

Quando fechamos o contrato para escrever este livro e estabelecemos uma data de entrega, pensamos: "Nossa, precisaremos dar um salto no tempo para cumprir o prazo e manter nosso equilíbrio pessoal."

O que queremos dizer com *salto no tempo*? Esse termo poderia representar um conceito retirado do filme *De volta para o futuro* ou outros filmes que falam de viagens no tempo. O sentido a que nos referimos é muito mais prático, porém profundo. O salto no tempo representa a sobrevivência na era da Internet e descreve um estado interior tão coerente que a percepção que você tem do tempo — e a sua capacidade de moldá-lo — muda extraordinariamente. Todas as vezes que consegue se conter e deixa de reagir de forma negativa, você saltou no tempo. Todas as vezes que pára para refletir e encontrar uma solução intuitiva em vez de impulsiva, você saltou no tempo. Todas as vezes que permite que a sua inteligência intuitiva o retire da inércia ou do caos, você saltou no tempo. Se encontrar a solução de um problema pessoal ou profissional difícil em cinco minutos, e não em cinco horas, você saltou no tempo. Você saltou da freqüência mental limitadora que diz "Certas coisas são demoradas mesmo" para uma nova dimensão. Saltar no tempo significa ultrapassar os fluxos de padrões lineares de tempo. Ficar no Agora, mais consciente e sensível a tudo o que está se passando à sua volta, representa um uso eficaz do tempo. Chamamos isso de estar *presente*. A maioria das pessoas, entretanto, sempre destina uma porcentagem dos seus pensamentos para reviver o passado ou projetar o futuro. A falta de tempo é uma percepção que, segundo as estatísticas, constitui uma grande fonte de *stress*, e no entanto a maioria das pessoas não vive o presente como deveria. Quando se aprende a ficar presente, o tempo é usado de forma mais produtiva e a sobrecarga de *stress* é reduzida substancialmente.

Alguns diriam: "Existe uma realidade objetiva com relação ao tempo; um dia tem 24 horas, nem mais, nem menos". Contudo, uma mudança na sua percepção do tempo vai propiciar uma mudança visível na sua eficiência. Quando você gosta do que faz, o "tempo voa", quando odeia, as horas não passam. Se você fica preso num pensamento vicioso improdutivo, sua eficiência durante esse período diminui drasticamente.

No final, muitos dos problemas que as pessoas têm são solucionados, mas não antes que elas gastem um tempo precioso. Por exemplo, dois colegas discutem no trabalho. Depois da discussão, repassam o incidente desagradável várias vezes. Num esforço de se justificarem, talvez o relatem a mais alguém, expondo seu ponto de vista e justificando seus argumentos. Mais para o final do dia, quando a mente já começa a dar sinais de cansaço, surgem novos pensamentos, como “Talvez eu tenha me deixado levar pelas emoções durante a discussão”, ou “Gostaria que isso não tivesse acontecido. Gosto muito dela”. Logo uma análise mais objetiva da discussão vem à mente, e o desejo de pedir desculpas ou remediar a situação começa a dominar o processo mental. No dia seguinte, as pessoas se desculpam e se sentem aliviadas. Tudo volta ao normal, e o equilíbrio é recuperado.

Nesse caso, e se a eficiência e a eficácia tiverem diminuído 10%, 20% ou até 50% enquanto essas pessoas se queixavam e se ressentiam? Certamente o uso que elas fizeram do tempo não foi eficiente, e a falta de habilidade no trato emocional foi a responsável. Aprender a congelar a imagem e neutralizar os aborrecimentos e perturbações banais economiza uma quantidade enorme de energia e, nesse exemplo, poderia ter mudado essa cena do filme da vida real várias horas antes. Um salto no tempo.

Quantas situações você enfrenta diariamente nas quais o tempo parece ser um inimigo ou pelo menos um concorrente ávido por destruir sua sanidade e seu equilíbrio? Ao abandonar um processo de pensamento baseado em julgamento, você salta no tempo. Ao surpreender-se repetindo sempre o mesmo diálogo interior — e interrompendo-o imediatamente —, você dá um salto no tempo. Queremos reforçar essa afirmação. A sua relação com o tempo se altera fundamentalmente quando você ativa a inteligência do coração em vez de confiar apenas na mente. Os cientistas modernos propõem uma visão elástica do tempo. Segundo eles, num universo em expansão, o tempo está se distendendo. Sentimos uma grande satisfação quando realizamos uma tarefa difícil a contento ou conseguimos dialogar serenamente com a menor perturbação emocional possível. Dessa forma, aproveitamos muito mais o tempo que se segue.

Seja Coerente

CONGELE A IMAGEM VÁRIAS VEZES POR DIA

Congelar a imagem aumenta a coerência do sistema nervoso autônomo, melhora o equilíbrio hormonal e do sistema imunológico e a eficiência cardiovascular. Além disso, ajuda a maximizar a coerência, o equilíbrio e a clareza mental. Pratique durante períodos de transição — no caminho de casa para o escritório e na volta, e entre uma tarefa e outra no trabalho. Tente fazer isso cinco vezes por dia e veja o que acontece.

Os Magos do Tempo

As pessoas mais eficientes são aquelas que não se deixam prender por perspectivas incompletas de tempo. São aquelas que dizem: "Por que estamos apressando essa decisão?" Sua paciência normalmente é recompensada. São as mesmas que, em outras ocasiões, conseguem ser bastante decisivas e reconhecer intuitivamente a importância de agir com rapidez, pois sabem que essa atitude pode poupar tempo e energia. As pessoas emocionalmente inteligentes reconhecem a realidade objetiva do tempo, mas compreendem perfeitamente que o controle sobre a nossa percepção pode ser facilmente reduzido e transformado. Alquimia temporal.

Quando nos defrontamos com prioridades claramente conflitantes que "provavelmente não podem ser realizadas em tempo hábil", que alternativa resta senão o *stress* capaz de levar a mente a um estado de torpor? A primeira coisa a fazer é partir do princípio de que sempre *há* uma solução, desde que você consiga manter a coerência interior para percebê-la. Deve-se dar prioridade à coerência interior, pois ela pode levar a uma economia de tempo surpreendente. Velocidade com equilíbrio.

As Acomodações do Tempo

O número de situações em que conseguimos acomodar o tempo, depois que tomamos a decisão de produzir um original escrito em nove meses — ao mesmo tempo que mantínhamos uma carga de trabalho semanal de 50 a 60 horas — foi impressionante. Em várias ocasiões, as reuniões para discussão do conteúdo e das diretrizes do livro aconteceram "no momento certo", economizando tempo e energia consideráveis. Um cliente importante, por exemplo, adiou duas reuniões num período em que precisávamos de tempo para escrever, e, com isso, ganhamos dois

O TEMPO NA SOUTHWEST AIRLINES

As equipes produtivas parecem operar num universo paralelo de tempo e eficiência. A Southwest Airlines representa um modelo de coerência empresarial que se reflete principalmente em sua eficiência no uso do tempo. Todos os anos ela bate os concorrentes em pontualidade. Ela saltou para uma nova dimensão de eficiência que os clientes adoram e os concorrentes invejam. A diferença entre o desempenho dessa empresa aérea e o de muitas outras é gritante. A coerência interior — o amor pelo que faz e o prazer com que o faz — constitui a mola propulsora da eficiência da Southwest.

dias livres. Duas divisões de outro cliente decidiram por contra própria que reuniões importantes deveriam ser realizadas no mesmo dia, economizando várias horas de viagem. Agendamos mais de sessenta "dias de livro" — compromissos inadiáveis — e informamos a todos os funcionários que não estaríamos disponíveis naqueles dias. Ao fazer isso, a vida ficou mais coerente. O equilíbrio de todas essas prioridades passou a ser um desafio diário.

Foi então que outra realidade entrou em cena: com o rápido crescimento da empresa, ficava cada vez mais difícil dedicar um "tempo de qualidade" exclusivamente para escrever. Vários problemas relacionados à reestruturação e à necessidade de um direcionamento estratégico exigiam atenção. Continuar dizendo "Estamos trabalhando no livro" estava começando a ficar sem sentido e até mesmo parecia um tanto quanto irresponsável. Entretanto, nosso contrato com o editor tinha uma data fixa. O único jeito era pedir uma prorrogação razoável do prazo, a despeito da preocupação com o adiamento da publicação do livro. Nesse ínterim, o editor, por iniciativa própria, acabou chegando à conclusão de que seria melhor lançar o livro mais adiante, e a prorrogação foi concedida espontaneamente. Havíamos conseguido acomodar o tempo em decorrência de uma mudança interior de atitude que reconhecia que a "vida" tinha de mudar em nome do equilíbrio.

Quais são algumas das principais atitudes e percepções interiores relacionadas com o problema do tempo? Como lidar com algo tão absoluto e incontrolável? A primeira coisa é compreender que o tempo propriamente dito não pode ser manipulado. O que se *pode* mudar é a percepção que se tem dele e dos acontecimentos. Reflita bastante sobre isso. Existem inúmeros programas para nos ajudar a "adquirir domínio" sobre o tempo e muitos sistemas que oferecem diretrizes e métodos práticos. O que as pessoas precisam dominar, contudo, são os pensamentos, os julgamentos e as expectativas ineficazes.

ADMINISTRE SEUS SENTIMENTOS DIANTE DE EXPECTATIVAS FRUSTRADAS

Explore sua consciência regularmente em busca de expectativas sutis e evidentes, com relação a si mesmo e aos membros da sua equipe ou da sua família. Pense numa maneira de permanecer emocionalmente equilibrado se as coisas não saírem como você esperava. Será que o mundo vai acabar se as expectativas não forem atendidas? Provavelmente, não.

As Expectativas

Poucas coisas conseguem arruinar relacionamentos pessoais e profissionais e acabar com a paz interior — ou provocar um grande desgaste do equilíbrio mental e emocional — tanto quanto as expectativas frustradas. O aumento que desejávamos receber, o reconhecimento que sonhávamos ter, os compromissos que esperamos que os nossos colegas mantenham, a qualidade do trabalho que os outros acham que somos capazes de conseguir — todas essas expectativas frustradas, e as nossas reações diante delas, podem gerar um fluxo de pensamentos e sentimentos de decepção. Essas emoções podem transformar-se facilmente em sentimentos de frustração, ressentimento e raiva, capazes de afetar profundamente nossa produtividade em todos os aspectos da vida. No final, percebemos que temos de neutralizar as expectativas se quisermos aproveitar a vida.

O problema está na *facilidade com que as reações são justificadas*. Afinal de contas, você *esperava* ser tratado de determinada maneira. "Qualquer pessoa sensata teria esperado o mesmo tratamento", você diz a si mesmo e a qualquer um que lhe inspire simpatia. A economia dos agentes livres — Eu S/A e todas as suas variações — criou expectativas veladas de posse difíceis de serem consistentemente atendidas.

As expectativas muitas vezes se fundamentam em alguma forma de idealismo. Elas levam ao desapontamento e não permitem que surjam novas possibilidades. Quando a realidade não corresponde às expectativas, ocorre uma tensão permanente. A mesma riqueza contábil que eleva o patrimônio pessoal dos funcionários a níveis estratosféricos traz consigo a depressão após a abertura de capital, quando o preço das ações cai. A causa são as expectativas emocionais irrealistas. Se conseguíssemos nos livrar da tensão ou transformá-la, poderíamos nos adaptar rapidamente à nova realidade. Na verdade, ela pode ser melhor do que a que esperávamos, mas, se nos prendermos à maneira como as coisas deveriam ser, ficamos privados de novas possibilidades.

Quando nossas expectativas são frustradas, precisamos de adaptabilidade e flexibilidade emocional para recuperar o equilíbrio e a segurança. Na falta dessa inteligência poderosa, o resíduo emocional da expectativa permanece, criando um terreno perfeito para o desapontamento, o principal subproduto da expectativa. Num nível mais sutil, as frustrações constituem um disfarce perfeito para os julgamentos. Você diz que não estava fazendo julgamentos, que estava simplesmente decepcionado com a situação. Porém, se analisasse com mais profundidade, descobriria que o julgamento estava por trás da sua decepção.

Um membro da sua equipe que você respeita promete entregar um relatório até as 15 horas. Às 16 horas, nada; às 16h30, nada; às 17h30, nem sinal. Às 17:45 o relatório finalmente chega via *e-mail*, atrasando o seu projeto. Quando ele chega, você diz que não está furioso, apenas desapontado porque pensava que essa pessoa fosse mais responsável. De alguma forma, nesse exemplo, oculta-se um julgamento. Se você pudesse ver uma transcrição dos pensamentos e sentimentos que teve entre as 15h15 e as 17h45, aprenderia bastante sobre a forma como as expectativas levam ao julgamento e, em seguida, ao desapontamento. Quando a pessoa que atrasou o relatório diz que o filho levou um tombo na escola e precisou levar pontos na mão, que foi chamada para levá-lo para casa e se esqueceu de telefonar para avisar que ia atrasar a entrega do relatório, você a perdoa imediatamente, mas o mal causado pela expectativa já foi feito ao seu organismo e às suas reservas de energia mental e emocional.

Quando a expectativa frustrada permanece, uma grande quantidade de energia é usada para sustentar o desapontamento, energia essa que poderia ser empregada em atividades produtivas. Sua mente está preocupada, o diálogo interior dispara, e o tempo mais uma vez passa a ser um inimigo. A energia é desperdiçada. Suas funções fisiológicas resvalam para uma profunda incoerência, tornando ainda mais difícil mudar a perspectiva. Suas células realmente envelhecem. As coisas não precisam ser assim.

Enquanto estiver aprimorando o autogerenciamento interior por intermédio da inteligência do coração, explore a sua consciência regularmente em busca de expectativas sutis e evidentes, com relação a si mesmo e aos membros da sua equipe ou da sua família. Pense numa maneira de permanecer emocionalmente "neutro" se as coisas não saírem como você esperava. Para controlar de forma eficaz as expectativas, é preciso compreender suas origens. Usamos aqui o exemplo dos vendedores, pois o processo de vendas representa um bom modelo.

REVIRAVOLTA NAS VENDAS

O escritório regional de uma grande revendedora de computadores viu sua receita e o nível de satisfação dos clientes despencarem num período de seis meses, passando de 5 milhões para 1 milhão de dólares por mês.
A situação ficou tão ruim que até mesmo 34 encomendas consecutivas foram canceladas. A HeartMath instituiu um programa abrangente para 125 funcionários da divisão, junto com sessões especiais de estratégia com a equipe de gerentes e de vendas e treinamento para os executivos. A meta era aumentar a coerência dos funcionários e da empresa, para que ela pudesse atrair e conservar bons clientes.
Seis meses depois que o programa foi lançado, a empresa faturou 45 milhões de dólares em novos contratos em três semanas.

Os "Índices"

Todos tivemos a oportunidade de conhecer vários vendedores que tinham grande habilidade para atrair o interesse do comprador, mas quando ficavam entusiasmados demais com a possibilidade de realizar uma grande venda, punham tudo a perder. No final das contas, eles perdiam mais vendas do que fechavam. Cada vez que isso acontecia o desapontamento aumentava, tornando ainda mais difícil controlar as expectativas para a próxima venda. Esse tipo de retorno negativo pode acabar com a autoconfiança. Muitos vendedores considerados bons desistiram da profissão por causa do desapontamento que sentiam quando uma "venda garantida" não se concretizava.

Vendedores bem-sucedidos entendem de "índice": alguns se aproximam da meta estipulada, outros não. Contanto que o índice de vendas esteja coerente com suas metas, tudo bem. Eles sabem intuitivamente que o excesso de entusiasmo com vendas potenciais cria o terreno perfeito para o fracasso. Os que adotam uma atitude interior equilibrada compreendem o lado imprevisível da vida e, por isso, conseguem se recompor rapidamente quando a venda garantida não se concretiza.

O conceito de índice é fundamental para o autogerenciamento interior. Primeiro você o usa para equilibrar suas próprias expectativas e, em seguida, aplica-o em outras áreas. Pode ser que você consiga conter rapidamente hábitos mentais arraigados e depois sinta que não lucrou nada ao perder a calma diante de uma situação difícil. Ao reagir de forma negativa, você se sente como se tivesse regredido e, então, julga a si mesmo. Esse deslize não anula o verdadeiro progresso alcançado. Entretanto, sua atitude interior *depois* disso é que vai preparar o terreno para um progresso maior ou para a inércia. Se perder a esperança, se ficar desanimado ou duvidar de si mesmo, vai desperdiçar grande quantidade de energia e inteligência. Se *avaliar* os índices crescentes de tempo que já passou em um estado de coerência maior, vai se sentir estimulado a sustentá-los, sobretudo nos momentos difíceis. Compreender os índices ajuda-o a ter expectativas sensatas sobre as pessoas, sobre si mesmo e sobre o seu trabalho, em vez de exigir perfeição absoluta e ficar continuamente desapontado.

Aprendemos, por experiência própria, que é preciso permanecer equilibrado e adotar uma postura positiva enquanto mantemos as expectativas capazes de esgotar energia no nível mais baixo possível.

COMPREENDA A CIÊNCIA DOS "ÍNDICES"

A compreensão do conceito de índice é fundamental para o desenvolvimento do autogerenciamento interior. Primeiro, use-o para equilibrar suas próprias expectativas. Avalie tudo de bom que já aconteceu na sua vida, ainda que algo não tenha saído como você havia previsto. Em seguida, aplique-o em outras áreas. Se você avaliar os índices crescentes de tempo que já passou num estado de coerência maior, vai se sentir estimulado a sustentá-los, sobretudo nos momentos difíceis. Não se trata de ser perfeito, mas sim de melhorar os seus índices.

Se você permitir que a vida e as pessoas sejam elas mesmas, com todas as suas características imprevisíveis, ao mesmo tempo que mantém uma atitude interior positiva e segura em qualquer situação, conseguirá índices de sucesso cada vez maiores, tanto na esfera pessoal como na profissional. *Que ironia: controle as expectativas e observe-as sendo superadas*. Mesmo que não sejam, você acumulou energia extra para passar para o próximo potencial. Ficar excessivamente apegado a um resultado em potencial muitas vezes impede o desdobramento de um potencial mais positivo.

Boa parte do ruído e da incoerência que reinam nas empresas hoje em dia resulta do excesso de promessas e da incapacidade de cumpri-las. No afã de convencer um comprador do valor de um produto ou um colega do valor de uma idéia, fica fácil estabelecer expectativas pouco realistas. O verdadeiro culpado é o entusiasmo excessivo, gerado pela necessidade que a mente tem de ser estimulada. O melhor antídoto para isso consiste em desenvolver maior aceitação e apreço pelo produto ou pela idéia que você está tentando vender. Uma pessoa autoconfiante sabe que é muito mais inteligente prometer menos e cumprir mais, mas é preciso segurança interior para se manter fiel a essa postura, sobretudo quando a máquina publicitária faz um verdadeiro alarde pela televisão, nos *outdoors* e por mala direta.

A Imagem Congelada constitui um excelente instrumento para perscrutar a tela do radar interior em busca das suas expectativas e daquelas que você gerou em outras pessoas. Assim que fizer isso, você vai ter uma perspectiva geral de toda a energia e a inteligência que poderia ter disponíveis.

O Julgamento

Outro importante aspecto mencionado capaz de dispersar energia é a tendência de fazer julgamentos, que via de regra são feitos sem a participação da inteligência do coração. Esses julgamentos muitas vezes são conseqüência de uma mente hiperativa que "avalia" uma pessoa ou uma situação com base em informações limitadas ou emocionalmente distorcidas. Essa atitude não traz nenhum benefício. Ela desequilibra as funções fisiológicas — na verdade, você fica bastante vulnerável quando está operando com déficit emocional. Ao julgar uma pessoa, você cria uma barreira entre você e essa pessoa. O julgamento de si mesmo é particularmente insidioso, pois vem disfarçado de aperfeiçoamento pessoal. Julgamos a nós mesmos porque cometemos um "erro estúpido", porque não nos recuperamos tão rápido quanto deveríamos, porque não nos mostramos seguros durante uma apresentação para um cliente. Dizemos que não estamos fazendo progressos ou temos medo de que um padrão que não conseguimos mudar nos arruíne pessoal ou profissionalmente, enquanto nossas reservas emocionais se esgotam e nosso potencial de crescimento fica limitado. Julgamos os outros porque o comportamento deles não "corresponde" às nossas expectativas, mas freqüentemente, quando estamos muito estressados ou com muita pressa, cometemos o erro de julgar uma pessoa à primeira vista ou mesmo antes de ler o *e-mail* do patrão. Em nossa atitude mais imatura, alimentamos julgamentos baseados em sexo, raça, geração, profissão ou escolaridade. O grande segredo é que todo mundo age da mesma forma!

Em todos esses casos, o julgamento mina a nossa energia e rouba a lucidez de que precisamos para desenvolver relacionamentos ou agir de forma decisiva. Embora julgar possa parecer estimulante e até mesmo divertido, essa atitude na verdade consome uma quantidade enorme de energia. Sua única utilidade é servir como um grito de alerta, avisando-nos de que permitimos que as emoções não trabalhadas impeçam a nossa percepção ao mesmo tempo que aceleram o nosso envelhecimento. Se percebemos que estamos julgando e neutralizamos rapidamente a emoção não trabalhada, conseguimos restaurar o equilíbrio e a inteligência.

O julgamento é um dos fatores que mais consomem energia no mundo. Ele está por trás de todo conflito étnico, racial e regional. Está por trás também das equipes que se recusam a cooperar umas com as outras, dos executivos extremamente críticos em relação aos subordinados e até mesmo das nações que destroem um país vizinho. Muitas vezes o julgamento parece justificado, com base em experiências passadas. "Foi uma aquisição, e não uma fusão." A mente constrói a sua memória com base num abuso do passado e, então, protege cuidadosamente sua viabilidade. Os julgamentos raramente recuam sem luta, pois estão profundamente arraigados em nossa composição mental, emocional e celular.

Ao ativar estados emocionais positivos para produzir uma maior compreensão intuitiva, a inteligência do coração pode "estourar o balão" do julgamento para que recuperemos o equilíbrio. Uma vez removidas suas garras, a atitude de julgar pode ser vista simplesmente como um produto ineficaz de um desequilíbrio mental e emocional. Neutralizar essa atitude

Seja Coerente

PROMETA MENOS E CUMPRA MAIS

Nesta era de publicidade exagerada e competição acirrada, o ruído das garantias bizarras pode ser ensurdecedor. O verdadeiro culpado é o entusiasmo excessivo, gerado pela necessidade que a mente tem de ser estimulada. Se você desenvolver maior aceitação e apreço pelo produto ou pela idéia que está tentando vender, vai adquirir senso de equilíbrio e maturidade, que serão transmitidos a todos à sua volta. Uma pessoa confiante sabe que é muito mais inteligente prometer menos e cumprir mais, mas é preciso segurança interior para se manter fiel a essa postura.

não vai privá-lo do poder de discernimento ou de avaliação. Na verdade, uma vez que ela é identificada, a clareza e o equilíbrio podem aumentar.

Equilíbrio Dinâmico

Para as pessoas que adoram trabalhar a todo o vapor e se orgulham de ser capazes de produzir sob pressão, a noção de *equilíbrio* poderia ser atraente, mas, francamente, muito branda e improdutiva. Pense nos equilibristas que andam na corda bamba. Obviamente esses artistas compreendem a importância do equilíbrio. Na verdade, para eles essa é uma questão de vida ou morte. Eles devem fazer centenas de pequeninos ajustes para permanecer equilibrados e impedir que o nervosismo, a ansiedade e as distrações visuais arruínem o seu dia. O equilíbrio é fundamental, mas não faltam aventura, excitação e risco. De fato, *sem* equilíbrio, esses artistas fariam uma única apresentação.

Analise o equilíbrio a partir de outro prisma. Nas décadas de 60 e 70, um grande atleta americano, Lee Evans, estabeleceu recordes mundiais nas corridas de revezamento de 400, 500 e 1.600 metros, e em muitas outras distâncias. Muitos desses recordes só foram quebrados na década de 80. Lee era conhecido como um atleta esforçadíssimo, mas não era isso que o distinguia dos outros. Ele não era o corredor mais gracioso, mas aprendera que o segredo para correr mais rápido era relaxar profundamente em vez de ficar tenso. Enquanto corria, dizia a si mesmo para relaxar e procurar um estilo que fluísse mais; ele acelerava e ganhava quase todas as corridas. Um nível mais profundo de equilíbrio o ajudou a desenvolver mais velocidade e graça.[2]

Uma terceira analogia pode ser feita com um carro de alto desempenho. Para que uma Ferrari ganhe ve-

Seja Coerente

PARE DE FAZER JULGAMENTOS

Definimos julgamento como a tendência de avaliar pessoas ou situações sem compaixão ou sem a participação do coração. Ao julgar uma pessoa, você cria uma barreira entre você e essa pessoa. Compreenda que esse tipo de atitude muitas vezes se baseia numa percepção errônea ou na falta de informação. Embora a tendência de julgar nos seja transmitida culturamente desde cedo, precisamos aprender a nos desvencilhar desse padrão. Use o recurso da Imagem Congelada para detectar atitudes que envolvam julgamento e neutralize os efeitos pedindo que o seu coração lhe dê uma perspectiva mais completa. Crédito extra: não caia na armadilha de julgar a si próprio quando se surpreender fazendo julgamentos.

Seja Coerente

INOVE — TENTE

ALCANÇAR O EQUILÍBRIO

O equilíbrio é um estado dinâmico de flexibilidade máxima, e não um estado brando e improdutivo de mediocridade. Para que ele seja alcançado, são necessários ajustes constantes para alterar condições, atitudes e oportunidades. Cada pessoa tem seu próprio equilíbrio. No verdadeiro equilíbrio, a distorção interior é minimizada para que a inteligência plena possa ser maximizada. Um artista da corda bamba representa um excelente exemplo de equilíbrio aliado à aventura e ao risco. Não confunda equilíbrio com tédio.

locidade, é preciso mudar as marchas de forma inteligente. Cada vez que você muda a marcha, o motor funciona com mais eficiência para que você possa dirigir de forma mais veloz, sem desgastá-lo. Carros de alto desempenho como uma Ferrari precisam de ajustes constantes para conservar o equilíbrio dinâmico e conseguir atingir altas velocidades. Sem alinhamento e balanceamento constantes do motor e das rodas e sem o combustível e os fluidos apropriados, o carro tem um desempenho fraco ou, o que é pior, pode escapar ao controle. A velocidade continua a ser o objetivo, mas ela só pode ser alcançada por meio do equilíbrio. Ficar atento às necessidades de ajuste do carro é uma prioridade constante.

Pense na relação dessas analogias com o seu dia-a-dia: você está correndo para fazer cada vez mais, enquanto provoca um desgaste crescente, ou poderia criar "momentos estratégicos pessoais" para diminuir o ritmo, recuar e descobrir uma forma mais equilibrada e eficaz de alcançar seus objetivos — com menos tensão? Qual o efeito que isso tem na sua noção de tempo, na sua produtividade, nos seus relacionamentos ou na qualidade da sua comunicação?

DINÂMICA 2

A COMUNICAÇÃO COERENTE

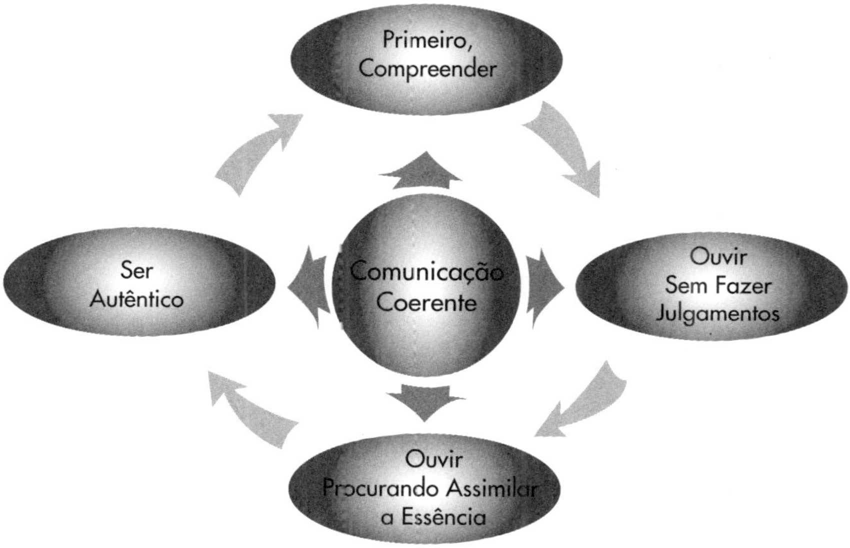

1. Para que uma comunicação seja eficaz, em primeiro lugar é preciso *compreender*. É muito fácil pensar que compreendemos os pontos de vista de um cliente, consumidor ou colega, sem que isso seja verdade.

2. *Ouvir sem fazer julgamentos* permite que o potencial de inteligência e compreensão se expanda. Para isso, é preciso ficar bastante atento às opiniões que formamos sobre outras pessoas e sobre nós mesmos. O julgamento apressado nos impede de ter uma compreensão total do ponto de vista do outro.

3. *Ouvir procurando assimilar a essência* de uma comunicação significa ouvir atentamente o núcleo da mensagem sem se deixar distrair pelo tom ou pela qualidade superficiais.

4. O *diálogo autêntico* proporciona mais clareza e reduz o ruído que existe em qualquer sistema. A autenticidade representa uma transformação inteligente da diatribe, do antagonismo ou da repressão não-trabalhados.

capítulo 7

A Comunicação Autêntica: Está na Hora de Refletir Seriamente

Atualmente, as empresas estão sufocadas numa miríade de problemas de comunicação — tentativa de evitar conflitos, confusão de sistemas, sobrecarga de informações, disputas entre homens e mulheres e desconfiança. Numa época em que as pessoas deixam o emprego principalmente por não conseguirem se dar bem com seus superiores, um rápido aprimoramento da comunicação passa a ser uma necessidade pessoal e estratégica. O que está faltando? Uma resposta óbvia seria o coração. Porém, reiteramos, não queremos dizer apenas que essa comunicação carece de mais sentimento ou emoção. Ao contrário, para transformar as distorções da comunicação do mundo em que vivemos, é preciso compaixão, compreensão e sensibilidade intuitiva. Precisamos conversar francamente.

Comunicação autêntica implica capacidade de ouvir e falar com sinceridade, segurança e equilíbrio. Significa usar a sua própria voz e respeitar profundamente a voz — o coração — do outro. Isso requer plenitude, inteireza e integridade, qualidades que surgem do íntimo, e não da aparência exterior. Como disse Robert Frost: "Algo que estávamos refreando nos deixava fracos, até que descobrimos que esse algo éramos nós mesmos". A *sinceridade* é o óleo que lubrifica a comunicação, eliminando a fricção metálica tão comum neste mundo repleto de informações. A *segurança* emerge de uma "certeza" íntima de que tudo está bem. Sua raiz latina significa "sem medo". O equilíbrio fornece uma auto-regulação para que a inteligência do coração atue como a freqüência central — o sistema operacional central — que orienta a nossa maneira de falar e de ouvir.

Se as empresas se dispusessem a *medir* a produtividade perdida e o *stress* gerado pelas preocupações latentes, pelos medos e pelo antagonismo, elas ficariam chocadas. A discrepância entre o que a maioria das pessoas *sente* e *diz* é enorme e onerosa. Pesquisas realizadas nos Estados Unidos revelam que 70% dos empregados têm medo de expressar sua opinião no trabalho. (Em outros países essa porcentagem é muito mais alta.[1])

Nós nos treinamos — e a maior parte das empresas estimulou esse treinamento de forma implícita — a nos expressar pela voz dos outros, e não pela nossa própria voz. Quando era um jovem ator, às vezes eu me divertia com o pensamento de como seria ter uma profissão em que você é pago para ser você mesmo. Eu me saía bem na pele dos personagens, mas sempre falava pela voz de outros. "Eu" me saía bem na pele de vários personagens, mas sempre tinha consciência dos filtros, das máscaras através das quais eu me expressava. Eu imaginava como seria trabalhar no meio empresarial e ser pago para ser "eu mesmo". Logo depois que deixei o teatro, no final da década de 70, percebi o quanto eu era ingênuo. Comecei a ver, pela primeira vez, que muitas pessoas achavam que deveriam se comprometer em nome dos negócios. Um *site* na Internet, que se transformou num livro e num "movimento" — *The Cluetrain Manifesto** —, vê que o rei está nu e não tem medo de expressar a sua opinião:

> Não acreditamos naquilo que falamos no trabalho. Sabemos que ninguém mais acredita. Mas continuamos a falar, porque porque porque porque a agulha emperrou. O disco está riscado. Porque simplesmente não conseguimos parar. Porque, quem seríamos se não falássemos assim?[2]

Não estamos defendendo uma competição livre para ver quem fala a verdade. A rigor, essa atitude pode ser bastante destrutiva num ambiente emocionalmente imaturo. Alguns usam a autenticidade ou a franqueza absoluta como uma máscara para encobrir as emoções não-trabalhadas e a tendência de fazer julgamentos. A verdadeira autenticidade não se traduz por reações, ela vem do íntimo — um íntimo de compaixão, compreensão e intuição. Tampouco é

Seja Coerente

PRIMEIRO,

COMPREENDA

Se a rotação do seu motor mental está rápida demais, você pode tirar conclusões precipitadas ou fazer pressuposições completamente equivocadas. Discipline-se — sobretudo diante de notícias desagradáveis, rumores ou problemas delicados de ordem pessoal — para ter certeza de que compreendeu o que o cliente, o colega ou o amigo realmente quer dizer, e não apenas o que estão dizendo. O que as pessoas querem dizer e o que dizem pode não ser a mesma coisa, principalmente quando elas estão sob pressão.

**site* na Internet: http://206.79.157.165/portuguese/index.html

branda ou hesitante. A falta de autenticidade e a incoerência que essa atitude gera estão custando mais caro do que imaginamos. Como *você* se sente quando deixa de dar a sua opinião a respeito de uma decisão insensata, porque sabe que sua coragem seria recebida com repúdio e isolamento? Quais os exemplos em sua carreira profissional em que a decisão de não abordar um problema custou caro? Existem alguns exemplos trágicos. O problema com os anéis de vedação do ônibus espacial Challenger foi detectado antes do seu lançamento. A falta de comunicação franca e direta custou a vida de toda a tripulação. Todos os dias, nas empresas do mundo inteiro, as pessoas *observam* coisas que podem vir a ser onerosas, mas muitas vezes, por medo, guardam-nas para si mesmas. A culpa que essas pessoas carregam por ter silenciado pode persegui-las durante muitos anos.

Qualquer livro sobre teoria empresarial afirma o óbvio: para que os relacionamentos sejam satisfatórios e as empresas obtenham êxito, é essencial que haja uma comunicação eficaz. Porém, estamos sugerindo algo muito mais profundo: um nível de comunicação autêntico e essencial que lance os interlocutores numa nova dimensão de clareza, ressonância e sincronia.

A comunicação autêntica é simplesmente um imperativo interpessoal entre nós e os nossos colegas, ou entre a administração e os funcionários (não que isso seja exatamente fácil de conseguir)? Será que os nossos clientes não desejam a mesma autenticidade e a mesma franqueza pelas quais ansiamos em nossos relacionamentos íntimos? A Internet abriu um canal de comunicação sem precedentes na história da humanidade. Tudo o que a nossa empresa faz — ou não faz — vira assunto em alguma sala de bate-papo, grupo de discussão ou numa miríade de outras formas de comunicação imparcial e instantânea. O *Cluetrain* provoca novamente:

> O *marketing* treinou seus praticantes durante décadas na arte de personificar a sinceridade e o calor humano. Mas o *marketing* não pode mais manter as aparências. As pessoas falam. Elas vão para a Internet e deixam que o mundo inteiro saiba que o *site* alegre com o cãozinho sorridente esconde uma empresa com dinheiro onde devia estar o coração. Elas dizem que a empresa que promete mundos e fundos não responde aos *e-mails* e as obriga a pagar as despesas de reembolso postal quando elas devolvem a mercadoria com defeito. O mercado vai descobrir quem e o que você é. Pode ter certeza.
>
> É por isso que você envenena o seu próprio poço quando mente. Você trai a confiança do seu próprio pessoal e dos clientes. Você pode ser capaz de ganhar a confiança deles de volta, mas apenas falando com a sua própria voz e tratando diretamente com as pessoas, e não enviando mensagens a elas.[3]

Por trás desses fundamentos está o princípio de que a comunicação autêntica exige honestidade consigo mesmo e níveis crescentes de maturidade pessoal. Uma comunicação autêntica começa quando se ouve a si mesmo, sobretudo aos impulsos por vezes desafiadores do coração. As pessoas sempre encontram justificativas para suas reações e, dessa forma, são atiradas de volta ao medo ou à insegurança. Os processos de congelar a imagem e de ficar neutro são dois instrumentos capazes de levá-las de volta ao equilíbrio e ajudá-las a ficar mais conscientes dos próprios sentimentos, das conseqüências desses sentimentos e de soluções que permitam que elas sejam verdadeiras consigo mesmas.

A Comunicação Elétrica

Segundo alguns pesquisadores, a compreensão durante uma conversa se baseia muito pouco nas palavras expressadas. Pelo menos 58% dessa compreensão deve-se à interpretação (percepção) da *linguagem corporal*, 35% à percepção do *tom de voz* e apenas 7% à interpretação das *palavras* propriamente ditas. Obviamente isso deixa uma grande margem para mal-entendidos e incoerência.

"Que pessoa radiante!" "Ele tem um grande magnetismo pessoal e muita presença." "O ambiente ficou eletrizado quando ela anunciou os planos para o próximo ano." Essas e outras frases revelam uma compreensão intuitiva profunda de que a comunicação não é apenas auditiva, mas também visual *e* eletromagnética. Pesquisas demonstraram que o coração produz um campo eletromagnético passível de ser medido a uma distância de pelo menos 3 metros do corpo, com o uso de tecnologia moderna. Quando se está a essa distância de alguém, os campos interagem. (Outra razão pela qual o metrô superlotado causa tanto nervosismo?) De acordo com essas pesquisas, dependendo do estado emocional da pessoa ocorrem mudanças mensuráveis no campo do coração: a frustração gera um campo "estático", ao passo que a estima ou o carinho geram níveis crescentes de coerência (Ver Figura 7-1).

Assim, enquanto as palavras passam uma mensagem, da mesma forma que o tom de voz e a linguagem corporal, o coração está irradiando uma mensagem elétrica incontestável e difícil de ser ocultada. De acordo com a teoria quântica, apesar de o componente elétrico da comunicação humana poder ser transmitido somente a uma distância de 3 a 4 metros, o nível quântico não tem essas limitações. Mais uma vez fica claro que vivemos num mar de freqüências. As informações estão em toda parte. Todos nós irradiamos e recebemos. A clareza da recepção está estreitamente relacionada com a clareza do receptor — você. Alguma vez você ouviu alguém com um pouco de impaciência, tentou apressar a conversa terminando suas frases e dando a impressão de que estava entendendo e, mais tarde, descobriu que se enganara redondamente e não havia compreendido nada? Se você não consegue se lembrar de ter feito isso, sem dúvida alguma alguém já agiu dessa forma com você e o deixou furioso. O ruído interno do *stress* emocional não-trabalhado é um dos maiores inibidores de uma comunicação clara e eficaz.

EGC Espectro de Freqüência

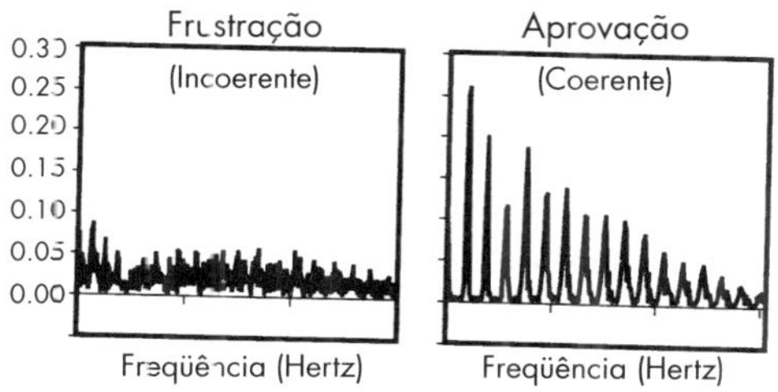

FIGURA 7-1 Os sentimentos influenciam as informações contidas no sinal elétrico do coração, que é transmitido a todos as células do corpo. O gráfico à esquerda mostra o "ruído" em termos elétricos gerado no coração quando estamos atravessando um estado negativo, como a frustração. Esse ruído é denominado padrão incoerente porque seus sinais são distorcidos. O gráfico à direita mostra os padrões coerentes gerados pelo coração durante um estado emocional positivo, neste caso a aprovação. Observe como as linhas são claras e harmoniosas.

A ELETRICIDADE DO TOQUE

Outras pesquisas realizadas pelo instituto mostraram que quando duas pessoas trocam um aperto de mão ou um abraço, há uma transferência de energia elétrica mensurável entre elas. Alegre, triste, amoroso ou inseguro — não importa: o toque gera transferência elétrica. Na verdade, até mesmo uma proximidade equivalente a meio metro pode gerar um efeito elétrico.[4] Se o campo eletromagnético do coração transporta as ondas de perturbação emocional ou de sentimentos positivos, seria bom prestar bastante atenção a nossas atitudes e sentimentos. Podemos estar afetando outros mais do que imaginamos.

A Eletricidade do Toque

(Ondas Médias dos Sinais dos Batimentos Cardíacos)

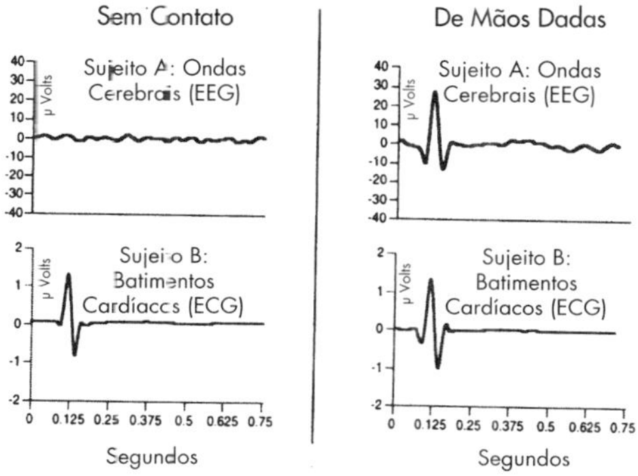

O sinal elétrico irradiado pelo coração humano é transferido de uma pessoa a outra quando elas se tocam, como mostram esses dois gráficos. Dois sujeitos estão sendo medidos simultaneamente: as ondas cerebrais do sujeito A e o eletrocardiograma do sujeito B. Os gráficos à esquerda mostram as respectivas medidas enquanto eles estão sentados a uma distância de 1,5 metro um do outro. Entretanto, quando se tocam, como mostram os gráficos à direita, o eletrocardiograma do sujeito B aparece no padrão de onda cerebral do sujeito A, demonstrando, dessa forma, que é possível medir a transferência elétrica enquanto os dois estão se tocando.

A Capacidade de Ouvir Profundamente

Se a meta consiste numa comunicação mais autêntica e profunda, como você poderia deixar de começar consigo mesmo — com os sentimentos viscerais, o instinto e a vozinha ainda calma do seu íntimo? Com que freqüência você ignora uma intuição porque a racionalidade da mente ou as experiências do passado (essa irritante tonsila do cerebelo) estão bloqueando o caminho? Lembre-se de que a *inteligência intuitiva representa uma amplitude de freqüência subdesenvolvida dentro da capacidade de inteligência de cada um*. De tempos em tempos, podem ocorrer lampejos intuitivos ou vislumbres do óbvio, mas até que ponto essas intuições podem parecer aleatórias e imprevisíveis?

Para ouvir a voz inteligente do coração, é preciso prática, sobretudo quando o nível de ruído da mente está muito alto. Mas essa prática é compensadora em todas as dimensões da vida. O domínio da capacidade de ouvir a si mesmo é facilitado por tentativas disciplinadas de fazer isso. Congele imagens durante todo o dia para captar os sinais sutis de que alguma coisa não está em sincronia, de que algo exige atenção: "Preciso fazer tal e tal coisa". Escolha horas específicas do dia para perscrutar o radar interior em busca de questões ou problemas que não foram abordados. Um monitoramento pela manhã durante o percurso para o trabalho, no horário do almoço e em outros intervalos constituem ótimas oportunidades para retroceder, analisar a voz interior e responder, salvar ou deletar. Grande parte do *stress* diário resulta da incapacidade de ouvir as próprias informações inteligentes. Você consegue se lembrar de alguma vez na última semana, mês ou até mesmo ano em que ficou mortificado por não ter feito algo ou se arrependeu de ter dito alguma coisa que no fundo do coração sabia que não devia dizer? Para a maioria das pessoas, isso é muito comum. Se você não consegue se lembrar, pense em outras pessoas que agiram dessa forma e congele a imagem para ter maior compreensão.

Ao ouvir a si mesmo como faria com uma criança ou um amigo que está com algum problema, você consegue aumentar rapidamente a compaixão por si próprio e, conseqüentemente, pelos outros. A maioria das pessoas conseguiu obter o domínio de um aspecto bastante comum da capacidade de ouvir — a arte de ouvir sua autocrítica severa e sua auto-acusação. Durante horas a fio elas tocam fitas de "autodestruição" personalizadas, que só servem para aprisioná-las num sentimento de desespero e insatisfação. É preciso um enfoque novo e mais compassivo para permanecer neutro e calmo tempo suficiente para ouvir a inteligência mais profunda que está por trás da dor ou da perturbação emocional. Obviamente, depois de aprender a ouvir a si mesmo, você será impelido a adotar uma atitude autêntica. Diante de opções inteligentes, a falta de atitude confirma os comportamentos de frustração que você está tentando transformar. Agir com base no coração representa um novo nível de fortalecimento pessoal, uma nova plataforma a partir da qual é possível desenvolver uma coerência interior e uma comunicação mais autêntica.

Quer o seu papel seja liderar outros ou simplesmente a si próprio, o pré-requisito para compreender os sentimentos e pensamentos das outras pessoas é entender os próprios sentimentos e percepções. É fácil dominar a "fachada" a que nos referimos anteriormente. Numa sociedade em que o hábito de "demonstrar estar bem quando na verdade tudo vai mal" vem produzindo conseqüências ainda mais sérias, está na hora de você deixar a sabedoria do coração orientar os seus atos. Comece prestando bastante atenção aos seus sentimentos íntimos mais sutis. Tente passá-los para um papel ou relatá-los aos amigos mais próximos. Nunca detenha esse processo de crescimento se quiser que a sua inteligência seja ativada. Partilhar as intuições mais íntimas leva invariavelmente a uma clareza inesperada. A inteligência existe em toda parte.

Barreiras

Existem dois tipos de barreiras para uma comunicação autêntica e eficaz: a codificação e a decodificação de erros. A *codificação* diz respeito ao significado que atribuímos à nossa comunicação; a *decodificação* consiste do processo de compreender o que ouvimos. A decodificação de erros ocorre quando aquele que fala:

- Não sabe ao certo o que quer dizer por causa do excesso de ruído emocional.
- Não tem certeza da sua intenção.
- Usa palavras que só têm sentido para si mesmo, mas não para o interlocutor.

Da mesma forma, a decodificação de erros ocorre quando aquele que ouve:

- Interpreta mal a essência da comunicação com base na sua percepção da linguagem corporal, do tom de voz ou das palavras propriamente ditas.

- Forma julgamentos sobre quem fala.
- Ouve apenas num nível superficial.
- Faz uma "ligação" inadequada entre as palavras de quem está falando e alguma experiência anterior.
- Tem tanto ruído interior que os sinais ficam abafados.[4]

A capacidade de ouvir intuitivamente fornece uma técnica para reduzir esses "erros" e proporcionar uma coerência maior.

A Capacidade de Ouvir Intuitivamente

Se você já fez algum curso de treinamento gerencial, atendimento ao consumidor, técnicas de venda ou cuidados maternais e paternais, provavelmente aprendeu os princípios que regem a forma correta de ouvir: olhar o interlocutor nos olhos, adotar uma linguagem corporal aberta e receptiva e repetir os pontos principais. Todos esses aspectos fazem parte da fachada, isto é, da parte externa, de uma boa comunicação. Numa comunicação intuitiva, porém, um nível mais profundo de inteligência, eficiência e eficácia entra em ação quando você passa pelos manequins na vitrine.

Saber ouvir requer tanto o *hardware* como o *software*, ouvir o som das palavras e compreender o seu significado. A capacidade de ouvir abrange três níveis distintos:

1. O *nível das palavras* é responsável por grande parte de uma comunicação ruim. Quantas discussões ou mal-entendidos giram em torno das palavras ditas, e não do seu verdadeiro significado? As palavras, por si só, constituem apenas a ponta do *iceberg* da comunicação real que uma pessoa está tentando transmitir. Muitas vezes as pessoas não conseguem encontrar as palavras certas para descrever com precisão o que querem dizer; outras simplesmente não são habilidosas com as palavras, embora consigam comunicar seus sentimentos de forma bastante expressiva. O significado de *coração*, por exemplo, pode diferir completamente de uma pessoa para outra. As palavras são gaiolas ao

Seja Coerente

OUÇA

INTUITIVAMENTE

Os grandes líderes ouvem o significado que está por trás das palavras. Eles conseguem antever os problemas antes que eles ocorram e prestar atenção aos sentimentos, e não apenas aos dados. Preste atenção ao coração e fique neutro para ouvir os sinais sutis que poderiam facilmente passar despercebidos.

redor de freqüências. Às vezes representam tentativas toscas de apreender a essência de uma idéia e transmiti-la de forma clara e específica. Embora necessárias, nem sempre elas bastam e muitas vezes causam confusão.

2. Por trás das palavras está o *nível de sentimento*, em que está contido o significado mais profundo. Todos nós já tivemos a oportunidade de ouvir as pessoas dizerem uma coisa enquanto, na verdade, tínhamos a impressão de que queriam dizer algo completamente diferente. A maioria das pessoas não gosta de falar sobre os próprios sentimentos; além disso, existem diferenças nítidas entre homens e mulheres. Contudo, é exatamente com base nos sentimentos que os relacionamentos são estabelecidos ou interrompidos. Muitas vezes eles são expressados, sobretudo no ambiente profissional, por intermédio do tom de voz e da linguagem corporal. A freqüência com que são expressados de forma autêntica é menor.

3. O nível mais profundo de comunicação poderia ser chamado de *nível da essência*. Procure se lembrar de alguma ocasião em que conversou com uma pessoa com a qual se sentia tão em sincronia que era como se ela soubesse exatamente o que você queria dizer ou estava sentindo. Essa é uma comunicação bastante eficaz que prevalece quando as palavras são insuficientes ou não transmitem seu significado mais profundo. Captar a essência poupa tempo, facilita a compreensão e estabelece uma ligação verdadeira.

Descobrir a essência significa deixar para trás a fachada e ir direto ao depósito. O conteúdo de suas prateleiras está organizado e cuidadosamente administrado? Estamos usando essa metáfora apenas a título de ilustração. Isso não quer dizer que você realmente vai procurar compreender o "estoque" de uma conversa, mas sim compreender intuitivamente o âmago, a verdadeira essência que está abaixo da superfície. As pessoas não têm tempo a perder apenas com palavras ou sentimentos de mágoa — chegou a hora da *essência*.

Procurar compreender a essência de um problema ou o ponto de

OUVIR COMO UM INSTRUMENTO DE INOVAÇÃO

É impressionante como as pessoas são muito mais criativas e inovadoras quando se sentem ouvidas e valorizadas. As empresas que se orgulham de fazer críticas mordazes sobre as novas idéias — mascarando amiúde uma arrogância intelectual — inibem o espírito de inovação que busca liberdade, precisa de espaço e tende a crescer se for valorizado. Ouça com sinceridade as novas idéias e louve a intenção do seu criador, e, mesmo que a idéia seja prematura ou desinteressante, estimule outras!

vista de outra pessoa só traz vantagens. Embora aparentemente possa consumir muito tempo, o objetivo de desenvolver a capacidade de ouvir intuitivamente é aumentar de forma considerável o respeito, a compreensão e a eficiência no uso da energia, de ambas as partes. Ao usar a inteligência intuitiva, passa-se a agir com base num aspecto profundo da própria essência e, dessa forma, fica mais fácil ouvir a essência da outra pessoa ou da mensagem que ela está tentando transmitir. Tanto quem fala como quem ouve se *sentem* melhor com essa troca. Além do mais, o nível de coerência fica mais elevado, produzindo soluções criativas que sobrepujam as soluções encontradas num ambiente repleto de distorções e dissonância. De fato, esse tipo de comunicação é altamente energizante. Sentir-se ouvido, sobretudo quando o problema encerra uma carga emocional, proporciona um grande alívio, liberando energia para coisas mais produtivas.

A capacidade de ouvir intuitivamente exige uma postura neutra ou até mesmo emocionalmente positiva:

- Implica sentir simpatia pelo outro *enquanto pessoa*, para obter um quadro mais amplo, e não apenas uma visão limitada gerada pela mensagem que está sendo transmitida ou por uma velha lembrança que porventura se possa ter. Significa dar ao outro o tempo ou o espaço de que ele necessita para completar seus pensamentos sem interrompê-lo, julgá-lo ou tentar apressá-lo.
- Significa dar toda a atenção, sem deixar a mente divagar para outros assuntos, porque "você tem tanto o que fazer".
- Envolve, quando necessário, repetir o que se acredita ser a essência do que o outro está falando — fazer a pessoa sentir que está sendo ouvida — antes de dar a sua opinião.
- Requer uma dose de maturidade emocional para não reagir de forma defensiva se a mensagem tiver um retorno para você. Com essa base de maturidade, pode-se construir um relacionamento profundo. Isso é essencial para os clientes e consumidores, bem como para os colegas e amigos.

Todos esses princípios podem e devem ser aplicados tanto no nível individual como na comunicação com os outros. Há muitos anos, uma funcionária novata da nossa empresa estava tendo problemas para se adaptar à nossa cultura empresarial singular. Uma MBA com bastante experiência em consultoria na Wall Street, ela apreciava um certo grau de cooperação, colaboração e camaradagem, mas de certa forma sentia-se pouco à vontade, pois isso divergia muito das suas experiências profissionais anteriores, extremamente competitivas. A certa altura, começou a reclamar da dinâmica da equipe. Perguntei se ela estava disposta a levantar os problemas abertamente numa reunião com toda a equipe. Ela concordou, apesar de ter de reunir um pouco de coragem. Durante a reunião, expôs suas preocupações de forma vigorosa, dizendo que sentia que havia uma defasagem entre os membros mais antigos e os mais novos, e confessou uma grande frustração a esse respeito. Ouvimos sem fazer julgamentos (embora isso não fosse muito fácil), percebendo que poderíamos ter adotado a mesma perspectiva se estivéssemos em seu lugar. Concentramo-nos na essência de suas palavras, tentando não nos deixar levar por suas emoções (a *neutralidade* veio a calhar). Conforme ouvíamos, avaliávamos a coragem que ela teve de expor suas ansiedades com relação à defasagem que sentia. Porém, só fizemos comentários depois de ter certeza que havíamos compreendido seu ponto de vista. Ela levantou os braços e disse: "Finalmente alguém me ouviu!" O alívio em seu rosto e em seu corpo era visível. Com isso, desapareceram a tensão, o medo e a insegurança, que, se não tivessem sido colocados para fora, poderiam ter resultado em represália ou isolamento, um hábito comum no meio empresarial.

Eis onde o poder da capacidade de ouvir intuitivamente tornou-se tão profundo. Enquanto falava, no íntimo ela percebeu que, quando finalmente "se sentiu ouvida", ficou claro que grande parte do problema estava na sua percepção. Ela nos agradeceu por tê-la ouvido, e o vínculo de abertura, segurança e respeito criado naquele instante permanece até hoje.

Tivemos inúmeras oportunidades de testemunhar o poder que a inteligência intuitiva tem de transformar a comunicação comum. As análises de desempenho de que ninguém gosta, as negociações difíceis e as relações com clientes — tudo isso fica mais gratificante e eficaz quando a coerência interior chega ao máximo, o ruído é reduzido e o coração serve de veículo.

O presidente de uma empresa de *software* da Austrália nos relatou a seguinte história:

INTRANETS AUTÊNTICAS?

As pessoas querem falar, e também ser ouvidas. A Internet está saciando essa sede de alguns, mas muitos querem falar abertamente sobre a sua empresa — sobre o que está funcionando e o que não está; que idéias novas e arrojadas poderiam acelerar o lançamento de um novo produto; que atitudes na cultura da empresa fariam com que as pessoas desejassem ficar quando um caçador de executivos ligasse. A sua Intranet pode ser um canal aberto de comunicação. Não tente controlá-la. De qualquer forma, você não conseguiria. Faça um esforço sincero para ouvir o que estão tentando dizer.

> Hoje, um dia depois de terminar o programa HeartMath, participei de uma reunião em que eu imaginava fazer a negociação mais difícil da minha vida. Eu estava negociando o contrato de distribuição da [nome da empresa], que não diferia dos inúmeros contratos que já havia feito em minha vida, salvo que desta vez eu estava negociando com minhas próprias economias, e isso acrescentava uma pressão considerável. O contrato que eu havia recebido da [nome da empresa] cerca de dois meses antes não refletia o espírito verdadeiro do contrato que firmáramos anteriormente com um aperto de mãos, e comecei a me sentir inquieto. Mesmo da Austrália, eu sentia que a [nome da empresa] queria voltar atrás no acordo feito verbalmente. As atitudes que sucederam minha oposição às condições básicas do acordo não ajudaram em nada para mudar essa impressão. Eles não atenderam aos meus telefonemas nem responderam aos meus *e-mails*. No final, o que é mais importante, não me enviaram a versão final do contrato como eu havia solicitado. Portanto, eu tinha todos os motivos do mundo para esperar o pior (do ponto de vista de uma negociação normal). Essa foi a transação comercial mais tranqüila da minha vida, e minha impressão a respeito da [nome da empresa] mudou completamente. Congelei a imagem várias vezes, e sempre que podia fazia transbordar amor do meu coração para os negociadores. Eles concordaram com todos os principais pontos do contrato, quinze ao todo, exceto um que, na minha opinião, era irrelevante. Esse contrato funcionou como um relógio, e as questões mais importantes, como termos do contrato, continuidade, procedimentos relacionados a decisões e cotas, ficaram da forma como eu queria.[6]

À primeira vista, parece entediante se esforçar para compreender a essência do que alguém está dizendo. Afinal de contas, a maioria das pessoas não dá voltas e voltas para se expressar? É muito mais "eficaz" interromper e ajudar a outra pessoa a esclarecer seus próprios pensamentos, não é? Ocupadíssimo, sempre correndo para acompanhar o ritmo, é muito fácil arranjar um monte de justificativas para uma comunicação insensata e ineficiente, pois ela está escondida atrás da tela do julgamento. A ironia de tudo isso está na enorme celeuma criada pelas decisões apressadas e pelo processo frenético de pensamento que nos convencemos de que é essencial para a nossa empresa ou para a nossa carreira.

Quando diminuímos a conversa da mente e neutralizamos o ruído emocional, a inteligência sutil da intuição pode-se fazer ouvir. O coração tem o poder de neutralizar os mísseis mentais desgovernados e desarmar as granadas emocionais. Além de todos os benefícios desse processo de ouvir intuitivamente procurando assimilar a essência, um estudo realizado na Johns Hopkins University revelou que as pessoas casadas que conseguiam sintetizar de forma precisa os sentimentos do parceiro ou da parceira conseguiam baixar a pressão arterial.

Pense nos líderes expressivos do nosso tempo ou num mentor que lhe causou um grande impacto. Desconfiamos que parte do seu coração foi despertada pelo espírito sincero dessa pessoa. Com certeza ela tinha o dom ou desenvolveu uma grande capacidade de ouvir profundamente, e essa profundidade impregnava também suas palavras. A força e a autenticidade da sua expressão pareciam vir de uma profunda paixão e sabedoria.

As Redes de Comunicação

Outra dimensão importante diz respeito à coerência da comunicação de uma equipe com outras áreas da empresa, bem como a rede de relacionamentos que ela consegue desenvolver fora da sua esfera imediata. Para que possa existir coerência interior é preciso que haja coerência externa. Num estudo conduzido pela Harvard Business School, a maneira como determinada equipe ou unidade estava ligada às outras exercia um efeito impressionante em seu desempenho. Numa empresa multinacional de artigos eletrônicos, por exemplo, as unidades que melhor se relacionavam conseguiam colocar produtos no mercado 30% mais rápido do que a média.[7] Como qualquer um que já tenha falado num telefone celular ou transmitido dados através de um *modem* sabe, uma coisa é estar bem conectado, outra bem diferente é quando a conexão está distorcida ou intermitente.

Aplicação nas Empresas

Existem várias aplicações de comunicação coerente numa empresa.

- *Reuniões*. Antes que a reunião comece, analise os princípios fundamentais: ouvir sem fazer julgamento, tentar captar a essência, procurar primeiro compreender e, depois, falar francamente. Escreva-os num quadro branco a título de lembrete. Faça um resumo dos principais pontos de qualquer discussão ou apresentação para se certificar de que toda a equipe esteja em sincronia. Continue discutindo até que todos tenham entendido. Uma equipe inteira da Hewlett-Packard usou esse processo para garantir que todos compreendessem o anúncio de uma nova estratégia. O anúncio le-

OS SALTOS DE COMUNICAÇÃO

Muitas empresas registraram benefícios mensuráveis com a aplicação de técnicas de comunicação coerente. Numa empresa de energia de âmbito mundial, apenas 14% dos componentes de uma equipe estratégica achavam que as reuniões eram bem organizadas. Depois de usar durante seis meses as técnicas GQI, esse número havia subido para 53%. Apenas 43% achavam que ouviam uns aos outros antes do treinamento GQI, mas, seis meses depois, 73% disseram que a capacidade de ouvir era boa. Antes, nessa mesma equipe, apenas 57% sentiam-se livres para se expressar. Seis meses depois da intervenção GQI, 93% passaram a se sentir livres para expressar suas opiniões.

vou menos de cinco minutos para ser feito. Porém, foi preciso mais de uma hora para que as várias interpretações da verdadeira mensagem ficassem claras. Se não tivessem feito isso, certamente haveria um grau considerável de incerteza e confusão, desperdiçando muitas horas e, provavelmente, culminando em decisões errôneas. Isso já aconteceu em sua empresa?

- *Conversas telefônicas*. Quer se trate de um cliente, vendedor ou acionista, a aplicação dos princípios que envolvem a capacidade de ouvir e a comunicação autêntica ajuda a assegurar resultados mais rápidos e mutuamente benéficos, que podem ser energizantes. Manter-se emocionalmente neutro ou positivo e ao mesmo tempo esforçar-se para ouvir a outra pessoa é muito menos desgastante do que fazer julgamentos ou pressuposições injustas ou imprecisas, sobretudo quando não se pode contar com a linguagem corporal ou outras dicas visuais.

- *Análises de desempenho*. A análise de desempenho é uma das atividades mais desgastantes e comumente evitadas nas empresas. Entretanto, ela pode representar uma excelente oportunidade de crescimento. Comunicar-se de forma autêntica nesse contexto significa colocar o bem do outro como objetivo principal. Cuide para que suas avaliações deixem tempo suficiente para que os pontos positivos da pessoa possam ser discutidos — e certifique-se de que ela ouça sua avaliação de forma sincera. Se houver necessidade de um retorno, não deixe que o tom da sua voz contenha julgamento. Em vez disso, seja direto e ofereça o seu apoio. O uso da Imagem Congelada no começo desse processo pode neutralizar ou reduzir a ansiedade, enquanto cria uma boa base de camaradagem, em vez de antagonismo.

- *Relacionamentos externos*. Avalie a qualidade da comunicação entre a sua equipe e outros departamentos importantes da empresa. Onde está faltando coerência? Onde ela se mostra forte? Analise, sobretudo, quaisquer áreas de comunicação em que as pessoas tenham se conformado com a incoerência e com o antagonismo. Esse é um ponto importante para estimular a produtividade. Alguns exemplos típicos de relacionamentos áridos são: setor de fabricação contra setor de comercialização, setor de vendas contra setor de contabilidade e setor de comercialização contra setor de vendas.

- *Ruído no sistema*. Pergunte se há ruído em alguma parte do sistema:
  — Equipe de vendas frustrada com o nível dos serviços e do suporte técnico.

— Funcionários da administração inibidos pela infra-estrutura ou ineficiência do processo.
— Funcionários da área de produção ressentidos com os atrasos nos planos ou com os constantes desafios.
— Gerentes de nível médio presos numa terra de ninguém, entre as preocupações da alta administração com os acionistas (ou o conselho de administração) e o ceticismo dos funcionários menos graduados (ou associados).

Em seguida, peça para que as pessoas apresentem soluções que atendam às necessidades de todo o sistema: empregados, gerência, departamento, empresa e consumidor.

Todas as pesquisas e sugestões para aumentar a coerência no âmbito pessoal e no da empresa se resumem basicamente no seguinte: a necessidade que o ser humano tem de se relacionar com o seu semelhante de forma significativa é hoje mais premente que nunca. O surgimento da Internet e de uma série impressionante de instrumentos e dispositivos de comunicação apenas tornou aparente o que o nosso coração sempre soube que desejávamos. O *Cluetrain* prevê:

> Novos tipos de conexão. O coração fluindo para outros corações. Um novo ritmo. Uma nova causalidade. Uma nova compreensão do poder. A conversa que compreende que não se trata de uma distração do trabalho, mas sim da maneira como os negócios funcionam.[8]

capítulo 8

Tecnologia, Tecnologia Interna e a Medida do Capital Humano

Assim como acontece literalmente com todas as facetas da sociedade atual, a tecnologia está passando por um período de grande transição, tendo de fazer opções importantes para seus rumos no futuro. O quadro, sem dúvida alguma, é caótico. Com o poder da computação suplantando atualmente até mesmo a Lei de Moore, que falava em dobrar a velocidade do microprocessador a cada dezoito meses, e com os dispositivos cada vez menores, mais compactos e versáteis, o futuro parece um paraíso para os mais aficionados por engenhocas. Grande parte dessa nova tecnologia contribuirá imensamente para ampliar nossa capacidade de aprender e nossa visão do mundo, ultrapassando fronteiras e vencendo barreiras de fuso horário. O entusiasmo desta semana com a chegada do GPS (Sistema de Posicionamento Global), um sofisticado sistema eletrônico de navegação (fornecido sem custo adicional, por Hertz) e a facilidade que ele nos proporcionou para passar de um compromisso a outro em toda a área metropolitana de Chicago representam outro exemplo do quanto a tecnologia pode ser divertida e econômica em termos de energia. Mas a que preço? Preocupações com crimes cibernéticos, crianças que passam cada vez mais tempo grudadas à tela do computador, a desintegração de comunidades tradicionais e uma disparidade crescente entre ricos e pobres — conectados e não-conectados — representam apenas alguns dos efeitos potenciais.[1]

O debate está acirrado. Bill Joy, fundador da Sun Microsystems e um dos pioneiros mais ponderados da indústria, questionou publicamente a mentalidade desmedida da tecnologia pela tecnologia. O entusiasmo das novas empresas da Internet em torno da abertura de capital amplia ainda mais uma postura de competição muitas vezes irracional, que envolve todas as inovações tecnológicas sem levar em consideração as conseqüências sociais ou humanas. Veja esta afirmação de Bill Joy:

> Para Aristóteles, um argumento baseado num poema era tão válido quanto um argumento baseado na ciência. Perdemos isso. Não sinto nessa comunidade que um argumento ético e com base espiritual tenha tanto peso quanto um imperativo capitalista ou a noção de que o progresso é fundamental. Que aconteça o que tem de acontecer. Trata-se de um fatalismo científico que pode ser fatal para nós.[2]

Ou esta de Tom Valovic, autor de *Digital Mythologies*:

> Há uma pressa tremenda, impulsionada pelo mercado, de descobrir tecnologias invisíveis que são instáveis e colocam a vida em risco. É preciso ter muita fé em que a ciência sabe o que faz.[3]

Isso não quer dizer que a tecnologia seja ruim. Ela é neutra. A falta de gerenciamento emocional — neste estágio crítico da evolução humana — é o fator determinante.

A comunicação está ficando cada vez mais eletronizada. O aspecto positivo é que existem mais formas de se conectar do que nunca. O negativo é que parece que não há escapatória. À medida que a faixa de freqüência (a amplitude de freqüências disponíveis) se expande para satisfazer o nosso vício desvairado pela busca de informações, mais aumenta o potencial para a sobrecarga dessas informações. Quanto maior é o nosso acesso a elas, mais o nosso circuito interno se sobrecarrega, dificultando, na melhor das hipóteses, um processamento eficiente.

Segundo um estudo feito pela agência Reuters em 1997,[4] estamos testemunhando a "ascensão de uma nova geração de 'viciados em informações' ". Uma pesquisa realizada com mil pessoas nos Estados Unidos, no Reino Unido, na Irlanda, na Alemanha, em Cingapura e em Hong Kong apresentou o seguinte resultado:

- Mais de 50% dos entrevistados se sentem incapazes de lidar com todas as informações acumuladas no trabalho.
- 61% acreditam que há sobrecarga de informações no local de trabalho, e 80% desse total prevê que a situação vai piorar.
- 47% das pessoas levam trabalho para casa ou fazem hora extra para dar conta da quantidade de informações acumuladas.
- 55% estão com medo de que as crianças fiquem viciadas em informações, e 36% desse total estão "preocupadíssimos" com o fato de seus filhos ficarem excessivamente expostos a informações.
- Quase metade do número de pais disse que seus filhos preferem os computadores aos amigos.

Isso foi em 1997. O quadro não apresentou nenhuma mudança. De acordo com dois dos pesquisadores, 85% da população não se sente à vontade com a tecnologia.[5] Os 15% que se sentem bem ainda são vítimas de frustrações, intimidação ou angústia. Até mesmo os especialistas em informática sentem a pressão. O número de itens que exige a nossa atenção — chamadas telefônicas, correio eletrônico, comerciais de TV, "mala direta indesejável" através da Internet (chamada afetuosamente de *spam*), ou outros tipos de mensagens — chega à casa dos milhares diariamente. Na época em que estávamos escrevendo este livro, recebemos um chamado de um cliente, um executivo sênior de uma empresa multinacional de tecnologia, lamentando a enorme quantidade de energia despendida para lidar com os 200 ou 250 *e-mails* que recebia todos os dias. A maioria ele deletava sem ler. Mesmo assim, os remetentes achavam que haviam se "comunicado".

O *e-mail* pode aumentar rapidamente o nível de incoerência numa empresa. Reaja de forma negativa, até mesmo equivocada, diante de uma nova política ou situação, e o seu descontentamento será irradiado para dezenas de pessoas. Eis aqui uma história simples: numa grande instituição financeira, um funcionário irado deu uma resposta hostil via *e-mail* a um colega e enviou cópias a outras 15 pessoas, incluindo o chefe do chefe do colega. O diretor da equipe, então, teve de resolver o problema, ao mesmo tempo que respondia a dois níveis superiores de administração e acalmava o funcionário que fora humilhado pública e injustamente por via eletrônica. Da mesma forma, as queixas eletrônicas dos consumidores conseguem abrir caminho rapidamente numa empresa, atingindo até mesmo os escalões mais altos e envolvendo emocionalmente várias pessoas no drama. Em ambos os exemplos, o *e-mail* não representa o vilão; ele é neutro. Ainda assim, transformou-se num veículo de fácil acesso na transmissão da incoerência e das emoções mal trabalhadas.

O fenômeno da sobrecarga de informações é cada vez mais global. Outra pesquisa feita pela Reuters,[6] desta vez realizada com funcionários de cargos gerenciais no Reino Unido, Estados Unidos, Austrália, Hong Kong e Cingapura, revelou que a "fadiga da informação" é responsável por um nível altíssimo de angústia por inúmeras doenças físicas.

- Um em cada quatro dos 1.300 gerentes pesquisados admitiu ter problemas de saúde em conseqüência do volume de informações com que precisa lidar.
- 48% concordaram que a Internet terá um papel fundamental no agravamento do problema nos próximos anos.
- Dois terços dos gerentes relataram que a tensão com os colegas e a insatisfação com o trabalho são decorrentes do *stress* associado à sobrecarga de informações.

- 43% dos gerentes de alto nível tinham problemas de saúde causados diretamente pelo *stress* associado à sobrecarga de informações.
- 62% confirmaram que seus relacionamentos pessoais eram afetados pela sobrecarga de informações.
- 44% acreditavam que o custo da coleta de informações era superior ao seu valor para a empresa.

Até onde essa loucura por informações surge da insegurança e do medo — medo de ficarmos para trás, medo de que alguém mais feche o acordo ou chegue antes ao mercado, medo de que se não estivermos constantemente "conectados" nosso valor e merecimento possam ser questionados e, no final, deixados de lado?

É fascinante recuar e perceber a rapidez com que a tecnologia da informação passou a ser fundamental na nossa vida. Você consegue se lembrar da época em que não tinha um videocassete, em que ninguém enviava faxes nem *e-mail*, em que os computadores pessoais eram uma novidade (mesmo nas empresas), os *pagers* não existiam e os telefones nos carros eram para presidentes e primeiros-ministros? Essa cena bucólica pertence à década de 80! Rode a fita para a frente, para o presente, e nós, nos países desenvolvidos, vivemos num mundo totalmente diferente. Atualmente, muitos de nós — um número cada vez maior — trabalham e vivem em ambientes cercados de tecnologia. Nossa casa reflete cada vez mais a loucura tecnológica das empresas. E, definitivamente, a intensidade e a velocidade da mudança só irão aumentar. Não há previsão de que essa tendência diminua ou mude de direção.[7] Provavelmente, só quando as conseqüências negativas ficarem insuportáveis é que desafiaremos a pressuposição básica de que o volume cada vez maior de informação é essencialmente bom. (Pode-se morrer por excesso de *qualquer coisa*, até mesmo de água.)

Seja Coerente

PENSE EM

COMO REDUZIR A SOBRECARGA DE INFORMAÇÕES

A tecnologia produz comodidade e eficiência — e também cria desafios. As empresas saudáveis do futuro vão harmonizar a aquisição de informações com o bem-estar pessoal e a produtividade.

A assimilação desenfreada de informações pulveriza a produtividade individual sob uma montanha de dados desnecessários. Cuide para que os sistemas de informação e os processos facilitem o trabalho das pessoas, em vez de fazer que elas se sintam esmagadas. Use esse mesmo princípio para pensar numa forma de facilitar as negociações com os clientes.

A conectividade é ótima quando há significado na conexão.

Num curto espaço de tempo — por volta de 15 anos — os computadores e a tecnologia da informação se transformaram no principal patrimônio físico das empresas, de suma importância para suas operações. Hoje em dia, cerca da metade de todo o dinheiro gasto pelas empresas é empregada em computadores, redes e *software*.[8] Quase todos os funcionários das empresas do setor público e privado precisam saber operar no mínimo um dispositivo de informática: computadores, *laptops*, *modems*, aparelhos de fax, *e-mails*, *pagers*, telefones celulares e equipamentos semelhantes, mas em geral precisam saber operar vários deles.

Uma Resposta à Tecnologia da Informação Com Base na Inteligência do Coração

Como lidar com tudo isso? Desligando-se da tecnologia e voltando à vida simples? Essa não é uma medida prática nem viável para as empresas, embora obviamente possamos fazer isso em casa. Além do mais, nossas *idéias* a respeito da tecnologia e dos tipos de exigências e mudanças que ela impõe à nossa vida é que determinarão se os seus valores vão exceder ou não o seu preço.

"A tecnologia não nos leva a um jardim idílico do paraíso, mas a um jardim de paradoxo inquietante", afirma David Glen Mick da University of Wisconsin, em Madison.[9] "A essência de um paradoxo está no fato de que ele não pode ser solucionado. Ele cria um conflito emocional interior capaz de se transformar numa fonte considerável de *stress*, e a necessidade de lidar com esse *stress* afeta o comportamento da pessoa como consumidora." Mick e sua colega pesquisadora Susan Fournier, da Harvard Business School, identificaram oito paradoxos que caracterizam as relações entre os consumidores e a tecnologia.

- A forma como a tecnologia assegura um *maior controle* ou agrava o *caos*.
- A promessa de *liberdade* contra uma nova forma de *escravidão*.
- A necessidade de ter a tecnologia *mais recente* contra o medo de se tornar *obsoleto*.
- A maneira como a tecnologia estimula a nossa *inteligência* enquanto, às vezes, nos dá uma sensação humilhante de *estupidez*.
- A promessa de mais *eficiência* contra a realidade de novas tarefas extras que geram *ineficiência*.
- A premissa de que a tecnologia vai *suprir necessidades*, enquanto, na verdade, gera *novas necessidades*.
- O poder que a tecnologia tem de *aumentar* a assimilação e a ligação entre as pessoas contra a tendência de criar isolamento e *diminuir* o contato pessoal.

A tecnologia nos ajuda quando aumenta a nossa compreensão. Sem uma mente ágil e um coração equilibrado, a informação não tem nenhuma utilidade. Os meninos do *Cluetrain* atacam novamente:

> Não precisamos de um volume maior de informações. Não precisamos de informações mais precisas. Não precisamos de informações automaticamente filtradas e resumidas. Precisamos de compreensão. Queremos desesperadamente compreender o que está se passando nos negócios, nos mercados. Compreensão não é sinônimo de maior volume de informações.[10]

A era da informação exige um novo tipo de inteligência para que as pessoas possam selecionar, filtrar e processar todos os dados e opções disponíveis no momento. Quer você seja um consumidor de tecnologia ou um criador de produtos, o desenvolvimento da "inteligência do coração" lhe proporciona mais lampejos intuitivos para avaliar o valor básico da informação — ou de um novo produto — partindo de uma perspectiva mais ampla. Sem a inteligência do coração — quando se age com base apenas numa mente sobrecarregada —, as pessoas logo ficam subjugadas e reagem somente às informações mais ruidosas e persistentes, ou "automaticamente", a velhos processos familiares. Na melhor das hipóteses, fica difícil a avaliação inteligente de uma nova informação. Levado ao extremo, você pode se colocar na defensiva e, na verdade, não assimilar a grande quantidade de informações. À medida que o conhecimento básico se desenvolve e o seu ruído interno é reduzido, você consegue se valer da intuição para buscar sua base de conhecimento interior com a velocidade de um raio, coordenando um processo de busca mais linear. A base de conhecimento interior, somada à intuição, permite que se vá além das possibilidades conhecidas para encontrar novas soluções quando necessário. *Atualmente, isso representa uma tremenda alavancagem para qualquer pessoa numa empresa.*

Portanto, se a tecnologia aumentou radicalmente a faixa de freqüência de uma possível transferência de informações — mais formas de se conectar, mais canais condutores para o fluxo de conhecimentos e mais oportunidades para ficar sobrecarregado —, o que aconteceria se ela fosse usada ativamente para aprimorar a qualidade dessa informação?

Watts Wacker e Jim Taylor, autores de *The 500-Year Delta*, fazem a seguinte observação:

> Arno Penzias, ganhador do prêmio Nobel de física de 1978, foi quem primeiro teorizou que a computação havia se juntado à comunicação para formar uma conexão e que, na verdade, no final tudo seria conectado. A computação, em suma, nunca foi um processamento de dados. Esse era o meio; a conexão era o fim, o que explica por que os maníacos por dados e os pioneiros da cibernética nunca herdarão a Terra. Tampouco a comunicação consistia numa revolução sobre as máquinas e os serviços que elas geravam. Apare-

> lhos de fax, *modems*, TVs interativas e provedores de Internet eram, todos, meios; a conexão era o fim. A computação e a comunicação não apenas se cruzaram, elas se fundiram. E, quando isso aconteceu, nasceu a conexão. A conexão, porém, também não representa o fim. Ela constitui o estado de existência, nada mais. O verdadeiro fim é o que ocorre quando as coisas estão conectadas, o que ocorre quando a própria conexão se funde com a informação.[11]

A essas palavras acrescentamos: a conexão é excelente quando os sinais são claros e o conteúdo tem valor permanente. Mas qual a quantidade de ruído presente na conexão, o ruído de incoerência da parte de quem está enviando ou de quem está recebendo? Qual é o valor permanente da mensagem que está sendo enviada? Como melhorar a qualidade interior das *pessoas* que estão operando a tecnologia?

Torrey Byles é um economista que atua junto a empresas e escreve sobre eletrônica e comércio digital. Byles ressalta que o objetivo dos computadores, assim como de quaisquer outros instrumentos, consiste, acima de tudo, em aumentar a produtividade do ser humano. Por exemplo, o departamento de atendimento ao consumidor usa computadores para ter acesso rápido aos dados de um consumidor que faz uma chamada telefônica. Os funcionários do departamento lidam de forma muito mais eficaz com problemas específicos, pedidos e outras informações pertinentes relacionadas ao consumidor do que se não contassem com os arquivos que o computador fornece. O resultado, pelo menos é o que todos esperamos, se reflete num consumidor leal à empresa e satisfeito com a relação entre eles. Mas e a atitude interior do funcionário? O consumidor se sente compreendido ou respeitado durante a conversa ou habilmente manipulado para que outra chamada possa ser feita? A eficiência tecnológica pode aumentar, mas nunca substituir, o calor do respeito humano e a capacidade de ouvir com sinceridade.

Outro exemplo é o da pesquisadora de um departamento de saúde do governo. Ela usa os computadores para vários propósitos, inclusive realizar buscas em banco de dados de pesquisas ou de outras fontes de informação, desenvolver simulações e modelos de processos naturais e conduzir análises estatísticas de experiências em laboratório. Em ambos os casos, os computadores fazem uma enorme diferença, permitindo que os trabalhadores alcancem os resultados desejados. Sem o uso deles, de duas uma: ou seria necessário um número maior de funcionários para conseguir os mesmos resultados, ou estes jamais poderiam ser alcançados no mesmo período de tempo e pelo mesmo custo para a empresa. Infelizmente, os sistemas de computadores podem ser mal projetados e mal implementados nos locais de trabalho, anulando o trabalho humano produtivo. Nesses casos, os computadores apenas frustram, oprimem ou, por outro lado, bloqueiam o fluxo eficiente de trabalho.

Byles vai além e afirma que o coração — e o equilíbrio emocional — desempenha um papel fundamental para nos ajudar a tirar o maior proveito dos sistemas de informação.

> Se aqueles que projetam e desenvolvem os computadores tiverem equilíbrio emocional, os usuários finais contarão com sistemas de computação eficientes. No caso dos usuários finais que operam os computadores no trabalho diário, as emoções equilibradas permitirão que eles usem os sistemas da forma como devem ser usados e evitem se sentir frustrados e dominados por eles. Em outras palavras, combinando o equilíbrio emocional das pessoas com o poder da tecnologia da informação, as empresas conseguirão excelentes desempenhos.[12]

Seja Coerente

NÃO SUBSTITUA O CALOR HUMANO PELA TECNOLOGIA

É fácil enviar um *e-mail* cheio de comentários que você jamais faria pessoalmente. É muito cômodo também deixar mensagens na secretária eletrônica nas horas mais inusitadas, para evitar o contato direto e uma conversa franca. Lembre-se de que você gosta que as pessoas se comuniquem com você de forma um tanto calorosa e sem rodeios, e não usando meias palavras, símbolos e abreviações. Não se esqueça do coração.

O Coração e o Capital Humano

Até que ponto os computadores realmente aumentaram a produtividade do ser humano? Atualmente essa pergunta tem sido objeto de debates constantes entre economistas e líderes do meio empresarial. Durante um almoço com clientes em que se lamentava a avalanche de *e-mails*, o executivo de uma empresa de tecnologia de ponta perguntou se achávamos sinceramente que a tecnologia oferecia benefícios suficientes a ponto de superar sua capacidade visível de produzir *stress*. Numa era em que a consciência de massa parece presumir que quanto mais tecnologia melhor, muitos dizem que não existem provas bem fundamentadas de que os computadores tenham aumentado a produção dos trabalhadores. Outros dizem que, como os computadores mudaram completamente a natureza da produtividade (em termos de qualidade do produto, velocidade de produção, exigências de aptidão dos trabalhadores e outros fatores), é quase impossível avaliar com precisão seu impacto. Ainda assim, a maioria dos economistas e de outros representantes da comunidade financeira concorda que os computadores e a informática são características de uma nova compreensão do crescimento econômico: o capital intelectual e o conhecimento da economia.

De acordo com essa nova compreensão, o conteúdo do intelecto das pessoas (imaginação, conhecimento, idéias criativas, aptidões, avaliações, concepções, capacidade de fazer pedidos e promessas, expectativas futuras etc.) constitui a fonte de toda riqueza. Os produtos materiais não passam de subprodutos do intelecto. Os objetos materiais, palpáveis, só existem porque as pessoas os conceberam, trabalharam para tê-los e usaram métodos práticos específicos para isso. O impalpável, o intelectual precede o palpável e material — e tem um valor intrínseco. (Obviamente, do nosso ponto de vista, o intelecto representa apenas um aspecto da inteligência humana e empresarial. Mas é muito bom saber que algo tão impalpável como o intelecto está realmente sendo medido nas empresas.)

Leif Edvinsson, primeiro vice-presidente mundial de capital intelectual da Skandia, na Suécia, e Michael S. Malone, notável escritor da área de negócios, resumem bem esse ponto em seu livro *Intelectual Capital*:

> Todas as capacidades individuais, o conhecimento, a aptidão e a experiência dos funcionários e administradores de uma empresa estão incluídos no termo capital humano. Mas têm de representar mais do que a simples soma dessas medidas. É preciso também capturar as dinâmicas de uma empresa inteligente num ambiente competitivo e em constante transformação. Por exemplo: os funcionários e os administradores estão sempre aprimorando suas habilidades e acrescentando outras? Essas novas aptidões e competências estão sendo reconhecidas pela empresa e incorporadas em suas operações? Essas novas aptidões, bem como as experiências dos veteranos, estão sendo partilhadas com toda a empresa? Ou, por outro lado, ela está recorrendo a aptidões antigas e cada vez mais obsoletas, ignorando (e até punindo) novas competências adquiridas pelos funcionários, e obstruindo o conhecimento como uma forma de monopolizar o poder e a influência dentro da organização?[13]

Já que estamos começando a enxergar a importância — e o valor mensurável — do intelecto, o que isso nos diz sobre os lados emocional e intuitivo do ser humano? O que aconteceria se pudéssemos orquestrar coerentemente um equilíbrio de todos os fatores humanos, cambiantes e dinâmicos como são? Os frutos dos poderes do intelecto são condicionados pelo estado emocional da pessoa. Um cientista zangado ou deprimido é um cientista com baixo capital intelectual. Um encanador alegre e entusiasmado tem um tremendo capital intelectual (criatividade, conhecimento, aptidões etc.), capaz de contribuir para tornar o hábitat humano maravilhoso. Ao mesmo tempo que algumas empresas descobriram o "capital intelectual", estamos descobrindo o "capital humano". O bom capital humano — em outras palavras, equilíbrio intelectual e emocional — constitui um pré-requisito para que uma pessoa possa ter acesso ao seu capital intelectual.

Byles ressalta outro ponto importante. Os seres humanos inventaram inúmeros instrumentos incríveis ao longo do milênio. (Os antropólogos dizem que a fabricação de instrumentos é um traço humano fundamental.) As espécies avançaram a um ponto atualmente em que reconhecemos que nossos instrumentos não são apenas físicos, mas também não-físicos. Estamos trabalhando agora sistematicamente para criar e explorar os instrumentos não-físicos — em programas de *software*, educação e treinamento e conhecimentos arquivados em vários meios eletrônicos.

A era da informação com seus instrumentos (ou seja, os computadores) representa o despertar de uma era em que uma prática comum e disseminada na sociedade humana consiste em usar os instrumentos impalpáveis no trabalho. Os computadores de certa forma representam uma ponte: fazendo a ligação da parte física com a parte não-física. Eles ligam o mundo físico ao mundo intelectual, o mundo das idéias ao do intelecto.[14] A prática de trabalhar as emoções representa outro instrumento intangível. Embora a tecnologia da informação seja vista como o instrumento do intelecto, este constitui um instrumento muito mais poderoso quando estimulado por emoções trabalhadas. A inteligência do coração é um sistema operante.

O Instituto HeartMath criou um instrumento capaz de medir os aspectos fundamentais do capital humano e apontar com precisão onde o *stress* está inibindo seu total aproveitamento. A Avaliação de Qualidade Individual e Empresarial (Personal and Organizational Quality Assessment — POQA) mede 19 aspectos isolados, rastreando indicadores de saúde e desempenho profissional. Os aspectos medidos pelo POQA nas empresas são apoio social, clareza mental e de objetivos, satisfação no emprego, produtividade e capacidade de comunicação. Os aspectos pessoais medidos são efeitos negativos globais (humor), tristeza, depressão, raiva, angústia, fadiga, efeitos positivos (humor), tranqüilidade e vitalidade. Os sintomas de *stress* medidos são insônia, ansiedade, dores no corpo, indigestão e aumento dos batimentos cardíacos. Atitudes com relação ao trabalho, gerenciamento e intenção de deixar o emprego são apenas algumas das questões exploradas pertinentes à empresa.

O POQA é usado para comparar a saúde e o capital humano de uma empresa com um banco de dados de empresas de âmbito interna-

Seja Coerente

COMPARTILHE O SEU CONHECIMENTO

A busca frenética por informações está verdadeiramente estimulando conhecimento e sabedoria? O coração, a mente e o "hard drive" das pessoas mais inteligentes e brilhantes estão repletos de conhecimento, mas estamos sobrecarregados demais para compartilhá-lo? Como podemos estimular, louvar e recompensar a troca aberta de informações sobre o que aprendemos sem aumentar o nosso fardo, mas sim aliviando a carga?

cional e medir as mudanças resultantes da aplicação da tecnologia GQI. (Os dados dos estudos de caso mencionados no Apêndice foram produzidos pelo POQA, com exceção dos dados biomédicos, que foram produzidos por meio de um acompanhamento médico padrão.) À medida que essas informações são repassadas aos participantes e à administração, é possível instituir medidas para reduzir o ruído, gerando um capital humano mais valioso e soluções para os negócios.

A Troca de Informações Coerentes

Obviamente, a troca de informações coerentes constitui a chave para o sucesso no futuro — e uma maneira excelente de reduzir o *stress*. À medida que a tecnologia expande a faixa de freqüência da comunicação, as pessoas precisam supervisionar a qualidade. A gestão de qualidade interna ajuda a fazer que elas aprendam a aprimorar suas qualidades interiores — a melhorar sua comunicação interior — e, em seguida, a levá-la para a sua equipe (ou família), seu departamento (ou círculo social) e sua empresa (ou comunidade).

Descobrimos que é fácil pregar essa troca de informações, mas é difícil colocá-la em prática quando as empresas operam em velocidades crescentes. Para que as pessoas possam parar tempo suficiente para lembrar a importância de trocar informações (quando elas têm "um milhão de outras coisas para fazer"), precisam de técnicas específicas para retroceder. A capacidade de recuar e reconhecer a frustração, a irritação, a raiva ou a ansiedade é o primeiro passo importante capaz de levar a uma solução eficaz no uso da energia e de transformar o caos em coerência.

Informações Vivas

O fato de sair do redemoinho por um minuto para congelar a imagem pode ampliar instantaneamente a faixa de freqüência da inteligência disponível: mais informações nas quais basear decisões e mais atenção em relação a si mesmo e à situação com a qual se está lidando. Em termos do processo de comunicação propriamente dito, isso cria o que chamamos de *informação com valor agregado*, com potencial para um impacto muito maior e aplicações muito mais abrangentes. Quando a preocupação genuína está centrada no desejo de partilhar, a qualidade de todas as atividades subseqüentes se desloca para outro domínio de poder e eficiência.

Outro fator a ser considerado nesse processo é que uma coisa é reconhecer a importância de uma comunicação e outra é procurar se assegurar de que a pessoa que a recebe esteja em perfeita sintonia e livre de distorções. A maioria das empresas reconhece perfeitamente a importância do primeiro aspecto, mas ignora por completo o segundo. A verdadeira troca de informações exige uma compreensão das sutilezas e nuances da transferência da informações entre as *pessoas*. Dessa forma, passa a ser uma transferência de *informações vivas*.

Quando seres humanos estão envolvidos, precisamos nos lembrar de que estamos lidando com sistemas não-lineares que *sentem* e *pensam*. O ser humano, física e psicologicamente, constitui um exemplo vivo da teoria do caos em ação. A capacidade de compreender fornece o campo ressonante que permite uma transferência de informações direta e constante. Em termos simples, quando você se lembra de ser compassivo e atencioso na sua comunicação, fica muito mais fácil receber a sua mensagem. Essa é uma habilidade que requer prática e reforço público positivo de seus méritos. Por exemplo, *parando para refletir com profundidade sobre as opções de respostas* a um *e-mail* que você está prestes a enviar, você economiza *stress* e aumenta a produtividade. Refletir sobre o meio mais apropriado de comunicação — mesmo em modos múltiplos — garante um nível de receptividade mais alto e a sustentabilidade da mensagem. A alegação "Mas eu lhe enviei um *e-mail* sobre isso!" não justifica uma comunicação deficiente.

Seja Coerente

NUMA ÉPOCA DE "TEMPO DA INTERNET", MOVA-SE NA VELOCIDADE DO EQUILÍBRIO

A economia da Internet causou uma enorme aceleração no ritmo dos negócios. Sem equilíbrio, essa conexão em alta velocidade pode levar a decisões precipitadas e sobrecarregar os empregados. Tente alcançar o equilíbrio em suas discussões estratégicas. Fique atento aos mercados em rápida transformação e à situação mundial, mas aja com maturidade, demonstre preocupação com as pessoas e harmonize qualquer tendência de reatividade ou impulsividade emocional.

Uma Visão Criativa

A tecnologia da informação atualmente é muito primitiva comparada com a que poderá existir no futuro. Daqui a vinte anos olharemos para os computadores atuais, para os dispositivos de comunicação sem fio e para a Internet, entre outras coisas, e pensaremos que esses instrumentos eram muito simples, alguns talvez até mesmo mal concebidos. Byles acredita que "as tecnologias de informação serão planejadas em torno de princípios de emoções trabalhadas e de outras características humanas centrais".[15] Não há outra alternativa. O que fazer neste ínterim?

Os exemplos práticos a seguir constituem maneiras menos estressantes de lidar com a sobrecarga de informações. Tire um momento para congelar a imagem *antes* de ler e responder a um *e-mail*. Pergunte a si mesmo qual é a prioridade da informação e se essa é a maneira mais eficaz de respondê-la. Fique "neutro" para manter as reações em xeque enquanto acrescenta cuidadosamente outras informações menos importantes. Permanecendo emocionalmente neutro, o *stress* não se acumula de forma sutil por trás de pensamentos tendenciosos, preocupações ou frustrações. Seja estratégico com relação a quando e como responder. Lembre-se de que, se estiver operando num modo reativo, não responderá com inteligência ou cuidado.

Na HeartMath LLC, implementamos um método simples que nos poupou um tempo considerável na tarefa de ler e estabelecer prioridades para os *e-mails*. Como algumas mensagens requeriam apenas uma simples frase, como "Esteja aqui às 15 horas para a reunião" ou "Precisamos do relatório até as 16h30", estabelecemos uma regra segundo a qual qualquer mensagem que pudesse ser resumida em poucas palavras começaria com um símbolo *. Esse símbolo na linha do assunto leva ao conhecimento do leitor que a mensagem inteira está contida nela, portanto, não há necessidade de abrir o *e-mail*, pois não há nada mais para ser lido. Por exemplo, nosso gerente nos envia um lembrete como este: *o itinerário está na sua caixa de correspondência!

Simplesmente lemos esse assunto na lista de *e-mails* e, em seguida, deletamos. Você ficaria admirado de ver o quanto esse simples processo é econômico, principalmente se for levado em conta o número de empregados, de horas gastas com *e-mails* e de dias de trabalho. Embora isso não resolva todo o problema do uso exagerado de correspondência eletrônica em muitas organizações, estimula uma atitude eficaz, uma comunicação concisa e sensível às necessidades e à carga de trabalho de quem recebe.

Tivemos notícia de pelo menos uma megaempresa que deu permissão para que os empregados assoberbados de trabalho não respondessem a *e-mails* por 24 a 48 horas, com o intuito de estimular um maior equilíbrio diante do excesso de correspondência eletrônica. A política alcançou resultados ambivalentes, pois a cultura, no fundo, continua a recompensar o trabalho extra, e não é fácil mudar os hábitos dos empregados. Os esforços devem se concentrar na mudança de atitude.

Seja Coerente

FIQUE CONECTADO,
NÃO ESCRAVIZADO

A fascinação pela tecnologia e a pressão para expandir de forma incessante a base de conhecimentos cria um dilema: ficar continuamente conectado numa tentativa desesperada de se manter informado ou aprender a usar a tecnologia como um instrumento, e não como uma droga? A informática pode agravar a incoerência pessoal.
Use a sua intuição para saber quando se desconectar. Procure um equilíbrio. Deixe que o poder que a tecnologia tem de criar sistemas eficientes seja a diretriz.
Aprenda a navegar intuitivamente.

As empresas também precisam *discutir* o modo como a comunicação está sendo feita, em que aspectos as pessoas estão se sentindo sobrecarregadas e em que áreas estão sentindo falta de informações, para que a mente e o coração, juntos, possam planejar formas eficazes de comunicação para todos os envolvidos. Sua inteligência intuitiva aumentará à medida que você sair da rotina e refletir sobre uma reação mais eficaz. Um dos nossos bens mais preciosos é o tempo, e lucraríamos muito mais se respeitássemos o nosso tempo e o dos outros.

A secretária eletrônica representa outra forma ubíqua de comunicação que está mudando radicalmente a natureza da nossa comunicação. (Qual foi a última vez que você telefonou para uma grande empresa e ouviu um sinal de ocupado? Ouvi recentemente e, por um momento, não sabia o que fazer. Responder às inúmeras mensagens das secretárias eletrônicas e ao seu tom freqüentemente tenso ou irado constitui uma fonte significativa de angústia e medo, que literalmente mina a coerência em todas as empresas. O que aconteceria se o seu sistema de computador pudesse monitorar a incoerência gerada durante e depois de uma mensagem de secretária eletrônica e conseguisse detectar a decisão ruim tomada, as conseqüências para a saúde e a perda de produtividade? Provavelmente você ficaria chocado com os dados. Separar um momento para congelar a imagem e encontrar uma "neutralidade" antes e durante a mensagem da secretária eletrônica pode manter o seu sistema mais equilibrado, bem como ajudá-lo a enxergar o que está por trás da raiva ou do tom impaciente da mensagem e responder com base nesse nível de profundidade. Essa atitude vai se refletir em níveis cada vez maiores de incoerência, tanto na esfera pessoal como na profissional.

A tecnologia pode ser um veículo para uma experiência positiva que ultrapassa o estímulo intelectual de várias outras maneiras. Protetores de tela poderiam lembrá-lo de valorizar elementos importantes da sua vida. Imagens digitalizadas no monitor do computador poderiam ajudá-lo a recordar um sentimento de paz e rejuvenescimento.

Seja Coerente

FIQUE CONECTADO.

ESTANQUE O VAZAMENTO

Quaisquer assuntos pendentes — acontecimentos ou preocupações que continuam a gastar energia desnecessária — minam a energia tanto no nível individual como no empresarial. Quando você impede esse processo, economiza energia e ajuda a restaurar o seu equilíbrio cardiovascular e hormonal. Use a técnica de Imagem Congelada para identificar as áreas que estão minando as suas energias.

Você pode aprender a usar essa técnica de alto desempenho para impedir os vazamentos antes que eles se transformem em inundações.

Embora algumas empresas torçam o nariz para o uso personalizado dos computadores, a redução crescente da produtividade e o aumento do mal-estar, no final, revelarão que os computadores e os sistemas de informação precisam se transformar em veículos que reforcem condutas positivas capazes de estimular o clima da empresa.

Um dos instrumentos de acompanhamento mais populares que bolamos foi um simples grupo de discussão na Internet, usado por antigos participantes dos programas GQI. Toda semana milhares de pessoas em todo o mundo recebem uma mensagem de um ou dois parágrafos sobre a aplicação de uma das técnicas que aprenderam. Ouvimos amiúde que essas simples mensagens de *e-mail* são lidas e absorvidas rapidamente, pois os leitores têm certeza de que se trata de uma mensagem atenciosa, útil e positiva. (Talvez a única que eles recebem durante a semana!) Não é preciso fazer mais nada, nem responder, nem preencher relatórios. Apenas uma breve pausa para lembrá-las de que é importante recuperar a coerência, superar hábitos mecânicos e colocar a mente e o coração em sincronia. Ajudamos várias empresas a criar grupos de discussão semelhantes com o propósito de manter os temas sobre coerência empresarial vivos em meio ao barulho ensurdecedor do trabalho.

E se os computadores e os outros dispositivos de informação no futuro conseguissem monitorar o seu estado físico ou emocional e lembrá-lo de como mudar a sua percepção? E se eles pudessem mostrar na tela a sua freqüência cardíaca sem sincronia e, então, ao apertar um botão, você pudesse normalizá-la e renovar todo o seu organismo por algumas horas? (Essa técnica foi desenvolvida pela nossa equipe depois que a primeira edição deste livro foi publicada.) E se o *drive* do seu CD-ROM tocasse música clássica regularmente para estimular sua produtividade, clareza de pensamento e novas conquistas criativas? E se os engenheiros de *hardware* e *software* no futuro explorassem continuamente maneiras de colocar esses instrumentos a serviço do nosso crescimento pessoal, e não apenas como veículos para obter mais informações?

Segundo as palavras do primeiro-ministro de Cingapura, Goh Chok Tong: "Deveríamos nos esforçar para desenvolver habilidades, resiliência e *heartware* para o futuro".[16] O uso e a integração eficaz de técnicas de autogerenciamento interior e comunicação coerente fundamentam o clima empresarial dinâmico que será apresentado a seguir.

DINÂMICA 3

Como Estimular um Clima Saudável na Empresa

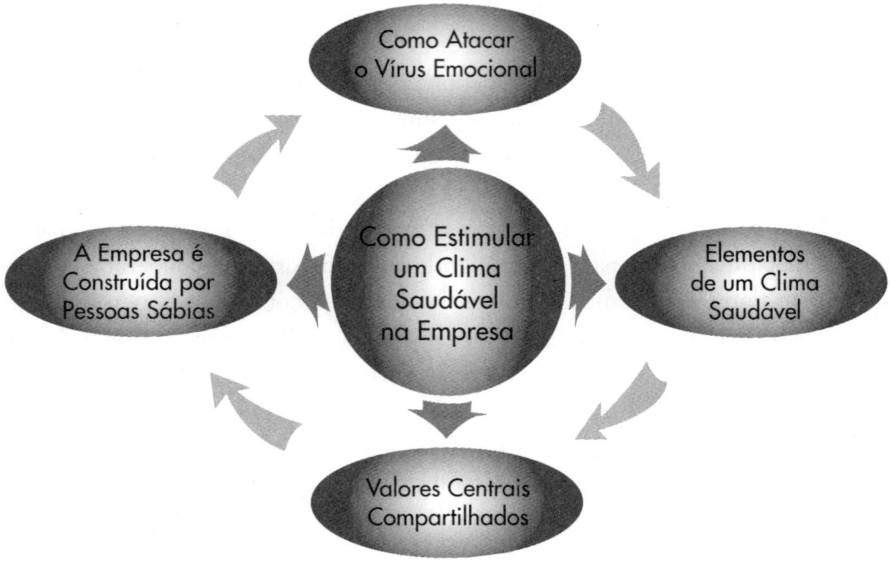

1. Um *vírus emocional* está atacando muitas empresas atualmente, em conseqüência de práticas de administração bitoladas e emoções mal trabalhadas. Pode-se deduzir, portanto, que *o aprendizado nas empresas floresce quando seu "sistema imunológico" está forte e vibrante*.

2. Sabe-se agora que um clima saudável na empresa estimula a produtividade. Alguns dos elementos que contribuem para esse clima saudável são: *uma administração capaz de oferecer apoio*, *contribuição*, *expressão das próprias idéias e sentimentos*, *reconhecimento*, *clareza e desafio*.

3. Valores centrais compartilhados, como *capacidade de adaptação*, *flexibilidade*, *cuidado e aprovação*, sustentam um clima saudável.

4. Compreender a diferença entre *conhecimento e sabedoria* é essencial para a liderança da empresa. O próximo desafio será desenvolver pessoas sábias para criar empresas sábias.

capítulo 9

Há um Vírus à Solta, e Ele Pegou o Bob

Você foi avisado, um vírus está se espalhando pela sua empresa, mas ele não vem por intermédio do sistema de *e-mails*. Ele se espalha de pessoa para pessoa, de departamento para departamento, atravessando cubículos, fusos horários e diferentes culturas. Graças a Deus existe um antídoto.

Da perspectiva de um sistema, a empresa assemelha-se bastante a um organismo — uma entidade viva que respira. Para permanecer saudável, ela requer uma grande variedade de nutrientes e recursos. Os fatores estressantes externos ou o desequilíbrio interno podem levá-la a adoecer e, a menos que aprenda a se curar, ela acabará morrendo.

Hoje em dia, quando uma empresa reconhece que algo não vai bem, as soluções são cortar custos, aplicar reengenharia, aprimorar os produtos ou melhorar o atendimento ao consumidor. Mesmo que essas iniciativas bem-intencionadas sejam necessárias, elas não bastam, pois se concentram nos *sintomas*, e não na *causa*. Em muitas empresas, essa clássica abordagem "Band-Aid" na verdade gera mais frustração, raiva e ansiedade, enquanto a empresa, ou organismo, fica cada vez mais doente. Quando as pessoas ficam esgota-

O QUE ACONTECEU COM BOB

Um "vírus emocional" está atacando muitas empresas atualmente. Esse vírus é conseqüência de emoções mal trabalhadas e de práticas bitoladas de administração. Pode-se deduzir, portanto, que o aprendizado nas empresas floresce quando ela tem um "sistema imunológico" forte e vibrante.

das emocionalmente, a energia criativa necessária para desenvolver inovações é exaurida. Conseqüentemente, passam a despender energia extra sem nenhum resultado que gera ainda mais tensão e acelera a espiral descendente. Rispidez, desconfiança, antagonismo e tendência a colocar a culpa nos outros constituem apenas algumas das reações emocionais que se instalam no local de trabalho. O dedurismo se transforma no esporte predileto e, caso não seja contido, minará toda a fonte criativa da empresa.

O índice "State of Reengineering Report" da CSC (Computer Sciences Corporation) de 1994 revelou que as estatísticas relacionadas abaixo estão desestabilizando o clima de muitas empresas.

- 50% das empresas estudadas relataram que a parte mais difícil da reengenharia é lidar com o medo e a ansiedade.
- 73% disseram que estavam usando a reengenharia para eliminar, em média, 21% do número de empregos.
- Das 99 iniciativas de reengenharia realizadas, 67% produziram resultados medíocres, pouco expressivos ou não apresentaram resultado algum.

Reflita sobre a seguinte analogia. Bob, um executivo, faz seus exames anuais de saúde. Aparentemente não há nada de errado com ele, apenas um *check-up* de rotina. É claro que ele tem se sentido um pouco cansado ultimamente, mas quem não estaria, com tantas viagens internacionais, pressão 24 horas por dia e tendo de fazer tudo sozinho? O médico olha os resultados dos exames de laboratório, verifica os sinais vitais e depois analisa tudo de novo. Sua fisionomia fica séria. Bob espera o pior. "Sua pressão arterial está no limite do segundo estágio de hipertensão, o nível de colesterol está altíssimo, e você está apresentando os primeiros sinais de arritmia. Vou recomendar exercícios, alimentação sem gordura e um ponto final no *stress*!" Para Bob, a vida acaba de virar de cabeça para baixo. A descoberta estarrecedora do médico exige uma completa reformulação do seu estilo de vida. A opinião de outro médico não irá baixar sua pressão arterial nem o nível de colesterol. E como é que ele vai evitar o *stress*?!? O problema de Bob não é apenas físico. Nos últimos 12 meses, ele vem se debatendo com uma fusão malfeita. As duas culturas claramente não se entrosaram, e os antagonismos entre as facções chegaram ao extremo. Ele passou a ser alvo da hostilidade dos funcionários e acha que isso não é justo.

Compare essa situação com a de uma empresa que está indo bem, conquistando mercado e sentindo-se imbatível. Sua nova tecnologia é a coqueluche de Wall Street, e a revista *Fortune* está preparando uma reportagem de capa sobre ela. Alguns sistemas parecem estar um pouco tensos, mas isso é encarado apenas como dor inerente ao crescimento. Entretanto, o lançamento atrasado de uma série de produtos e a saída de dois ou três executivos deixam todos nervosos. Não demora para que os analistas do mercado de ações comecem a se preocupar com o fato de as ações estarem supervalorizadas. Além disso, a empresa não consegue suprir a demanda por seus produtos e, por esse motivo, a administração contrata uma equipe de consultoria que declara que a empresa precisa passar por um processo de reengenharia. Mas a situação rapidamente fica crítica. Depois de dois trimestres consecutivos de perdas, o conselho de administração interfere e decide fazer um corte de funcionários. Agora, todos se sentem como se tivessem sido acometidos por uma forte gripe, mas não existe remédio para essa doença.

Numa época de caos no meio empresarial, estamos testemunhando um novo fenômeno, o *vírus emocional*. Ele ataca as empresas de uma hora para a outra, aparentemente sem manifestar sintomas, até que, quando percebem, o organismo já está bastante doente e exige uma cirurgia radical. A origem da doença é emocional. O vírus cresce e prolifera no desequilíbrio emocional, na insensibilidade e na reação exagerada da empresa. Trata-se da antítese da coerência na esfera empresarial. Quanto maior a incoerência, mais nutrientes o vírus tem para se alimentar.

Seja Coerente

ELIMINE O VÍRUS EMOCIONAL

A falta generalizada de autogerenciamento emocional dentro de uma empresa pode impedir o aumento da produtividade e inibir um crescimento sustentado a longo prazo. Uma empresa com clima doentio permeado por atitudes tendenciosas, raiva, acusações, queixas constantes, preocupação exagerada e uma mentalidade do tipo "nós contra eles" prejudica a sua capacidade de inovar e de permanecer jovial. Num ambiente altamente competitivo e em rápida transformação, o malogro em não abordar essas questões culturais acabará levando a empresa ao fracasso. Obtenha os recursos necessários para identificar o "vírus emocional" em sua empresa. Implemente uma estratégia para criar um novo nível de coerência emocional com a finalidade de garantir o sucesso a longo prazo.

Que Vírus é Esse?

Doc cunhou o termo *vírus emocional* pela primeira vez quando estava prestando serviços de consultoria para o presidente de uma empresa que havia freqüentado um programa GQI na Califórnia. Esse executivo estava preocupado com as fofocas entre as várias equipes de gerentes, que estavam afetando visivelmente o estado de ânimo e a produtividade de um importante departamento. O vírus emocional foi descrito como o resultado das emoções mal trabalhadas numa empresa. Assim como acontece com outros tipos de vírus, o vírus emocional é altamente contagioso. As pessoas se julgam no direito de reclamar, resmungar e zombar — do desequilíbrio do colega, do patrão estressado que ignora as mensagens das secretárias eletrônicas ou os *e-mails*, do departamento que simplesmente não consegue acompanhar o ritmo — sem se darem conta de que foram infectados pelo vírus emocional.

Cada queixa e cada julgamento inconsciente tem o mesmo efeito de tossir no rosto do colega de trabalho, espalhando, assim, os germes das emoções negativas e criando um ambiente cáustico e de insatisfação generalizada. Uma vez detectado o surto do vírus emocional, o local de trabalho deve ficar de quarentena até que chegue o remédio certo, mas não é assim que uma empresa funciona — ainda.

Considerando seu crescimento a longo prazo, as empresas que investem tempo e dinheiro para eliminar o vírus emocional terão um grande retorno do seu investimento. Ignorá-lo e apegar-se à crença de que "as coisas são assim mesmo" representa uma jogada perigosa no tabuleiro de xadrez dos negócios futuros. As pessoas estão mudando, e o trabalhador de amanhã terá uma série de padrões diferentes para avaliar o nível de satisfação no trabalho. Isso já está ocorrendo. A força trabalhadora já está clamando por condições de trabalho mais harmoniosas. O salário, embora ainda seja importante, não é mais a prioridade. Muitos trabalhadores estão abrindo mão de todas as vantagens que seu cargo proporciona e mudando para um emprego mais de acordo com seus valores interiores, mesmo que o salário seja menor. Entre esses valores figuram: um ambiente em que as pessoas não se apunhalam pelas costas, uma empresa que permite um diálogo mais aberto entre a administração e os empregados, que faz que os funcionários se sintam ligados a ela e tenham orgulho dos seus produtos. O vírus emocional corrói essas qualidades, e muita gente está procurando um lugar para trabalhar onde não tenha de ouvir maledicências no bebedouro de água e na lanchonete. Não é que as pessoas não consigam suportar isso. Milhões o fazem todos os dias. Mas os tempos estão mudando. Como Doc disse ao presidente da empresa: "Para o bem dos negócios, em nome de uma maior produtividade, de uma menor rotatividade de funcionários e de uma redução nos gastos com saúde, acredito que teremos de combater o vírus emocional".

O vírus emocional não está atacando apenas o local de trabalho. Muitos empregados contaminam a própria casa e a comunidade em que vivem. Sem os instrumentos para um autogerenciamento eficaz, as pessoas ficam esgotadas emocionalmente em conseqüência das pressões crescentes da sociedade, da família e do trabalho. Elas são incapazes de recuperar a energia perdida, e todos os que estão à sua volta logo ficam afetados, ou infectados. Assim como qualquer vírus, ele vai se espalhar rapidamente se o sistema imunológico da empresa já estiver debilitado. A única maneira que conheço de acabar com o vírus emocional ou impedir que ele fique fora de controle consiste em ensinar as pessoas que compõem uma empresa a lidar com seus pensamentos e emoções. É preciso que haja uma mudança de perspectiva no nível individual. Normalmente é importante começar de cima, com a alta administração, mas pode ser que comece com uma equipe de funcionários de nível intermediário e seja extremamente eficaz. Assim como o vírus emocional se espalha de pessoa para pessoa, o mesmo acontece com o antídoto. À medida que as pessoas começam a operar mudanças em si mesmas, principalmente as que mais se destacam e as mais influentes, outras logo seguem o exemplo ou então se mudam para outro ambiente mais compatível com suas atitudes. Comece estimulando uma atmosfera de aprovação. Não deixe que os julgamentos passem despercebidos. Esforce-se mais em sua comunicação e use a inteligência do coração para tomar decisões, importantes ou não, principalmente quando elas afetarem terceiros. Há muito mais, mas, se você aplicar essas sugestões de maneira consistente e sincera, pelo menos não se deixará contaminar e estará contribuindo para ajudar seus colegas e sua empresa.

Como administrador, é importantíssimo que você faça uso apropriado do julgamento e da hierarquia operacional. Entretanto, uma equipe permeada de atitudes negativas, críticas e acusações constantes é uma equipe com coerência limitada e poucas chances de obter sucesso. Comece fazendo um esforço conjunto para eliminar a culpa atribuída às pessoas que estão sob o seu gerenciamento. Em seguida, estimule ou até mesmo insista que parem de julgar e de se acusar. Quando presenciar essas atitudes numa reunião, no refeitório ou nos corredores, chame a atenção para esse detalhe. Criar uma cultura de apoio, dar um retorno equilibrado quando necessário e colocar um ponto final nas acusações é de suma importância para a coerência da equipe.

Precisamos Pôr a Culpa em Alguém

Executivos como Bob freqüentemente são acusados de terem transmitido o vírus que se abateu sobre a empresa. E, na verdade, muitas vezes eles constituem a principal fonte de incoerência. Pense na saída amplamente divulgada pela mídia de três diretores executivos da Apple num período de cinco anos, uma empresa que já teve fama de ter uma visão inovadora e de se preocupar com as pessoas. Ou, então, na cegueira dos fabricantes de automóveis norte-americanos com relação à doença de suas empresas enquanto os japoneses se impunham e dominavam o mercado. Várias revistas do setor empresarial publicaram artigos arrasando executivos antes consagrados, contribuindo para que sua queda se tornasse pública. Nenhuma empresa está imune ao vírus emocional nem à devastação que ele provoca. Ainda assim, os analistas raramente param para refletir sobre a coerência emocional da empresa, pois é muito fácil jogar a culpa nos atrasos da entrega dos produtos, nas decisões equivocadas ou em outros fatores externos que são apenas sintomas de uma causa mais profunda.

Seria tentador encarar o vírus emocional como um fenômeno isolado. "Isso não acontecerá aqui." Reflita novamente sobre algumas das estatísticas mundiais mencionadas anteriormente. O colapso repentino de várias economias asiáticas em 1997 forçou uma revisão completa do potencial de influência dos negócios dessa parte do mundo sobre o comércio mundial. Que papel as emoções mal trabalhadas — cobiça, competição desleal e coisas do gênero — desempenharam naquele episódio?

Da mesma forma, será que uma grande fração dos gastos com problemas de saúde associados ao *stress* e à produtividade nas empresas na Europa e nos Estados Unidos atualmente não é conseqüência, ao menos em parte, das emoções mal trabalhadas e das estruturas que criam um ambiente fértil para a propagação incessante do vírus emocional? Acreditamos que a situação vai piorar à medida

Seja Coerente

DEMONSTRE

APROVAÇÃO SINCERA

Uma aprovação sincera, não apenas um gesto apressado ou artificial, representa um forte motivador. O simples reconhecimento do trabalho bem-feito ou do empenho pessoal estimula e traz ótimos dividendos. Administrar implica dar retorno, encorajar e, em alguns casos, fazer reprimendas. Eis aqui uma dica: tente dar tanto demonstrações de aprovação sincera quanto críticas às pessoas que estão sob o seu gerenciamento. Além de agradar os empregados, essa atitude vai contribuir para desenvolver rapidamente a coerência na equipe.

que a globalização criar as condições perfeitas para a mutação de novas cepas de vírus emocional. Assim como populações que viveram isoladas durante séculos foram dizimadas por doenças levadas pelos seus conquistadores, poucas empresas desenvolveram a resistência emocional exigida para lidar com mudanças e incertezas de dimensões sem precedentes. Numa era de conexão, ninguém mais está isolado.

Como Fortalecer o Sistema Imunológico da Empresa

Pesquisas recentes na área de fisiologia humana revelaram aspectos importantíssimos da saúde do sistema imunológico, com paralelos notáveis no comportamento das empresas. No corpo humano, sentimentos como raiva, frustração e irritação enfraquecem o sistema imunológico e minam a vitalidade, deixando-o mais suscetível a gripes, resfriados e doenças mais graves. Uma pesquisa recente realizada pelo Instituto HeartMath,[1] publicada no *Journal for Advancement of Medicine*, mostra que até mesmo a lembrança de cinco minutos de uma experiência de raiva pode suprimir um componente importante do sistema imunológico por um período de até seis horas. Essa pesquisa demonstra que o contrário também é verdadeiro: atitudes como aprovação, carinho, cuidado e compaixão estimulam consideravelmente o sistema imunológico e fornecem maior resistência a doenças (Ver Figura 9-1). Com esses sentimentos positivos atuando no seu sistema, mesmo que você fique doente, conseguirá se restabelecer mais rapidamente e recuperar a energia perdida. Quanto mais equilibrado o sistema, maior a capacidade de ter lampejos intuitivos — uma intuição que pode ajudar a identificar os problemas antes que eles sejam graves.

ACUSAÇÃO Nº 2

Seja Coerente

A acusação é definitivamente uma estratégia em que ambas as partes saem perdendo. Seu impacto psicológico sobre o organismo e o efeito que ela exerce naqueles que foram acusados deveriam ser motivo suficiente para acabar com essa prática.
Como as pessoas consolidaram inconscientemente, ao longo de vários anos, o circuito neural que muitas vezes apóia atitudes tendenciosas e acusativas, pode levar algum tempo para ajustar esses padrões. Reconheça que está culpando a administração, o sistema, o cliente ou o cônjuge e fique neutro para buscar uma perspectiva mais equilibrada. Embora a acusação pareça ser justificada, lembre-se de que, na verdade, ela mina a sua energia e inibe a criatividade.

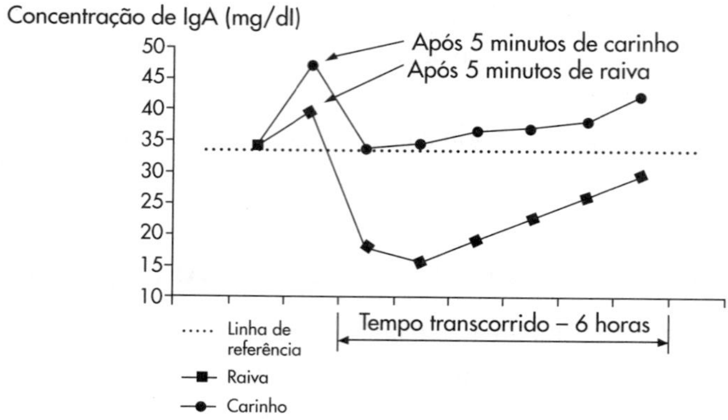

Figura 9-1 As emoções podem afetar a primeira linha de defesa do organismo contra as bactérias, vírus ou agentes patogênicos. Nesse estudo, descobriu-se que o IgA (Imunoglobulina A secretora), um anticorpo importantíssimo do sistema imunológico, era suprimido por quase seis horas depois de cinco minutos de recordação de um sentimento de raiva. Em contrapartida, cinco minutos de sentimento sincero de carinho levavam a um aumento considerável de IgA por um breve período e a um aumento gradual ao longo de um período de seis horas. *© Copyright 1998, Centro de Pesquisa do Instituto HeartMath.*

As empresas se comportam de modo bastante semelhante. O ambiente de trabalho caracterizado por *stress* excessivo, disputas e ansiedade gera insegurança e falta de produtividade, além de inibir a criatividade. As pessoas não querem trabalhar num ambiente rígido e inflexível. As atitudes negativas contribuem para aumentar a pressão que já existe nas empresas. Esse é o último lugar onde a maioria das pessoas procura respostas. A primeira coisa que muitas vão fazer é encontrar alguém ou alguma coisa para levar a culpa, reforçando a rigidez da estrutura. Bob é um alvo fácil.

As atitudes que estimulam o sistema imunológico de uma pessoa são as mesmas que criam um local de trabalho harmonioso, produtivo e criativo. Num local onde as pessoas são valorizadas, apreciadas e cuidadas, elas produzem mais, são mais leais e têm níveis mais altos de criatividade (Ver Figura 9-2). Atitudes como aprovação, carinho, cuidado e compaixão não são apenas doces, mas constituem também remédios eficazes para combater o vírus.

Como Identificar o Vírus Emocional

O desafio de identificar e eliminar o vírus emocional também está ligado à percepção. Assim como os peixes que crescem no rio Hudson, pressupondo que a água poluída é a "verdadeira" água, muitos dos sintomas do vírus emocional são tão predominantes que parece não haver alternativa, ou então são invisíveis, de tão mal adaptados que estamos aos seus efeitos. Os sintomas mais comuns são:

- Mau humor
- Queixas constantes
- Derrotismo
- Ressentimento
- A mentalidade do tipo "nós contra eles"
- Desconfiança
- Falhas freqüentes de comunicação
- Fadiga constante ou ritmo alucinante de trabalho
- Ansiedade, medo, intolerância, resignação, antagonismo, desespero

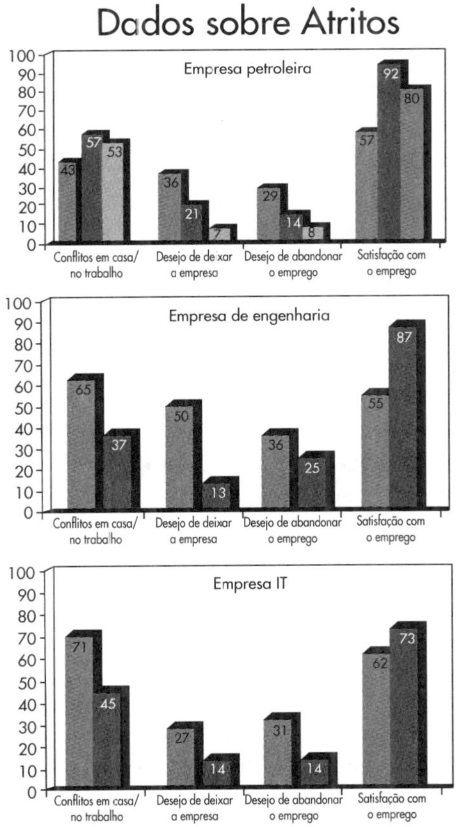

FIGURA 9-2 Melhora com relação aos atritos. Resumo da evolução das atitudes dos empregados em três empresas que usam o GQI. Os dados refletem as respostas às perguntas sobre conflitos em casa e no trabalho, desejo de deixar a empresa, de abandonar o emprego e o nível de satisfação com o emprego. Os dados foram coletados ao longo de seis meses, mostrando melhora significativa em todas as avaliações. As três barras representam os dados coletados no início, depois de seis semanas e depois de seis meses, para cada categoria. *© Copyright 1998, Centro de Pesquisa do Instituto HeartMath.*

Todos esses sintomas podem ser vistos, ouvidos e sentidos nos refeitórios, em volta da máquina de café e da copiadora, nas salas de *e-mail*, nas salas da diretoria e em volta da mesa de jantar. A detecção imediata e a prevenção são as melhores apólices de seguro.

O Clima

Como está o clima no seu local de trabalho? Dinâmico, energizado, um verdadeiro ímã capaz de atrair pessoas talentosas? Frenético, agitado, deixando as pessoas esgotadas? Desanimado, desestimulante, ratos abandonando um navio que está indo a pique? A maioria de nós compreende intuitivamente que o clima no local de trabalho exerce um impacto no modo como as pessoas se sentem e no seu desempenho. Ao usar o termo *clima*, referimo-nos à atmosfera coletiva de um local de trabalho: as atitudes, percepções e dinâmicas que influenciam o desempenho das pessoas diariamente. O clima, assim como a temperatura, não é estático e imutável. Não obstante, assim como em qualquer outro lugar, determinados padrões climáticos são peculiares a cada empresa. Mais importante, ao contrário do que ocorre em relação à temperatura, todos nós somos responsáveis pelo clima criado na empresa.

Durante quase um século os pesquisadores estudaram as causas dos acidentes de trabalho, uma grande fonte de despesa para qualquer empresa e um dos primeiros sinais de incoerência. A princípio, acreditava-se que certos empregados tinham mais "tendência a sofrer acidentes" do que outros, mas os estudos não conseguiram dar respaldo a essa alegação como um traço definitivo da personalidade. As pesquisas, então, passaram a estudar os traços de personalidade que diferenciavam os trabalhadores que se machucavam daqueles que conseguiam evitar acidentes. Analisar a psicologia da segurança passou a ser essencial quando organizações como a OSHA (Administração de Segurança e Saúde Ocupacional) e o órgão responsável pela segurança nos Estados Unidos (National Safety Board) apuraram que 90% de todos os acidentes eram causados por atitudes negligentes e apenas 10% decorriam de falta de segurança no trabalho.[2]

Hoje em dia, a grande maioria das pessoas não trabalha em setores de fabricação, e as preocupações com a segurança do local de trabalho giram mais em torno de questões como ergonomia, carga de trabalho e processos mentais e emocionais, em oposição ao trabalho pesado feito pelos nossos antepassados. Ainda assim, o número de pedidos de indenização por acidente de trabalho está subindo assustadoramente em outros setores da economia. Por esse motivo, as questões ligadas à saúde, à segurança e aos fatores ambientais estão se tornando cada vez mais importantes, sobretudo em indústrias de tecnologia, petróleo e aviação, onde o descaso com relação a esses problemas pode ter conseqüências catastróficas.

Segundo o dr. Phil Smith, psicólogo que atua na área empresarial no Reino Unido e em Hong Kong, uma revisão de 61 estudos sobre a estafa no trabalho conclui que:

> das três facetas da estafa — *exaustão emocional, despersonalização* e *menor índice de realização pessoal* —, a exaustão emocional parece ser a mais sensível aos fatores que influenciam de forma negativa o clima no local de trabalho, e indica a parcela de responsabilidade da empresa. Um ponto interessante a observar é que os fatores de tensão decorrentes do cargo ocupado, da carga de trabalho e dos conflitos inerentes à função causam um impacto desproporcional à exaustão emocional muito maior do que o alívio oferecido por recursos como apoio social, melhorias no trabalho e sistema de recompensa. Isso quer dizer que as tentativas de compensar os efeitos estressantes do ambiente de trabalho com o emprego de recursos adicionais podem não dar resultado.[3]

O dr. Smith acrescenta ainda que "embora um bom clima emocional, por si só, não seja suficiente para garantir o sucesso, um clima ruim certamente impede que ele seja alcançado".

Os Estudos de Brown e Leigh

Por trás do modelo de gestão de qualidade interior está a compreensão de que, para ter êxito em qualquer aspecto da vida — carreira, casamento, relacionamentos, lazer —, temos de ativar as percepções mais inteligentes sobre nós mesmos, o ambiente à nossa volta e aqueles com quem nos relacionamos. A maioria de nós concordaria com esse princípio. Entretanto, faltam pesquisas que mostrem uma ligação direta entre a percepção que se tem do clima no local de trabalho e o desempenho pessoal. Um estudo revolucionário conduzido por Steven P. Brown e Thomas V. Leigh, publicado em 1996 no *Journal of Applied Psychology*, procurou investigar a relação entre o clima no local de trabalho e o nível de envolvimento, esforço e desempenho do funcionário.[4] Um aspecto inovador do estudo está no fato de que os pesquisadores escolheram 178 funcionários do setor de vendas de três empresas diferentes como objeto de estudo. As vendas foram monitoradas e comparadas com os números previstos, fornecendo um contexto básico para o resultado do estudo.

Com base em numerosas pesquisas anteriores, Brown, professor da Cox School of Business da Southern Methodist University, e Leigh, professor do Terry College of Business da University of Georgia, conceberam seu estudo com a finalidade de analisar seis dimensões do clima psicológico no local de trabalho (Ver Figura 9-3):[5]

- *Administração que dá respaldo aos funcionários*. De modo que eles se sintam apoiados por seu superior imediato.
- *Clareza*. O grau de clareza sobre o que se espera de uma pessoa.
- *Contribuição*. Sensação de que sua contribuição é valiosa para a empresa.
- *Reconhecimento*. Sensação de ser reconhecido e valorizado.
- *Expressão das próprias idéias e sentimentos*. Sensação de liberdade para questionar a maneira como as coisas são feitas.
- *Desafio*. Sensação de que o trabalho é desafiador.

Cada um desses tópicos foi considerado um indicador do quanto o empregado/vendedor achava que o ambiente da empresa era significativo e psicologicamente seguro, e até que ponto a satisfação com o emprego está ligada aos resultados obtidos pela empresa.

Dos 178 vendedores, um grupo representava um fabricante de embalagens de papel e os outros representavam empresas que trabalhavam com artigos de escritório. Todos eles foram pesquisados nos seis aspectos abaixo com relação às atitudes dos seus gerentes e ao clima no local de trabalho. Os vendedores, por sua vez, foram avaliados por seus gerentes em três aspectos: alcance dos objetivos de venda, extensão do conhecimento técnico e desempenho administrativo.

Os resultados do estudo foram expressivos e confirmaram as previsões dos pesquisadores. *Um clima significativo e psicologicamente seguro influi de forma positiva na produtividade*. Isso acontece quando:

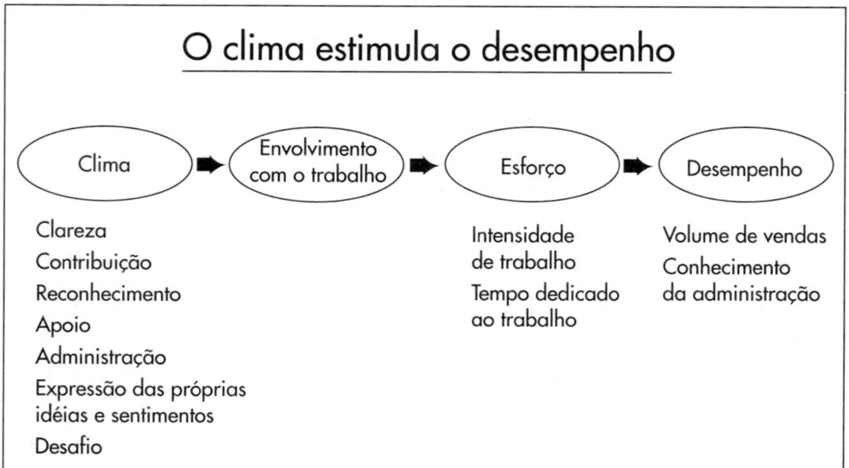

Figura 9-3 Estudo de Brown e Leigh sobre o clima nas empresas. Fonte: Reproduzido com autorização de Steven P. Brown e Thomas V. Leigh, "A New Look at Psychological Climate and Its Relationship to Job Involvement, Effort and Performance", *Journal of Applied Psychology* 81, nº 4 (1996), pp. 358-68.

- A administração oferece apoio aos funcionários.
- As funções são bem definidas.
- Os empregados se sentem livres para dar sua opinião e ser eles mesmos.
- Os empregados sentem que estão dando uma importante contribuição.
- Os empregados são devidamente reconhecidos pela sua contribuição.
- Os empregados consideram seu trabalho desafiador.

Dessa forma, eles ficam mais envolvidos no trabalho e se esforçam mais.[5] Isso gera um aumento mensurável no volume de vendas, melhor desempenho administrativo e maior conhecimento do produto. (Mais tarde descreveremos como avaliar e abordar de forma produtiva essas discussões sobre o clima.)

O Que Acontece Quando o Clima é Ignorado

As conseqüências para a saúde quando o clima no local de trabalho é ignorado foram objeto de extensa pesquisa realizada com funcionários públicos britânicos. O estudo revelou que os empregados que têm pouco controle sobre o ambiente do seu local de trabalho correm um risco consideravelmente maior de ter problemas cardíacos do que os que têm autoridade para influenciar as condições de trabalho. "Nossa pesquisa revela que os problemas de saúde no local de trabalho até certo ponto decorrem de problemas de administração", diz Michael G. Marmot, diretor do International Centre for Health and Society da University College, Londres, e principal autor do relatório.[7] "A forma como o trabalho é organizado parece exercer uma grande influência" na ligação entre o *status* sócio-econômico e o risco de infarto, acrescenta. O estudo, que analisou durante mais de cinco anos quase 7.400 servidores públicos, homens e mulheres, em Londres, descobriu que aqueles que ocupavam cargos mais baixos e tinham pouco controle sobre suas responsabilidades corriam um risco superior a 50% de desenvolver sintomas de doença coronariana do que aqueles que ocupavam cargos mais altos. Desde 1992, o governo do Reino Unido vem responsabilizando as empresas pelo *stress* dos seus funcionários. Inúmeras ações judiciais movidas por empregados contra os patrões que criavam ambientes estressantes foram ganhas. Até o momento não existe uma legislação semelhante nos Estados Unidos. Numa cultura extremamente litigiosa como a norte-americana, pode-se imaginar o caos econômico e social que ações dessa natureza gerariam. Questões de responsabilidade à parte, as empresas em todo o mundo precisam lidar diariamente com as conseqüências dos climas prejudiciais.

Como Avaliar a Coerência: Pesquisa Sobre Coerência nas Empresas

Com base num número considerável de pesquisas realizadas nos últimos cem anos, o instituto desenvolveu um instrumento de estudo capaz de avaliar criteriosamente o sentimento dos empregados com relação ao clima da sua empresa. A Pesquisa sobre Coerência nas Empresas[8] criada em conjunto pelo Edgecumbe Consulting Group Ltd. (RU) e pelo Instituto HeartMath fornece à administração informações específicas sobre o clima nas empresas e sugestões de como melhorá-lo. O presidente do Edgecumbe, dr. David Pendleton, psicólogo que atua no meio empresarial e ajudou a elaborar a pesquisa, afirma:

> Existem provas crescentes de que o desempenho das empresas coerentes é melhor do que o das empresas mal alinhadas. Elas conquistam o mercado e incentivam seus empregados a darem o melhor de si. Acreditamos que seja esse o motivo de o seu desempenho superar o das concorrentes. Essas empresas certamente levam uma vantagem clara, pois são mais bem coordenadas. No setor público, normalmente oferecem aos consumidores serviços de qualidade superior.[9]

O objetivo da pesquisa é permitir uma avaliação do nível de coerência de uma empresa. Pendleton vê a coerência como:

> Estado no qual as características consideradas importantes para as partes interessadas são desempenhadas segundo um alto padrão na empresa. É a harmonia entre as expectativas e a realidade que vai além do mero "alinhamento", palavra da moda das décadas de 80 e 90. Empresas alinhadas podem implementar regularmente normas que prejudicam os funcionários. As empresas coerentes estão alinhadas em torno das normas que incentivam as pessoas a dar o melhor de si.[10]

As empresas normalmente não são incoerentes de propósito. Em geral elas não passam a ser incoerentes por sabotagem ou porque seus líderes agem por maldade. Elas são desestabilizadas por fatores sutis que não são levados em consideração ou passam facilmente despercebidos na velocidade alucinante do mundo dos negócios. O objetivo da pesquisa consiste em agir como um mecanismo de detecção prévio e em avaliar as medidas que devem ser tomadas. Um aspecto singular do modelo da pesquisa é o fato de as perguntas serem feitas de duas formas: "Como você se sente a respeito do problema?" *e* "Até que ponto é importante para você se sentir bem em relação a ele?" A diferença entre importância e sentimentos atuais mostra a discrepância entre as expectativas e a realidade e entre as fontes de ruído e a incoerência na empresa. *O vírus emocional vive e prolifera na discrepância entre as expectativas e a realidade percebida.*

O Conteúdo

A pesquisa analisa como os pesquisados se sentem de maneira geral e procura determinar até que ponto eles gostam do trabalho que fazem, sentem-se motivados, estressados/não-estressados, valorizados, orgulhosos de fazer parte da empresa e comprometidos com ela. Pergunta também como se sentem no final de um dia normal de trabalho. Esses resultados refletem suas respostas às perguntas sobre a forma como são tratados no emprego e como se sentem a respeito da sua experiência nessa empresa.

Os seis tópicos explorados na Pesquisa de Coerência nas Empresas são os seguintes (Ver Figura 9-4):

1. *Defesa dos interesses da empresa.* Até que ponto cada grupo-chave de empregados cuida dos interesses dos clientes, dos funcionários e dos acionistas.
2. *Sensação de bem-estar no trabalho.* Como as pessoas se sentem no local de trabalho.
3. *Relacionamentos no trabalho.* Como elas se sentem com relação aos seus relacionamentos com pessoas e grupos importantes da empresa.
4. *Tratamento recebido.* O estilo de administração que estimula o melhor desempenho dos empregados pesquisados e seus esforços a longo prazo.

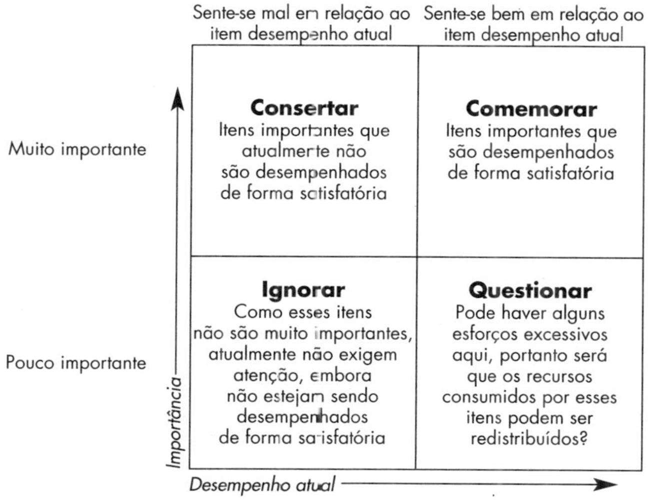

Figura 9-4 Pesquisa de coerência nas empresas. Todos os itens dentro de cada um dos tópicos foram planejados em formato de gráfico de dispersão, produzindo informações sobre prioridade e importância. Dependendo de onde esse item se encontra no gráfico, ele pode ser caracterizado como *consertar*, *comemorar*, *ignorar* ou *questionar*.

5. *Administração*. Como as pessoas se sentem em relação ao equilíbrio entre o seu empenho e as recompensas que recebem.
6. *Clima no local de trabalho*. Como as pessoas se sentem trabalhando para seu gerente em especial (esse tópico analisa as seis dimensões exploradas no estudo de Brown e Leigh.)

Uma vez esclarecida a visão que a empresa tem de si mesma e as práticas e condutas de seus administradores, é possível estabelecer prioridades claras e desenvolver planos de ação. Muitas empresas fazem pesquisas anuais ou semestrais para verificar o nível de satisfação dos funcionários. Como a maioria delas pergunta apenas como o funcionário se *sente*, deixando de lado o aspecto da *importância*, as informações são muito menos centradas e significativas.

Um dos nossos clientes é uma empresa em franca expansão dentro de uma organização de saúde. O crescimento rápido exigiu novos sistemas e processos que eram desnecessários quando a empresa tinha um porte pequeno. Exigiu também inúmeras contratações, de forma que a cultura de inovação e comportamento amistoso característica da costa oeste do país começou a ruir. A tensão na empresa estava começando a se manifestar no declínio do nível de satisfação dos funcionários. Em 1995, uma pessoa de fora foi nomeada vice-presidente de *marketing*, enquanto o vice-presidente que estava no cargo, uma figura popular na empresa, assumiu um papel mais importante. O novo vice-presidente foi recebido com desconfiança, e os níveis de satisfação despencaram. Na esperança de reverter o declínio da empresa e descobrir

COMO CRIAR O CLIMA DE UMA EMPRESA NOVATA

Os atrativos de uma empresa iniciante não são apenas as opções de ações e a riqueza gerada pela abertura de capital — são o clima de desafio, de divertimento e de risco, a sensação de fazer parte de algo novo e, sobretudo, a se sentir que se pode realmente fazer a diferença. As grandes empresas de tecnologia que sempre atraíram talentos — como a Microsoft, a Sony ou a Cisco — estão descobrindo que o crescimento as tornou grandes, com todos os problemas inerentes.

Os administradores imaginativos estão percebendo que precisam criar um ambiente novo para atrair ou reter pessoas talentosas. Isso requer autonomia, prestação de contas e muito mais do que um pouco de ousadia. Como a sua empresa ou divisão poderia ter a coragem e a energia de uma empresa novata, com a maturidade e a sabedoria que você batalhou tanto para adquirir?

o vírus emocional, o vice-presidente nos pediu para fazer uma Pesquisa de Coerência Empresarial para detectar com precisão as áreas de incoerência e atuação do vírus. Vários paralelos com a pesquisa de satisfação de seus próprios funcionários foram encontrados, permitindo discussões e soluções direcionadas. Seis meses depois, os níveis de satisfação haviam dobrado ou triplicado, muito embora o departamento tenha passado por um período de turbulência considerável. Neste ínterim, a empresa viu sua receita aumentar, atingindo níveis recordes, e sua participação no mercado crescer, enquanto a prioridade máxima na comercialização e no atendimento ao consumidor passou a ser o "clima empresarial".

A pesquisa não foi administrada isoladamente. Os membros dos setores de *marketing* e de atendimento ao consumidor foram treinados para usar as técnicas GQI; essas técnicas foram integradas nas análises de desempenho durante as reuniões com os funcionários, e uma série de treinamento foi iniciada com os gerentes. O objetivo da Pesquisa de Coerência nas Empresas consiste na obtenção de um retorno contínuo. Depois de uma pesquisa inicial de toda a empresa ou divisão, são testadas amostras — digamos, a cada três meses — para que as informações sejam atualizadas e o *feedback* dos funcionários possa ser rápido.

Pressupõe-se, também, que os funcionários recebam instrumentos para administrar suas percepções e reações emocionais, de modo que se transformem em criadores ativos de um clima mais saudável, e não sejam apenas vítimas dos caprichos da administração. Analisar a incoerência empresarial — ao mesmo tempo que os funcionários são munidos de técnicas práticas para administrar e estimular seus processos emocionais e intelectuais — representa uma excelente abordagem paralela para a recuperação da vitalidade da empresa.

Mas o esforço para criar um clima saudável não deve basear-se apenas em informações e percepções vindas de dentro. Os clientes, os principais sócios e os melhores vendedores também se relacionam com a sua empresa. Eles estão sendo os primeiros a sentir os efeitos do vírus, ou, quem sabe, estão encantados de fazer negócios com uma organização tão saudável e resiliente. Você sabe como eles classificariam a sua empresa, ou quais são as suas sugestões para criar mais coerência? Conversas — profundas e constantes — com cada um desses grupos podem ser uma brisa fresca numa atmosfera escura ou deteriorada. Às vezes, o retorno pode ser como um raio e um trovão. Mas a eletricidade poderia ser exatamente a energia necessária para despertar a cidade sonolenta.

A propósito, Bob manda lembranças. Ele está numa praia em Mauí, analisando suas opções.

capítulo **10**

Valores Centrais: A Base da Sustentabilidade

Com a extinção do mito da segurança no emprego, o ritmo acelerado das mudanças e a ambigüidade e a complexidade crescentes do mundo em que vivemos, as pessoas que dependem de estruturas externas para conseguir continuidade e sustentabilidade correm um sério risco de sentir o chão ceder sob seus pés. A única fonte de estabilidade verdadeiramente confiável se resume a uma forte essência interior e à disposição de mudar e adaptar tudo, exceto essa essência.

— JAMES C. COLLINS E JERRY PORRAS[1]

Inabalável na essência — fiel aos próprios sentimentos — esse é o pré-requisito para aumentar a capacidade de recuperação e a flexibilidade mental, emocional e física. O modelo de coerência afirma que a coerência no coração de um sistema, tanto na esfera pessoal como na empresarial, forma a base para rápidas mudanças em eficiência, crescimento e motivação. Nossa pesquisa sobre eficiência, desempenho e satisfação humana chegou à seguinte conclusão, que constitui o terceiro princípio da Dinâmica 3:

> Valores centrais compartilhados, como capacidade de se adaptar, flexibilidade, cuidado e apreço, estão por trás das culturas empresariais sustentáveis.

Valores Centrais Como Base

Ao estudar os princípios que regem as empresas de visão e as melhores práticas adotadas por elas, chegamos a uma conclusão em comum. Por trás de toda empresa vitoriosa — e certamente de toda pessoa vitoriosa — encontra-se uma série de valores centrais arraigados, que ela preza muito. Esses valores, mais do que os lucros ou o entusiasmo pela competição, representam uma fonte de energia criativa. Os líderes empresariais precisam cuidar para que seus valores centrais e seus propósitos sejam resguardados à medida que as estratégias dos negócios mudam para se adaptar às exigências exclusivamente de uma determinada época e às condições de mercado.

Na vida pessoal, as coisas não são diferentes. Quando nossos valores centrais estão em harmonia com nossas atitudes no trabalho e em casa, nós nos sentimos realizados. Embora os relacionamentos possam variar dependendo do grau de confiança, de amor e de envolvimento, a essência — o coração — em que baseamos nossos atos, permanece inalterada. A rigor, quanto mais agirmos de forma coerente, mais seremos capazes de nos adaptar de maneira inteligente ao mundo à nossa volta.

Na verdade, os valores centrais são poderosos porque representam a incorporação dos princípios inteligentes para a nossa vida e a nossa empresa. Pode ser que *valores como inteligência* sejam uma nova guinada nesse princípio fundamental, e, no entanto, todos nós podemos ver que os valores que mais prezamos representam um uso bastante inteligente da nossa energia. Inteligente não apenas no aspecto de ser astuto intelectualmente, mas também eficiente no uso da energia. As percepções ficam mais claras, as decisões ficam mais sensatas, e a comunicação, mais atenciosa e fundamentada. Os valores centrais não levam a atitudes piegas ou ao sentimentalismo; são eles que recarregam as baterias da sabedoria. Somos *mais inteligentes* quando estamos em sintonia com os nossos valores centrais. À medida que a coerência interior aumenta e ficamos mais em

Seja Coerente

REFLITA SOBRE

SEUS VALORES CENTRAIS E

PROCURE SENTI-LOS

Esses são os valores que verdadeiramente importam, e não as resoluções de ano-novo. Esses são os valores que o sustentam nos momentos de crise ou diante de tragédias. Comece o dia lembrando-se do que é realmente importante para você — os seus objetivos. Quando você permanece fiel aos seus valores centrais, eles se refletem na sua vida. Ao desenvolvê-los por meio de níveis mais elevados de cuidado consigo mesmo e com o semelhante, você, a qualidade da sua vida e a sua contribuição a ela só têm a ganhar.

sintonia com esses valores centrais do coração, os saltos em percepção, criatividade e adaptabilidade tornam-se possíveis. Essa é a inteligência do coração!

Capacidade de Adaptação

Por que a capacidade de se adaptar seria uma característica essencial? Certamente seria uma exigência do ritmo das mudanças. Segundo a pesquisa conduzida pelos autores de *The Service-Profit* Chain,[2] o que diferenciava claramente as empresas que apresentavam um ótimo desempenho daquelas que apresentavam um desempenho medíocre, todas com culturas rígidas, era a sua capacidade de se *adaptar* a ambientes em transformação, quer no aspecto legal, tecnológico, social ou competitivo. Os autores descobriram que o indicador isolado mais importante da capacidade de adaptação era *a adoção de uma série de valores centrais que ressaltavam a importância de produzir bons resultados para todas as partes interessadas, principalmente os clientes e empregados*, como parte do esforço para gerar lucros aos proprietários. Eles concluíram que:

1. As culturas rígidas não lucram com a mesma regularidade que as culturas adaptáveis.
2. A capacidade de adaptação é o "estado mental da administração", que resulta de uma série de valores centrais que salientam a importância da mudança.
3. As empresas que colocam em prática esses valores centrais de forma determinada e instalam dispositivos para manter a capacidade de adaptação, além de aumentar suas chances de manter altos níveis de desempenho ao longo do tempo, aumentam também suas chances de fazer transições tranqüilas de um dirigente para outro.[3]

A verdadeira adaptabilidade exige ajustes saudáveis a fatores externos, em oposição ao processo de má adaptação discutido anteriormente e à maneira rígida como a maioria das pessoas reage aos agentes estressantes. Consiste na capacidade de avaliar com a mente e com o coração — de analisar e sentir — e, em seguida, mudar a atitude e o modo de agir. O modo como reagimos a crises ou acontecimentos inesperados determina a verdadeira adaptabilidade.

O Papel do Significado

O modo como você reage a cada acontecimento do dia baseia-se em grande parte no *significado* que você atribui a ele. Pense em significado como uma perspectiva emocional. O significado de algo é diretamente proporcional à energia emocional que lhe é destinada. Quando você se sente seguro e confiante, os acontecimentos desagradáveis adquirem uma dimensão muito menor do que quando você está em desequilíbrio emocional. Você vê as coisas em perspectiva. Porém, quando está operando em déficit, o tom, a inflexão de voz ou a mensagem contida numa conversa podem facilmente ser ampliados de acordo com a sua percepção. Assim, seu videocassete interior repassa o "filme" repetidamente enquanto você experimenta uma perturbação emocional. Tudo isso por causa do *significado* que foi atribuído ao acontecimento.

Certas pessoas enxergam as coisas com uma dimensão muito maior do que elas na realidade têm. Estão sempre fazendo tempestade em copo d'água. Partindo de uma perspectiva equilibrada e guiada pelo coração, elas podem enxergar com mais facilidade a quantidade da preciosa energia vital que precisarão despender em cada situação. Se tudo for importante, fica difícil evitar o desgaste e deixar de ser uma vítima das emoções. De modo geral, as pessoas que normalmente se saem bem e conseguem lidar com a pressão são as mais equilibradas por natureza. Elas não exageram o significado das coisas. Isso não as torna melhores ou piores do que as outras, mas é um dom que poupa energia e aumenta a produtividade pessoal. Todos nós podemos aprender a não dar tanta importância às coisas. A prática desse conceito é muito eficaz e, quando aplicada como um instrumento ou técnica, o gasto desnecessário e improdutivo de energia diminui sensivelmente.

A linha que separa a atitude irresponsável ou o hábito de simplesmente colocar as coisas de lado da capacidade de agir com inteligência e não atribuir um significado exagerado aos acontecimentos traiçoeiros da vida é muito tênue. Esse tipo de discernimento é um subproduto da inteligência do coração. Saber quanta energia emocional deve ser destinada a cada coisa representa a inteligência do coração em ação. Algumas coisas são mais importantes do que percebemos à primeira vista, enquanto outras não têm a importância que julgamos. Dar uma dimensão exagerada às coisas é o mesmo que atirar lenha na fogueira: quanto mais lenha se atira, mais intensa ela fica. Use a capacidade de discernimento do coração para decidir que tipo de fogueira você quer fazer.

Para ser capaz de se adaptar, é essencial deixar de dar importância desnecessária às coisas. Além disso, essa atitude poupa uma energia preciosa que pode ser usada quando for realmente imprescindível. A capacidade de adaptação é uma flexão energética dos músculos internos, que exige energia extra. Ela desenvolve reservas no sistema que se manifestam como carinho e atenção mais genuínos. À medida que você aprender a não dar uma dimensão exagerada às coisas que sabe que não lhe trarão nenhum benefício, notará um aumento natural na sua habilidade de se preocupar e cuidar de si mesmo e dos outros.

Quando as pessoas contam com o apoio do ambiente em que vivem, como está implícito no estudo de Brown e Leigh, elas conseguem se adaptar com muito mais facilidade. Entretanto, se o clima na empresa estiver repleto de vírus emocional, *o melhor que você tem a fazer* é se adaptar o máximo que puder, mesmo que essa adaptação implique uma saída inteligente do ambiente prejudicial. (Servir de "capacho" para abuso e incoerência está longe de ser uma atitude de cuidado para consigo mesmo.) Isso vale para o nível individual, de equipe e de toda a empresa, no caso de haver competição desleal, práticas contrárias à ética ou atitudes que se chocam com seus valores centrais. A capacidade de adaptação, especialmente nesse contexto, exige que você se apegue ainda mais aos seus valores centrais e, com base nessa posição de força e sabedoria, determine a reação mais coerente e eficaz no uso da energia.

A verdadeira adaptabilidade depende da capacidade de se adaptar de corpo e alma a todas as minicrises e perturbações, usando a inteligência do coração como um sistema interior de orientação. Pode ser que você só tenha de parar e perguntar a si mesmo: "Qual é a melhor maneira de me adaptar a essa situação, para o bem de todos os envolvidos?" Seu coração, se for consultado, pode lhe oferecer uma sabedoria surpreendente. Quando você aprende primeiro a se adaptar e, depois, a lidar com a coerência interior, consegue descobrir soluções mais coerentes.

Ao aprender a não dar demasiada importância a situações absolutamente irrelevantes, você estará poupando energia para as questões realmente relevantes — os seus valores centrais e os da empresa. Se o excesso de significado é mantido no nível mínimo, a energia utilizada para a adaptação, a flexibilidade e a inovação atinge o seu máximo.

O Cuidado

Um dos instintos humanos básicos é o cuidado. No nosso trabalho, temos visto que ele é fundamental para a eficácia no âmbito pessoal e profissional, quando equilibrado com eficiência:

$$\text{Eficiência} + \text{Cuidado} = \text{Eficácia}$$

Reflita sobre essa equação simples. A pesquisa biomédica mencionada no último capítulo afirma que o sentimento sincero de carinho e cuidado por algo ou alguém estimula o funcionamento do sistema imunológico, como pode ser constatado pelos níveis do anticorpo IgA. Um estudo feito pelo psicólogo formado em Harvard, David McClellan, e por C. Kirshnit em 1988,[4] demonstrou que a indução do sentimento de cuidado pode estimular os níveis de IgA, a primeira linha de defesa do organismo contra invasores patogênicos, como vírus ou bactérias. Podemos concluir que esse é um bom investimento de energia. Além de bem-estar, obtém-se um retorno. O cuidado é rejuvenescedor tanto para quem dá como para quem recebe. Ele age como um lubrificante para os níveis mental, emocional e físico, aumentando a capacidade de adaptação da pessoa.

Apresentamos aqui um dos maiores desafios tanto no âmbito pessoal como no profissional nesta época de transição. Como dizem os poetas e filósofos há séculos, o cuidado constitui sua própria recompensa. Independentemente de a outra pessoa enxergar suas ações como cuidadosas, adaptando o *stress* por meio do coração você poupou quantidades indescritíveis de energia, provavelmente deixou de tomar uma decisão que poderia ter custado caro para a empresa e fez cessar o desgaste emocional e físico do seu próprio organismo.

Como Fazer Reviver o Coração da Empresa

A pesquisa mencionada no último capítulo revelou os benefícios do cuidado para a empresa. Pense em como você e sua empresa poderiam aplicá-lo às seis dimensões do clima.

- Reconhecimento
- Clareza
- Contribuição
- Administração que oferece apoio aos funcionários
- Expressão das próprias opiniões e sentimentos
- Desafio

As perguntas por si só representariam uma atitude cuidadosa, mas fique preparado para respondê-las com sinceridade, ou os esforços irão por água abaixo, sendo encarados com ceticismo como mais um caso de administração que diz que se preocupa com as percepções e anseios dos seus funcionários, mas apenas da boca para fora.

Uma aplicação prática de cuidado no local de trabalho consiste em pedir aos gerentes para fazer que as pessoas avaliem os próprios pontos fortes e fracos em relação a cada uma das seis dimensões do clima e, depois, discutam com eles os aspectos

INCORPORAÇÃO PREJUDICIAL

Você não precisa de mais dados estatísticos para saber que muitas incorporadoras são bem-sucedidas apenas na planilha de custos anterior à fusão. Pergunte a qualquer funcionário de uma incorporadora que tenha visto o orçamento, a autoridade e as redes internas congelarem conforme a fusão era "estabelecida". Na maioria das vezes, a fonte da agitação é um grande choque de valores. Pode ser que, no final, a eficiência prometida nos negócios seja alcançada. Mas a que custo? A integração cultural — a conexão no coração — pode ser o único fator capaz de preservar a vida se o choque de culturas for extremo.

principais, bem como a melhor maneira de abordá-los. Faça a mesma coisa com aqueles que se reportam a você ou, caso não chefie outros, com seus colegas mais próximos. Discuta os resultados no tocante a cada uma das dimensões na próxima reunião com os funcionários. Avaliando os pontos fortes e fracos, você conseguirá identificar as áreas que precisam de atenção e reconhecer aquelas que merecem ser valorizadas e elogiadas. Essa atitude pode levar a um sentimento de entusiasmo e orgulho na medida em que você reconhece os pontos positivos no clima que criou. Um reconhecimento sincero desenvolve uma base sólida para um crescimento futuro.

O Cuidado Sincero

Por trás da aplicação do cuidado no local de trabalho, está a sinceridade. Sem ela, os atos bem-intencionados caem no vazio. É preciso ser sincero para ser respeitado. Quando o cuidado é mecânico ou falso, as pessoas apresentam resistência, prejudicando a capacidade de adaptação. Os colegas de trabalho, a família, os clientes e os superiores conseguem diferenciar entre *cortesia artificial* e *cuidado sincero*. Em outras palavras, é muito mais fácil nos adaptarmos às circunstâncias desagradáveis ou inesperadas quando sentimos que o nosso local de trabalho ou ambiente social é cuidadoso. O cuidado é a cola que conserva os relacionamentos depois que eles deixam de ser novidade. Isso vale tanto para a vida pessoal como para as empresas.

Tom Peters diz:

> As prateleiras das lojas rangem sob o peso de novos produtos, mas poucas delas têm coração. A prestação de serviços também não tem vida. A maioria dos hotéis, por exemplo, passou a última década aperfeiçoando o atendimento aos clientes. Os mecanismos estão melhores. Bravo. Mas o coração, via de regra, está ausente: o sentimento sincero de "bem-vindo ao meu lar" em oposição a "tenho de me lembrar de agir como se isso me importasse".[5]

O Hotel Mandarin Oriental em San Francisco revela-se uma exceção. Desde a sua inauguração, no final da década de 80, esse hotel premiado localizado no coração do distrito financeiro de San Francisco tem oferecido um serviço de primeira aos seus hóspedes. Mesmo assim, como qualquer outra empresa de alto nível, a administração reconheceu que os funcionários estavam tendo de adotar padrões cada vez mais elevados enquanto enfrentavam pressões cada vez maiores à medida que aumentava o *stress* social. Foram instituídas técnicas GQI em todos os escalões para garantir maior equilíbrio de eficiência pessoal e profissional. No Mandarin, acredita-se que o cuidado por si próprio e pelos colegas anda de mãos dadas com um atendimento excepcional para os hóspedes.

Os profissionais da área de saúde, assistentes sociais e psicólogos, entre outros, demonstram maior competência quando oferecem o tipo de apoio que ajuda o paciente a se adaptar à doença, ao ferimento ou ao revés pessoal e se recuperar. No entanto, esses mesmos profissionais precisam aprender a reconhecer quando o cuidado está contribuindo para a sua própria capacidade de se adaptar, bem como a do paciente, e quando a está impedindo. Um estudo realizado com a classe de enfermagem em 1990[6] apurou que não é o cuidado que prejudica, mas sim a sua falta ou excesso. O estudo revelou que "o cuidado permite que enfermeiros e enfermeiras tenham acesso a uma importante fonte de energia e renovação". Entretanto, quando eles ficavam muito envolvidos com o sofrimento dos pacientes, sua preocupação passava a ser prejudicial. Quer seu trabalho seja cuidar de pacientes, atender clientes ou exija mais dedicação em épocas de grande *stress* e pressão, é preciso vigilância e atenção redobradas para manter o cuidado em equilíbrio. Esse é um dos maiores desafios numa época de caos e complexidade. Quando o cuidado exaure e esgota, transforma-se em *superpreocupação*.

Desgaste Provocado pela Superpreocupação

A *superpreocupação* nada mais é do que o cuidado que cruzou a linha que o separava da ansiedade e da preocupação, deixou de ser reconfortante para quem o oferece e para quem o recebe e se transformou num dos maiores fatores de desgaste de energia, tanto no âmbito pessoal como no empresarial. A superpreocupação começa como cuidado, mas, por causa das emoções mal trabalhadas, como expectativas pouco realistas, apego emocional ou apreensão, fica contaminado e tem sua eficiência reduzida. Levada ao extremo, torna-se debilitante para todos os envolvidos, erguendo uma barreira entre as duas partes. Eis aqui alguns exemplos claros:

- O gerente que faz questão de participar de todos os detalhes da sua divisão, gerando *stress* e ineficiência nos funcionários sob o seu comando e criando para si próprio um ambiente de atividade mental obsessiva, distante do poder reconfortante do coração.
- O pai ou a mãe que enche de mimos o filho doente, criando um ambiente não de cuidado, mas de intromissão e opressão.

A superpreocupação é traiçoeira, pois numa sociedade voltada para a realização, a única alternativa parece ser o descaso ou a apatia. A verdade é que a *superpreocupação* é tão desgastante física e emocionalmente que quando se torna crônica leva à *falta de cuidado*. Mas existe uma opção saudável e equilibrada. O desafio consiste em identificar a superpreocupação logo no início e em utilizar a inteligência do coração para adotar uma atitude mais equilibrada. Uma pergunta simples pode ajudar a distinguir o cuidado da sua parente distante, a superpreocupação. "Será que a minha atitude está *causando stress* ou *reduzindo-o?* Caso seja superpreocupação, você terá uma sensação de *stress* no seu sistema; se for cuidado equilibrado, a sensação será de maior paz e contentamento.

Como Identificar a Superpreocupação

A superpreocupação não é definida por um comportamento ou ato específico, mas sim pela atitude que está por trás dele. Ela é sentida freqüentemente como ansiedade e cuidado constantes, que podem diminuir rapidamente em momentos de aprovação, mas continua a consumir energia e a exigir atenção, como numa queda-de-braço. Embora não existam regras exatas para distinguir o cuidado da superpreocupação, aqui estão alguns exemplos. Fazer hora extra para terminar um projeto pode ser uma atitude de verdadeiro cuidado com o trabalho, contanto que no fundo essa atitude não esteja sendo estimulada por preocupação e medo. Você não se sente mais entusiasmado com qualquer projeto quando tem alguma motivação positiva para terminá-lo do que quando teme as possíveis conseqüências caso não consiga terminá-lo a tempo? Mesmo quando a preocupação ou o medo servem de estímulo, você termina o projeto no prazo estipulado, talvez até antes, mas a um custo considerável para a sua saúde e equilíbrio em todos os níveis. Do mesmo modo, pode ser que você deixe de abordar um problema difícil com um funcionário porque está preocupado demais com a reação dele. A atitude cuidadosa seria pedir que o seu coração lhe desse uma perspectiva clara sobre o problema e lhe apontasse a melhor solução, uma solução vantajosa para todos os interessados. Os efeitos dessas condutas estressantes e da superpreocupação não desaparecem como num passe de mágica. Eles permanecem no organismo na forma de menos vitalidade e de memórias emocionais dos acontecimentos, que ficam passando e repassando na mente.

No nosso trabalho junto a empresas na HeartMath, sempre nos perguntamos se o "algo mais" que achamos que deveríamos fazer pelo cliente realmente vai agregar valor ou apenas gerar *stress* para nós mesmos, além de não proporcionar benefício algum para ele. Manter a superpreocupação em xeque constitui uma forma excepcional de poupar energia. Além disso, traz enormes vantagens para os clientes, consumidores e funcionários. Em nossas reuniões com os funcionários, sempre nos perguntamos quais são as áreas de superpreocupação que temos por trás da sobrecarga de trabalho, dos prazos de entrega ou do desempenho em geral e, em seguida, tentamos diminuir a carga ou explorar novas perspectivas diante da realidade das pressões. Quando a superpreocupação é controlada logo no começo, uma grande energia é liberada, energia capaz de levar a novos níveis de eficiência e eficácia que vão se refletir positivamente nos resultados dos negócios.

É muito fácil passar horas a fio assistindo a um filme interior de previsões terríveis para o futuro, todas resultantes de superpreocupação! Mesmo que elas não se concretizem, nós envelhecemos nas horas, dias ou semanas que passamos adotando essa atitude. Não resta dúvida de que esse não é um investimento de energia eficiente. Porém, reiterando, a alternativa para a superpreocupação não é a apatia, mas sim um *cuidado equilibrado*. Cabe a nós, no papel de líderes, administradores ou pais, afastar as ameaças graves à saúde e à segurança da nossa empresa ou dos nossos entes queridos. A superpreocupação pode ser um sinal de que são necessárias uma nova perspectiva e uma nova atitude para lidar com o agente estressante. Entretanto, uma vez detectada, o melhor que temos a fazer é mudar a nossa atitude, neutralizar a reação de *stress* e, depois, seguir em frente com uma postura equilibrada.

Tanto do ponto de vista profissional quanto do pessoal, a superpreocupação bloqueia a eficiência. É um *ruído* que distorce a comunicação clara, quer sejamos o transmissor ou o receptor. Esse ruído limita a nossa capacidade de satisfazer os clientes internos ou externos, ou nos impede de ser tão produtivos como podería-

mos. Devemos nos lembrar de que toda superpreocupação começa como cuidado, mas que as emoções não trabalhadas diluem o cuidado e nos mantêm presos a perspectivas que tendem a perpetuar a superpreocupação. O desafio consiste em restabelecer o equilíbrio. A superpreocupação cria um terreno fértil para mais ações e atitudes desequilibradas. Superpreocupação leva a mais superpreocupação. Quando incontido, esse processo pode levar a reações e atitudes que propiciam a proliferação do vírus emocional.

Você consegue pensar em alguns exemplos de superpreocupação em você mesmo ou em outras pessoas? Faça uma lista de alguns exemplos importantes na sua vida. Em seguida, reconheça os efeitos em você, ou em outra pessoa, no seu nível de energia, na sua eficiência, saúde e assim por diante. Uma das maneiras mais eficazes de neutralizá-la consiste em congelar a imagem. De modo geral, a superpreocupação está apenas "um passo" além do cuidado equilibrado; mas se você não parar para consultar o coração, isso poderá facilmente escapar à sua percepção. Congele a imagem para perguntar a si mesmo como alcançar o equilíbrio novamente e descobrir alternativas inteligentes.

Seja Coerente

O CUIDADO SEM SUPERPREOCUPAÇÃO

É essencial que você aprenda a manter um estado de cuidado equilibrado sem cair na armadilha da apreensão, da ansiedade e do acúmulo de tarefas tanto em relação ao trabalho como aos funcionários que estão sob a sua supervisão. O cuidado é regenerador. A superpreocupação mina a sua energia e compromete a sua eficiência como administrador. Além disso, tem um impacto negativo nas pessoas que estão sob a sua orientação. Faça um esforço para identificar as "superpreocupações". Em seguida, use a técnica de congelar a imagem para eliminá-las e readquirir uma postura equilibrada. Dê um passo de cada vez e avalie o seu sucesso.

Áreas Que Atraem a Superpreocupação

Determinados segmentos de uma empresa mostram-se especialmente vulneráveis à superpreocupação, como os setores de atendimento ao cliente e de vendas. Como eles lidam diretamente com o público, ou com os clientes, os funcionários vivem num mundo precário de lealdade a dois senhores. Na tentativa de cuidar de ambos, muitas vezes eles não sabem que atitude tomar — cuidar dos interesses do cliente ou da empresa? Uma resposta insatisfatória seria que, ao cuidar dos interesses do consumidor, estariam cuidando dos interesses da empresa. De modo geral isso é verdade, mas quando você está diante de um cliente insensato e fora de si, essa perspectiva perde credibilidade e seu aspecto prático. No mundo real as pessoas ficam aborrecidas, as expectativas não são correspondidas, o nível de insegurança é alto e as coisas ditas ou feitas não refletem seus valores centrais profundos. Reconhecer, neutralizar e, depois, vencer a superpreocupação pode trazer soluções equilibradas ou, pelo menos, minimizar o desgaste. Neutralize qualquer reação emocional de uma relação negativa com um cliente antes de tratar com o próximo — os resultados dessa atitude são imediatos.

A superpreocupação inibe a eficiência, pois está escondida sob a roupagem de cuidado e zelo. Mesmo assim, muitas empresas costumam recompensar essa atitude. "Como você ousa deixar o escritório às 17 horas para ficar com a sua família; você não se importa com a empresa?" "Por que não está preocupado com o atraso da produção; você não liga?" "Por que não está ansioso com a apresentação para o cliente; não percebe a importância dessa conta?" Na nossa cultura extremista e movida a estímulos, parece que não há alternativa para a superpreocupação crônica e debilitante, a não ser a total apatia ou o egocentrismo. Entretanto, as pesquisas sobre os efeitos crônicos da ansiedade ou da preocupação com relação à saúde, sem falar no desgaste emocional das empresas por causa do ambiente de nervosismo constante, deveriam deixar claro que a superpreocupação já está custando muito caro.

Se você chefia outras pessoas, seria bom analisar áreas de superpreocupação no seu estilo de gerenciamento. Além de enfraquecer as pessoas, ela tira o magnetismo de que os líderes precisam para inspirar confiança e esperança. A superpreocupação nada mais é do que o cuidado incoerente. Quando as pessoas resistem à mudança, ele se acumula. O cuidado é a adaptação inteligente à mudança. Ele regenera, mas, em excesso, prejudica. Porém, é possível adotar medidas específicas para recuperar o equilíbrio.

Os Cuidados Consigo Mesmo

Uma arma poderosa para reduzir a superpreocupação e facilitar a adaptação na empresa consiste nos *cuidados consigo mesmo*. Em muitos países esses cuidados são considerados quase como um tabu, pois teme-se que qualquer enfoque nesse aspecto leve à obsessão e a atitudes que comprometam o bem-estar coletivo. O enfoque asiático na cultura coletiva dificulta a justificativa da sua importância. Em contrapartida, a cultura norte-americana poderia parecer extremamente indulgente e preocupada consigo mesma. Entretanto, numa sociedade movida a estímulos, os cuidados pessoais *equilibrados* praticamente não existem. Para muitos, esses cuidados não diferem da automedicação, do consumo de álcool ou das férias anuais geralmente tão estressantes — que exigem uma grande preparação e duram tão pouco. A noção de cuidar de si mesmo pode suscitar imagens de exercícios obrigatórios, redução do consumo de alimentos sem qualquer valor nutritivo e com alto teor de colesterol, redução ou eliminação de substâncias como álcool e fumo — em suma, cuidar de si mesmo parece ser sinônimo de *renúncia*. O que estamos sugerindo é algo muito mais básico para as pessoas — o cuidado pessoal equilibrado. As pessoas têm por certo que as crianças precisam de cuidados para crescer e amadurecer, que as plantas precisam de atenção e cuidados para se desenvolver, que os animais de estimação precisam de cuidados para ser os companheiros alegres que desejamos. Com você as coisas são diferentes? Cuidar de si mesmo significa refletir sempre sobre os próprios valores, avaliando onde está faltando coerência e equilíbrio, até que ponto e de que maneira você quer cuidar da própria saúde — em suma, cuidar de todos os aspectos da vida.

O enfoque nos cuidados pessoais tanto no domínio mental como no emocional, e o equilíbrio por meio da ativação da inteligência do coração levam a saltos significativos em eficiência. Uma empresa que valoriza os cuidados pessoais é muito mais coerente do que uma que nega a sua importância. Imagine um carro recusando a oferta de um tanque cheio de gasolina!

Contato com o Coração (Heart Lock-In®)

Uma técnica capaz de aumentar a coerência interior por intermédio dos cuidados pessoais é o "Contato com o Coração". O objetivo dessa técnica é fazer que a pessoa se concentre nas "freqüências" cardíacas de cuidado e apreço. Denomina-se contato porque tenta se concentrar nos domínios do coração, como um piloto de caça que dirige o foco do radar para um alvo, ou ainda um grande atleta que mantém as distrações emocionais e mentais num nível mínimo para que possa realizar o melhor desempenho. A música *Heart Zones*[7] foi composta especialmente para facilitar os contatos com o coração. Essas quatro canções (compostas e executadas por Doc Childre) conduzem a um "exercício cardiovascular" para a mente e as emoções que faz que a pessoa se sinta renovada e energizada. A intenção, de modo geral, é acalmar e reenergizar. Assim como acontece com a Imagem Congelada, você se concentra na área do coração. Caso surjam pensamentos e preocupações, você toma ciência deles e, em seguida, volta a se concentrar no coração. Muitas empresas hoje em dia incorporaram essa técnica simples que dura de 5 a 15 minutos em reuniões ou sessões de planejamento. O fundamento lógico dessa abordagem? Ao aumentar a coerência interior, você aumenta a coerência da equipe.

Ao longo dos últimos 25 anos, exploramos inúmeras técnicas voltadas para a capacidade de adaptação, aumento da inteligência e cuidados pessoais. Descobrimos que a técnica do Contato com o Coração constitui um instrumento extremamente eficaz, que estimula e propicia uma clareza surpreendente. Com sua aplicação regular, os níveis de resistência física, mental e emocional aumentam de forma impressionante. Quanto maior o equilíbrio interior, maior a capacidade de se adaptar às mudanças inesperadas. Essa técnica foi criada com o intuito de ajudar as pessoas a desenvolver um músculo forte para o seu autogerenciamento interior e fazê-las descobrir uma perspectiva neutra ou positiva ao congelar uma imagem. Quando toda a empresa usa essa técnica, sua criatividade e capacidade de adaptação aumentam, e o clima fica muito mais saudável.

Recentemente, tivemos um exemplo dos benefícios de freqüentes Contatos com o Coração em Kuala Lumpur. Enquanto testávamos a apresentação de uma tecnologia no Top Performers Leadership Center, percebemos que o conversor de energia havia quebrado na viagem. Quando encontramos um novo conversor, instalamos todo o equipamento e notamos que saía fumaça de um importante dispositivo e escorria um óleo escuro do interruptor. Nossos anfitriões ficaram bastante preocupados, e voltamos toda a nossa atenção para encontrar a melhor forma de adaptação. Permanecemos calmos, buscamos alternativas para o caso de a unidade ter sido irremediavelmente danificada, sabendo que a assistência técnica mais próxima ficava a cerca de 17.000 quilômetros. Ao manter nosso equilíbrio, nossos anfitriões também mantiveram sua preocupação no nível mínimo. Quando a unidade foi consertada por um homem muito habilidoso chamado Silva, tínhamos conseguido evitar que o *stress* minasse toda a nossa vitalidade. A técnica Contato com o Coração nos ajudou a manter a saúde, a clareza e a concentração.

Nos dois capítulos anteriores, discutimos o papel do clima no desempenho da empresa, a importância dos valores centrais para a sua longevidade e as qualidades essenciais, como capacidade de adaptação, cuidado, cuidados pessoais e aprovação. No pano de fundo dessa discussão estava o quarto princípio da Dinâmica 3:

ENTRE EM CONTATO COM O SEU CORAÇÃO TRÊS VEZES POR SEMANA (OU MAIS)

Os grandes atletas, músicos e líderes sabem como é importante ter equilíbrio mental e emocional. Sabem também que, quando não colocamos o coração no trabalho que fazemos, nosso nível de eficiência e de satisfação pessoal são bastante afetados. A prática regular do Contato com o Coração constitui um instrumento poderoso para aumentar o equilíbrio mental e emocional. Vale a pena entrar em "contato" com os seus sentimentos mais profundos, pois isso o ajuda a ativar a inteligência do seu coração — a intuição.

Para que as empresas possam se sustentar, é essencial que saibam distinguir entre conhecimento e sabedoria. Sua próxima conquista será desenvolver sabedoria por intermédio de pessoas sábias.

Não basta apenas ser inteligente — nem toda a tecnologia do mundo acrescentará algum valor e significado se não melhorarmos nossos valores centrais, a parte mais profunda do nosso coração. A aquisição de conhecimentos não garante uma aplicação prática e útil. Sabedoria implica integração madura de conhecimentos, capacidade de separar o irrelevante do essencial. Autogerenciamento e coerência interior são fundamentais para a emergência da sabedoria tanto no âmbito pessoal como no empresarial. Um clima saudável e capaz de contribuir para a adaptação torna a jornada mais fácil. A sabedoria também vai emergir à medida que a sobrecarga de informações — o vício do conhecimento — permear mais setores da nossa vida. Para alguns, a dor ou a tragédia exercerão pressão. Para outros, os anseios do coração vão suscitar uma mudança de perspectiva, uma insistência em viver na integridade com o coração, em cuidar de si mesmo e dos outros como um pré-requisito para a sobrevivência e a realização no próximo milênio. O mercado, os clientes e todas as partes interessadas vão esperar isso de nós. Eles também anseiam por isso.

DINÂMICA 4

Processos Estratégicos de Renovação

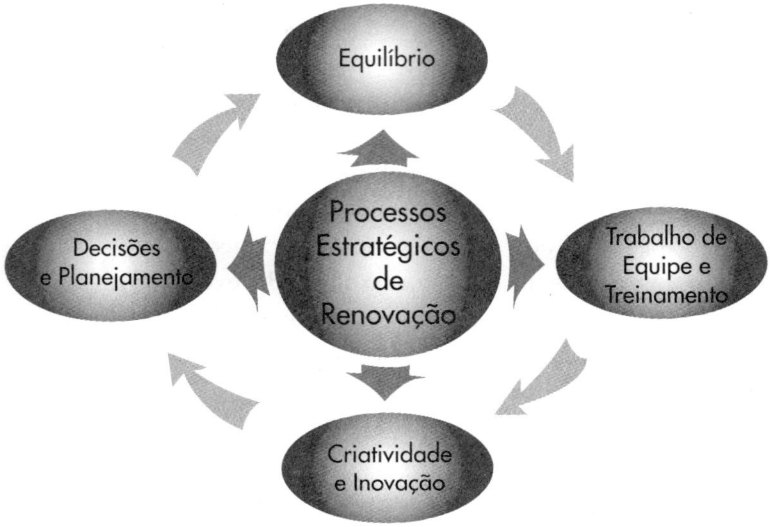

1. O *equilíbrio* é fundamental para as empresas que se renovam.
2. Habilidades importantes de gerenciamento serão vistas como imperativos estratégicos:
   - O desenvolvimento de equipes produtivas pode ser conseguido com base no modelo de sistemas sincronizados.
   - O *treinamento* garante a renovação e o crescimento contínuos da empresa coerente.
3. *Criatividade e inovação* surgem de pessoas e processos coerentes e estão por trás da vantagem competitiva.
4. *Decisões complexas e planejamento* exigem um pensamento amplo e "visão geral".

capítulo 11

Como Transformar o Caos em Coerência

A sala de concertos estava lotada. O maestro, confiante, entrou no palco, bastante à vontade no seu papel, a despeito do estranho traje de safári cáqui que usava. A orquestra, com seus músicos em traje de gala, parecia satisfeita em vê-lo, embora grande parte da platéia, composta por mil diretores executivos[1] acompanhados de seus respectivos cônjuges, estivesse perplexa com a aparente falta de entrosamento entre a orquestra e o regente. O maestro colocou a batuta de lado e convidou os músicos para tocarem o primeiro movimento de uma sinfonia de Beethoven — sem ele. Surpreso, mas profissional, o *spalla* (primeiro-violinista) ergueu o arco do violino e, a um discreto gesto de sua cabeça, a orquestra começou a tocar de forma impecável — sem regência, em sincronia, harmoniosamente. Qualquer nervosismo relacionado com a apresentação da orquestra dissipou-se rapidamente na coerência de seus esforços.

Ao final, o maestro perguntou aos espectadores: "Quantos de vocês confiam o bastante no profissionalismo e na habilidade das pessoas com quem trabalham? Vocês realmente valorizam o talento e a criatividade delas?" Ele não parou por aí.

Em seguida, demonstrou que, com inteligência, poderia suscitar um potencial ainda maior da orquestra. Ensaiou cada seção de instrumentos (um grupo de músicos profissionais reunido apenas para essa apresentação) ao longo da mesma sinfonia, cantarolando passagens em que nuances sutis lhe dariam vida. Estimulou o equilíbrio e a coerência entre as seções, orquestrando uma apresentação inteira com inteligência e paixão. Desceu do palco, colocou um *smoking* e voltou a reger. A orquestra tocou a sinfonia novamente, dessa vez com ainda mais brilho, graça e arrebatamento. Ao final do último acorde, os músicos foram delirantemente ovacionados.

Vários espectadores estavam impressionados com a transformação que haviam acabado de testemunhar. Empreendedores e dinâmicos, os executivos estavam sendo convidados a valorizar mais, a se preocupar mais e a não ser tão racionais. Todos nós havíamos testemunhado uma organização coerente tomar forma diante dos nossos olhos. Os executivos tinham um novo desafio a enfrentar: como aplicar de forma prática aquela metáfora inspiradora que reconhecia as realidades do mundo dos negócios e das empresas.

Empresas eficientes são sistemas que se renovam, descobrindo um fluxo constante de estímulo interna e externamente. Essas empresas estão alertas às mudanças sutis ou profundas que ocorrem dentro e fora do seu ambiente e que podem ser adaptadas de forma inteligente. Numa época de velocidade sem precedentes, esse é um imperativo para o sucesso. Quer você lidere um grande número de pessoas, um pequeno grupo ou apenas a si mesmo, a renovação é uma necessidade estratégica.

Geralmente, o termo *estratégia* é usado para descrever a visão clara e os planos abrangentes destinados à realização de objetivos específicos de uma pessoa ou de uma empresa. O problema atualmente é a obsolescência rápida da maioria dos pensamentos estratégicos. O número excessivo de estratégias baseadas apenas em pensamento analítico ou análises competitivas se opõe aos princípios de inovação e flexibilidade exigidos hoje em dia. Inúmeras empresas atualmente associam a estratégia apenas aos lucros a curto prazo, em detrimento da sua viabilidade. Como uma postura rígida, essa abordagem coloca o planejamento à frente de todas as partes interessadas — clientes, funcionários, vendedores e comunidade. No futuro, a estratégia será vista apenas como um fator — embora essencial — para garantir a viabilidade dos negócios, tendo como base a coerência individual e da empresa. Acreditamos que os *imperativos estratégicos essenciais* para o sucesso no século XXI são: capacidade de adaptação, coerência e inovação em todos os níveis da empresa.

Aqui está o primeiro tema da Dinâmica 4:

O equilíbrio é fundamental para as empresas que se renovam.

O equilíbrio das quatro dinâmicas GQI — autogerenciamento, comunicação coerente, clima saudável e renovação estratégica — assegura a capacidade de rápida recuperação, a agilidade e a inovação contínua para a empresa. O fato de ter equilíbrio não quer dizer que ela seja estática ou imóvel, mas sim inteligente e dinamicamente consciente de si mesma e do seu ambiente e capaz de se ajustar sozinha quando se desvia do seu curso. A renovação no nível da empresa pode ser profunda quando as pessoas são estimuladas e recompensadas por se renovarem.

A Corrente de Prestação de Serviço e Lucro

Como é que as empresas com um alto nível de desempenho sempre se renovam? Os padrões de renovação das empresas foram descritos em meados da década de 90, quando James Heskett, W. Earl Strasser Jr. e Leonard A. Schlesinger, da Harvard University Graduate School of Business Administration apresentaram uma pesquisa inovadora que girava em torno de uma idéia chamada *corrente de prestação de serviço e lucro*.[2] Essa corrente (ver Figura 11-1) foi desenvolvida a partir de análises de empresas de sucesso que atuam na área de prestação de serviços, como Southwest Airlines, Wal-Mart, Intuit Corporation, Taco Bell e MCI, e estabelece relações claras entre rentabilidade, lealdade do cliente e satisfação, lealdade e produtividade dos empregados. Os elos dessa corrente são os seguintes:

- O *lucro e o crescimento* são estimulados principalmente pela lealdade do cliente.
- A *lealdade* é resultado direto da satisfação do cliente.
- A *satisfação* é influenciada em grande parte pelo valor dos serviços oferecidos aos clientes.
- O *valor* é criado por funcionários satisfeitos, leais e produtivos.
- A *produtividade* em grande parte é conseqüência da satisfação dos empregados.
- A *satisfação dos empregados*, por sua vez, é conseqüência de políticas de suporte técnico de alta qualidade — a qualidade interna de uma empresa — que permitem que os empregados atendam bem os clientes.
- A *qualidade interna* é fruto da *liderança* da empresa, que compreende a necessidade que os trabalhadores e os clientes têm de ser o centro das atenções da administração. Tudo deve girar em torno deles.

O modelo GQI de coerência empresarial casa bem com essa pesquisa. A ausência ou presença de autogerenciamento interior, de comunicação coerente, de um clima saudável e de renovação estratégica podem ser identificados nos elos dessa corrente. A corrente de prestação de serviço e lucro dirige o pensamento da administração para duas idéias importantíssimas:

1. Faça tudo o que for necessário para detectar as necessidades e garantir a satisfação e a lealdade dos clientes.
2. Consiga isso, na maioria das vezes, dando aos empregados a liberdade de ação e o apoio necessários para que prestem os melhores serviços aos clientes.

Em suma, crie coerência e equilíbrio dentro da empresa em torno de cada elo da corrente.

Ao analisar com mais profundidade esse modelo "corrente de prestação de serviço-lucro", surgem algumas observações interessantes. Heskett e seus co-autores observam que as conquistas realizadas pelas empresas mencionadas por eles não se deram por acaso. Tampouco ocorreram apenas em virtude de um excelente planejamento.

> Essas conquistas foram fruto de uma liderança extraordinária de um pequeno grupo de pessoas excepcionais que, sem dúvida alguma, compreendeu as relações incorporadas na corrente prestação de serviço e lucro, colocou-as em prática para criar empresas capazes de identificar e satisfazer as necessidades contínuas dos clientes e criou culturas para que as empresas se sustentassem durante os altos e baixos do futuro.[3]

Corrente de prestação de serviço e lucro

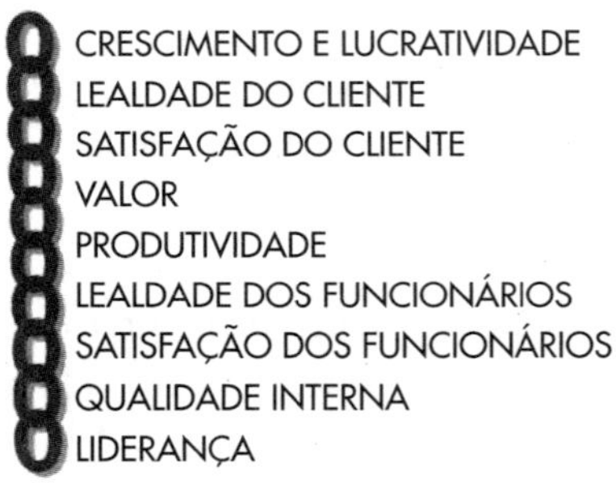

Figura 11-1 Corrente de prestação de serviço e lucro. Fonte: Reproduzido com autorização de Simon e Schuster, Nova York, 1997.

A história da Southwest Airlines, uma empresa aérea que realmente nos faz sentir prazer de voar, já foi contada inúmeras vezes, mas as lições que ela transmite merecem ser repetidas. Sua preocupação principal é dar um atendimento excelente para os clientes que precisam transpor com freqüência distâncias relativamente curtas a um custo comparável ao de uma viagem de carro. Para esses clientes, a Southwest tornou-se sinônimo de alta qualidade, que se traduz em horários pontuais de partida e chegada. Alta qualidade que também inclui funcionários leais que trabalham há bastante tempo no setor de venda de passagens, a ponto de chamar centenas de passageiros assíduos pelo primeiro nome.[4] Essa empresa, sem sombra de dúvida, é extremamente coerente, transparente e dedicada aos funcionários e a todos aqueles a quem presta serviços.

Como qualquer músico de *jazz* sabe, é preciso flexibilidade e capacidade de adaptação para improvisar e criar beleza. Está claro que essa passou a ser a marca registrada da cultura da Southwest Airlines. Num artigo publicado pela *Leader to Leader* — uma excelente revista da Fundação Peter F. Drucker —, Herb Kelleher, fundador independente da Southwest e seu diretor-presidente, faz a seguinte afirmação sobre as pessoas que compõem a empresa:

> Qual o segredo para construir uma grande empresa? Como sustentar o crescimento, os lucros e a qualidade dos serviços numa indústria que pode, literalmente, mudar da noite para o dia? Como desenvolver uma cultura de comprometimento e bom desempenho quando a noção de lealdade — por parte de clientes, empregados e empregadores — parece ser um curioso anacronismo? Posso responder basicamente com três palavras: *seja você mesmo*.[5]

Até que ponto você sente que essa abordagem seria eficaz se não houvesse um nível razoavelmente alto de equilíbrio e coerência nas pessoas que atendem os clientes? É impossível *impor* esse tipo de atitude. Se a cultura da empresa não ajudasse as pessoas a se sentirem bem no trabalho, se não oferecesse recursos, autonomia, noção de família e harmonia, até que ponto esses esforços trariam realmente resultados? Se a empresa fornece apoio, *cabe ao indivíduo ser ou não ele mesmo*.

Nas empresas de sucesso, a administração reconhece o valor da colaboração. O antagonismo e a competição desleal constituem a antítese das qualidades necessárias às empresas ágeis e capazes de se adaptar no futuro. Quais são as qualidades administrativas mais importantes para o desenvolvimento de locais de trabalho adaptáveis, autênticos e dinâmicos?

Qualidades Administrativas

Quais são as principais habilidades administrativas no desenvolvimento de locais de trabalho autênticos, dinâmicos e capazes de se adaptar? Sugerimos duas:

- O desenvolvimento de equipes eficientes pode ser conseguido com base no modelo de sistemas sincronizados.
- O treinamento garante a renovação e o crescimento contínuos da empresa coerente.

O nível de responsabilidade dos administradores atualmente não encontra precedentes. Eles precisam dominar a tecnologia em constante evolução, conhecer as políticas e leis que regem o local de trabalho, estudar as condições do mercado e, além disso, atender às necessidades do seu pessoal. São requisitados a dar apoio e aprovação, apontar direções sem interferir demais e também delegar poderes — tudo isso ao mesmo tempo que equilibram suas prioridades pessoais e profissionais. Isso é, no mínimo, assustador. À medida que a responsabilidade de um administrador aumenta, o autogerenciamento fica cada vez mais importante. O mesmo acontece com a melhoria da qualidade de comunicação e com a neutralização da incoerência. Com a diversidade no local de trabalho, é preciso também ficar atento ao clima gerado pelos administradores. A carga pode ser esmagadora, porém o potencial para o crescimento profissional e pessoal proporcionado pelo desenvolvimento da inteligência do coração, juntamente com um enfoque na formação de equipes e nas habilidades de treinamento, pode impulsionar qualquer administrador para um nível mais alto de eficiência e eficácia.

Um estudo realizado na Cornell University's Johnson Graduate School of Management[6] revelou que as duas características mais importantes que os líderes empresariais precisarão para ter sucesso daqui a uma década são imparcialidade e formação de equipes de trabalho. O estudo foi conduzido junto a executivos das maiores empresas norte-americanas. Em contrapartida, o mesmo estudo feito com pessoas que concluíram recentemente seu MBA apresentou resultados diferentes. Eles consideraram a política voltada para resultados muito mais importante e discordaram de seus colegas mais experientes sobre a relevância das questões sociais. "Tudo indica que a experiência desenvolve uma noção mais ampla de responsabilidade empresarial. Seria interessante pesquisar os mesmos estudantes de MBA daqui a vinte anos e ver se suas opiniões mudaram."

Vimos no início do livro que sincronização automática é um estado natural de sincronismo visto em todo o mundo biológico — bandos de pássaros, cardumes de peixes, as células automáticas do coração, tudo trabalhando de forma sincronizada, são apenas alguns exemplos. Mesmo sem conhecer esse termo, todos nós entramos em contato com a sincronização automática em nossa vida pessoal e profissional, ou pelo menos já a admiramos a distância. O princípio que rege esse fenômeno é que sistemas complexos como equipes exigem partes individuais coerentes para a obtenção de novos níveis de coerência como um todo. À medida que os componentes individuais, os membros das equipes, passam a ser mais autogeridos e a distorção da comunicação é reduzida, os sistemas entram em sincronia. Uma vez sincronizados, é possível dar um salto para um novo nível de eficiência. Se seu sistema não estiver em sincronia, sua energia é desperdiçada. Sem coerência entre seus valores centrais e suas atitudes, há uma defasagem no sistema, e a energia do espírito não consegue se manifestar completamente.

O mesmo acontece com as empresas. As equipes que não trabalham em sincronia muitas vezes entram em conflito, retêm informações essenciais e não conseguem chegar a uma visão comum. É inútil querer discutir, os resultados falam por si. É essencial descobrir o que inibe as equipes, quais as dinâmicas ocultas que

Seja Coerente

FIQUE MAIS ATENTO AO CONSUMIDOR

As empresas estão aprendendo o valor — e a fragilidade — da lealdade do consumidor. "Serviço", e não preço e qualidade, transformou-se no ponto mais delicado na guerra para conservar os clientes ou consumidores. Muitas empresas enfatizam o cuidado com o consumidor, mas como se tornar um líder nessa área? A empresa precisa cuidar verdadeiramente de seus funcionários, e fornecer tudo o que eles precisam para cuidar de si mesmos. Uma excelente forma de demonstrar apreço pelos funcionários é dar-lhes os meios para que possam atingir um novo nível de gerenciamento mental e emocional. Em segundo lugar, os indivíduos que fazem parte de uma empresa precisam demonstrar apreço uns pelos outros. O cuidado que você deseja que os funcionários tenham com o consumidor deve ser moldado nas operações cotidianas da empresa. Em terceiro lugar, há uma diferença enorme entre cortesia formal e apreço sincero e autêntico. Se você ajudar seus funcionários a desenvolverem qualidades mais baseadas no coração, ao mesmo tempo que elimina a superpreocupação, eles vão conferir autenticidade ao processo de demonstrar apreço regularmente pelo consumidor.

prejudicam as freqüências e impedem a coerência, quais os ressentimentos que não deixam todo o sistema passar para um nível mais alto de poder e eficiência. O objetivo não é atingir a perfeição, mas sim um maior equilíbrio.

> O amor é a força que inflama o espírito e torna as equipes coesas.
>
> — PHIL JACKSON, *SACRED HOOPS*

Quando as equipes não têm sincronia, há uma discrepância entre o que a cabeça vê e o que o coração deseja. Sem a participação da inteligência do coração, a cabeça muitas vezes vê uma quantidade enorme de tarefas e detalhes e logo fica sobrecarregada. As equipes que se prendem à mente não têm as qualidades compassivas que ajudam a estimular a troca de informações e aliviar a sobrecarga uns dos outros. As pessoas vêem apenas a carga, os prazos a cumprir, a pressão. Nenhuma visão coerente consegue penetrar a densidade do mal-estar coletivo, a menos que o ruído aumente a ponto de aparecer uma rachadura na fachada. Com bastante freqüência, hoje em dia essas rachaduras ocorrem diante de dor ou tragédia — a doença ou a morte de um parceiro de equipe, de um colega de trabalho ou até mesmo de um funcionário de outro departamento. O grito de alerta pode ter efeitos atordoantes.

Antes de ser nossa cliente, uma das multinacionais mais bem-sucedidas do mundo registrou três casos de suicídio entre seus executivos num período de um ano. Um deles estava com uma dor emocional tão lancinante que cravou um punhal no próprio coração. Outra multinacional reconheceu que precisava lidar diretamente com a questão do *stress* e da coerência depois que dois casos de suicídio, um em suas dependências, deixaram os funcionários bastante abalados. "*Pirou de vez*"* tornou-se um clichê irônico para descrever o comportamento de qualquer funcionário descontente.

Temos avaliado a eficiência de equipes antes e depois do treinamento GQI em muitas empresas. Numa empresa multinacional de energia, num período de seis meses a porcentagem de preocupação "freqüente ou na maior parte do tempo" relatada por uma equipe caiu de 47% para 7%; a ansiedade foi de 33% para 7%; e a raiva, de 20% para 13%. Essa mesma equipe obteve benefícios físicos consideráveis. A taquicardia caiu de 47% para 26%; a tensão foi reduzida de 40% para 33%; as queixas de dores e desconfortos, de 27% para 7%; e a insônia, de 33% para 7%.

Numa multinacional de artigos eletrônicos, uma importante equipe de planejamento viu os níveis de ansiedade caírem de 70% para 14%; de raiva, de 42% para 9%; de fadiga, de 66% para 23%; e de dores e desconfortos, de 56% para 23%.

Será que esses engenheiros simplesmente estavam ficando mais dóceis ou passivos? Dificilmente. Enquanto a equipe ficava menos estressada e mais coerente, a criatividade subiu de 68% para 82%, e a eficiência, de 48% para 80%. Além disso, 83% da equipe disse que vinha produzindo bons resultados, uma porcentagem muito superior aos 38% de dois meses antes.

LIDERE COM SUA VULNERABILIDADE

Os administradores da velha guarda se mantêm firmes, orgulham-se de ser atletas do *stress* e modelos de um comportamento que poderia levar outros à estafa ou ao esgotamento. Os administradores de hoje sabem que ficar aberto a desafios na vida pessoal e profissional e trocar informação sobre si de forma apropriada atrai as pessoas. Liderar com vulnerabilidade significa reconhecer abertamente que problemas profissionais emocionalmente desafiadores foram superados. Significa também ser receptivo às informações de todas as fontes. O equilíbrio entre direção clara e sensibilidade às pessoas gera eficiência.

Equipes Dinâmicas

As técnicas GQI podem ser integradas a estruturas e processos para

* "*Going postal*", no original. Essa gíria surgiu nos EUA por causa dos inúmeros incidentes ocorridos nas agências do correio desse país, quando funcionários ou ex-funcionários desgostosos matavam vários colegas e, muitas vezes, o supervisor que os havia despedido. Em várias ocasiões, depois de cometer os assassinatos, essas pessoas se suicidavam. (N. do T.)

deter a espiral negativa das dinâmicas de equipe e começar a desenvolver sincronia de várias formas.

- Congelar a Imagem é uma técnica excelente para aumentar a coerência no início de uma reunião. Pode ser usada também durante a reunião para redirecionar o foco, esclarecer diretrizes depois de intervalos ou aumentar o número de contribuições criativas.
- O balancete de vantagens e desvantagens pode ser usado para avaliar as propostas ou recomendações, ou então para o próprio processo da reunião. Constitui também um excelente instrumento de auto-avaliação, ajudando as pessoas a fazer uma análise amadurecida do seu progresso, comemorar seu sucesso e aprender com os obstáculos.
- A capacidade de ouvir intuitivamente pode ser a base de reuniões muito mais eficazes. Uma conduta bastante produtiva seria fazer uma relação de todas as etapas e lembrar aos participantes de que uma das "regras básicas" é ouvir intuitivamente.
- A capacidade de ouvir intuitivamente mostra-se muito eficaz em reuniões de qualquer porte, garantindo coerência em torno de novas políticas e decisões. Uma medida capaz de poupar uma tremenda quantidade de energia consiste em verificar cuidadosamente se os participantes entenderam a essência da mensagem e se irão transmiti-la sem "distorções".
- Dentro de uma equipe, uma discussão aberta sobre o excesso de zelo individual ou da empresa muitas vezes consegue identificar focos de problemas antes que eles se transformem em vírus e afetem a saúde da empresa.
- Um clima de aprovação é fundamental para que as reuniões tenham o estímulo e a descontração que os participantes tanto querem, em vez de medo.

Aprovação

De todos os componentes básicos que estão por trás das equipes produtivas, a aprovação é um dos mais importantes. Aprovação, como dissemos anteriormente, significa valorização. Qualquer coisa que é apreciada passa a ser valorizada. Isso se aplica tanto aos relacionamentos, à criatividade e às habilidades de uma equipe quanto aos bens materiais, como imóveis, ações ou o carro da família. (As mercadorias tangíveis na maioria das vezes são depreciadas depois da compra, obviamente, mas o índice de depreciação é sensivelmente menor quando realmente zelamos por esses bens.) Muitas equipes vivem analisando suas falhas de desempenho para continuar se aprimorando. Essa abordagem voltada para o déficit pode estimular visivelmente o desempenho, mas a que custo para o ser humano? Uma pessoa que nunca se sente bastante capaz e cujo desempenho nunca atinge o patamar mais elevado provavelmente vive em constante ansiedade. (Numa economia em rápida expansão, a opção de deixar o emprego parece mais tentadora.) Pessoas assim estão sempre se criticando e, por esse motivo, seu desempenho é marcado por interrupções e inícios, corridas e hesitações. O trabalho não flui, e a ansiedade bloqueia o caminho para uma maior coerência. Sob o aspecto biológico, sabemos que essa ansiedade se equipara ao ruído no sistema de comunicação coração-cérebro. Embora as antigas teorias de administração ainda insistam em defender a idéia de que estimular a ansiedade dos funcionários os mantém "ávidos", a aprovação é um método muito mais eficiente, de uma eficiência que aprimora todos os elos da corrente de prestação de serviço-lucro.

Para que a aprovação tenha significado nas empresas, ela precisa ser *sincera*. Prêmios para os funcionários do mês e vaga demarcada no estacionamento são esforços bem-intencionados para valorizar a pessoa, mas, em muitos casos, o ceticismo que reina no local de trabalho neutraliza o efeito positivo desses esforços. Muitos gerentes assoberbados de trabalho aprendem a demonstrar sua aprovação aos funcionários para levantar o moral deles. Ficamos sabendo recentemente do caso de uma oficial de treinamento da força aérea dos Estados Unidos que exemplifica a falta de sinceridade do supervisor. "Excelente!" era a resposta que ouvia invariavelmente diante de cada memorando ou relatório que entregava ao seu chefe. Cansada dessa falta de autenticidade, indagou junto aos colegas de trabalho que se reportavam ao mesmo supervisor e descobriu que ele agia exatamente da mesma forma diante dos relatórios de todos eles. A falta de sinceridade gerou um vírus emocional que o supervisor não conseguiu detectar. No entanto, sua intenção era mostrar aprovação.

Quando a sinceridade autêntica brota de dentro, ela é percebida por fora, pelo coração das outras pessoas.

— LAO TZU, SÉCULO VI a.C.

Seja Coerente

ATIVE A SINCERIDADE E A APROVAÇÃO

Tudo o que é apreciado passa a ter mais valor. Isso inclui você mesmo, seus colegas, sua empresa, sua vida — você ganha pontos! Para que a aprovação tenha valor, ela precisa ser sincera.

A apreciação sincera representa um grande estímulo aos esforços pessoais e de equipe. Além de ser energizante e motivadora, promove coesão. A aprovação pode ajudá-lo a adquirir uma perspectiva mais equilibrada e conseguir perceber aquilo que é realmente importante no contexto geral. Descubra algo pelo que você possa demonstrar aprovação e observe como a sua perspectiva e a sua energia são alteradas.

Se a falta de sinceridade se contrapõe a todos os esforços de aprovação, a *sinceridade multiplica a sua eficácia.* A aprovação sincera reduz o ruído da pessoa ou da equipe e fornece um grande estímulo a todos os esforços subseqüentes. Lembre-se de uma época em que você obteve a aprovação sincera de um supervisor, colega ou cliente (se você tiver dificuldade para se lembrar, pode ser que a cultura de sua empresa esteja carente de coração). A aprovação recebida é estimulante, motivadora e reconfortante, e ainda lhe traz um *sentimento* de realização quando ainda restam dúvidas ou cansaço depois da conclusão de um projeto. Ela aumenta a autoconfiança e liberta o espírito para fazer mais e melhor. Alguns administradores que pertencem à velha escola ainda acreditam que a aprovação torna as pessoas complacentes ou egoístas; mas, se ela for sincera, ocorre exatamente o oposto. Equipes que valorizam sinceramente os esforços, as aptidões e as diferenças individuais são muito mais produtivas do que aquelas em que as pessoas estão sempre tentando ser o centro das atenções. Muitas equipes afirmam que valorizam e apreciam os esforços uns dos outros. Porém, segundo nossa experiência, nada se compara à sincronia criada quando se analisam as vantagens de cada um dos membros que as compõem. As tão alardeadas atividades para promover o entrosamento da equipe, embora possam gerar memórias alegres e divertidas, raramente desenvolvem o tipo de confiança mútua que a constante manifestação de aprovação sincera desenvolve. Vimos vários exemplos de equipes que passaram de um desempenho medíocre para excepcional quando a aprovação começou a ser posta em prática.

Visão Geral e Visão Parcial

Quando você encontra alguma coisa para apreciar durante uma situação difícil, sua perspectiva muda rapidamente de uma *visão parcial* para uma *visão geral.* Ao ser informado de que alguém sob a sua supervisão cometeu um erro, você tem duas opções — criticar duramente sua falta de pensamento crítico e fazer um verdadeiro drama com relação às conseqüências desse erro, ou dizer que outros esforços podem ter prejudicado seu desempenho e ainda dar o retorno necessário. Ter uma visão mais ampla implica compreender a vida dessa pessoa, levar em conta o *stress* que ela está sofrendo, a viabilidade a longo prazo da empresa, a forma como você está se sentindo naquele momento e o problema que está sendo abordado. Preso a uma visão parcial, você enxerga apenas o problema, que muitas vezes tem suas dimensões ampliadas desnecessariamente. A aprovação ajuda a manter suas perspectivas renovadas e equilibradas.

Como Superar Todas as Expectativas?

O conceito de superar as expectativas é intrigante quando se pensa num trabalho de grupo eficaz. Quer seja nos esportes ou nos negócios, as equipes que superam as expectativas invariavelmente têm um desempenho "acima dos seus níveis". Como fazem isso? Em nossa opinião, elas estão tão em sincronia, são tão espontâneas e equilibradas que atingem um novo patamar de desempenho. A aprovação mútua é uma marca registrada dessas equipes. Algumas vezes o agente catalisador são acontecimentos externos "favoráveis", ou um grande líder cuja capacidade de unificar os valores centrais inspira os membros da equipe a superar suas convicções ou posturas autolimitantes. Uma vez abandonadas as velhas posturas rígidas, a equipe fica pronta para dar um salto surpreendente no nível de eficiência e criatividade. Dizer que essas equipes apenas *superam as expectativas* não espelha a realidade. Essas pessoas e equipes, na verdade, atingiram seu potencial ideal, graças à conquista da coerência.

Há também aqueles cujo desempenho fica sempre abaixo da média. Talentosos, inteligentes e capazes, eles não conseguem alcançar as expectativas por causa de um certo grau de incoerência ou desequilíbrio com relação a si próprios ou ao ambiente que os cerca. Muitas vezes as emoções mal trabalhadas os levam a desperdiçar seu talento e a se isolar dos colegas. Às vezes seu egocentrismo oprime de tal forma os companheiros de equipe que as distorções e o ruído ficam ensurdecedores, impedindo uma eficiência coerente. O desempenho dessas pessoas ou equipes geralmente fica muito aquém do seu potencial, gerando desapontamento e uma queda da auto-estima.

Servindo com o Coração

A tripulação de um 747 deve ser um modelo de atividade sincronizada. No mundo competitivo de vôos internacionais de longo curso, a eficiência e a atenção dispensada aos passageiros durante a viagem são fatores decisivos na escolha futura de uma empresa aérea. A Cathay Pacific Airways, sediada em Hong Kong, há muito é considerada uma das mais importantes empresas aéreas com vôos dentro e fora da Ásia, sendo detentora de vários prêmios. Procurando sobressair entre outras empresas de primeira linha, em 1995 ela lançou uma nova campanha publicitária: "*Service Straight from the Heart*" [algo como: Servir com o Coração]. Como todas as campanhas publicitárias prometem um atendimento exclusivo e memorável, o desafio passou a ser o cumprimento da promessa. Peter Buecking, gerente-geral de vôos domésticos naquela ocasião, reconheceu que, para que a Cathay se diferenciasse de seus concorrentes, seria fundamental oferecer serviços personalizados aos passageiros. Porém, reconheceu também que os membros da tripulação só poderiam oferecer um serviço excepcional se conseguissem reduzir o *stress* e manter as prioridades da vida profissional e particular em equilíbrio. A estratégia, inicialmente, foi adotar a tecnologia GQI junto ao pessoal de terra, para os serviços de vôos domésticos. Dessa forma, as tripulações de vôo poderiam conhecer um modelo de serviço superatencioso e eficiente em casa. Sob a liderança de David Ling, diretor de treinamento, quase trezentos funcionários passaram pelo programa. O aumento do nível de sincronia, eficiência e eficácia registrado pelas equipes foi significativo. Em 1998, a empresa aérea recebeu o Air Transport World Passenger Service Award, o Oscar do setor da aviação.

Seja Coerente

REFORCE AS APTIDÕES DAS PESSOAS QUE VOCÊ GERENCIA

Os grandes administradores identificam as principais aptidões das pessoas que estão sob a sua liderança e fazem tudo o que está ao seu alcance para reforçá-las. É muito comum os administradores se concentrarem nas deficiências das pessoas e acusá-las de não produzir o suficiente nem no nível desejado. Descubra maneiras de reconhecer e trabalhar os pontos fortes.
Faça uma lista das qualidades e aptidões de cada pessoa. Pergunte a si mesmo o que você pode fazer para reforçá-las. Em seguida, faça a mesma pergunta a elas.

Treinamento

Os grandes administradores e líderes são aqueles que, a despeito de todo o seu talento, inteligência e criatividade aparentes, decidem partilhar sua aptidão e irradiar sua simpatia inata, ajudando outras pessoas a se sentirem melhor na sua *presença*. Esses administradores têm bastante magnetismo pessoal e são capazes de inspirar porque preferem *irradiar* seus dons a interiorizá-los. As pessoas se deixam envolver por sua presença expansiva. Sua coerência que brota do coração e a ausência de qualquer sentimento mesquinho contribuem para suscitar os talentos e as habilidades de todos os que os cercam. O mundo dos negócios (e o da política!) precisa de pessoas assim.

No entanto, numa época de tanta transição e aceleração da inteligência, a tentação de abrir mão dessa coerência está em toda parte. Ficamos desanimados e profundamente magoados diante da queda de um herói ou da exposição da fragilidade humana. Ansiamos por acreditar que, em algum lugar ou em alguém, o caos e a confusão possam ser transformados em coerência. Quando identificamos coerência em outra pessoa, ficamos esperançosos.

Isso nos trás de volta a nós mesmos. Esperança, realização e inspiração podem ser ativadas por fontes externas, mas temos de atiçar o fogo diariamente. Precisamos reconhecer nossos pontos fracos, os pensamentos inconscientes que esgotam nossas energias, o hábito de nos julgar e julgar os outros. Temos de ser responsáveis por nós mesmos e só então fazer os ajustes necessários para que possamos explorar e expandir a inteligência do nosso coração, e, à medida que nos relacionarmos com outras pessoas, devemos continuar a aprimorar nossos dons.

Margaret Wheatley, escritora brilhante e teórica que atua no meio empresarial, tem pontos de vista semelhantes sobre a criação de uma liderança coerente em empresas coerentes:

> Precisamos parar de descrever tarefas e passar a facilitar o *processo*. Precisamos ser mais hábeis para desenvolver relacionamentos e promover o crescimento e a evolução. Todos nós precisamos desenvolver a capacidade de ouvir, de nos comunicar e de conduzir grupos, pois essas são as aptidões que fortalecem os relacionamentos. Sabe-se muito bem que a era da pessoa inflexível deu lugar à era do participante de grupo. Mas isso é apenas o início. O mundo quântico demoliu o conceito do indivíduo isolado... Aqueles que se relacionam por meio de coerção ou menosprezam os outros criam uma energia negativa. Aqueles que estão sempre abertos e conseguem ver os outros em toda a sua plenitude criam uma energia positiva. O amor nas empresas, portanto, constitui a fonte de poder mais importante que temos disponível.[7]

A maioria dos administradores, graças às experiências acumuladas ao longo da sua vida pessoal e profissional, tem muito a partilhar com as empresas, ajudando-as a ficarem muito mais eficientes. O tempo gasto no treinamento de condutas, atitudes e aptidões produtivas é extremamente compensador. E, quando a corrida para se manter a par da explosão de novos conhecimentos atrai toda a nossa atenção, é essencial recuar e se lembrar do valor de uma conversa franca.

Uma empresa que adotou a abordagem de treinamento foi a Thorlo, uma das maiores fabricantes de meias para todas as ocasiões — caminhada, *hiking*, *trekking*, corrida, tênis, basquete, todos os tipos que se possa imaginar. Seus modelos exclusivos e o uso inovador de tecidos conquistaram consumidores extremamente fiéis (inclusive nós!). As

Seja Coerente

TENTE CRIAR UM AMBIENTE DIVERTIDO E DESAFIADOR

As pessoas que estão sob a sua liderança são criativas e podem reforçar o compromisso de toda a equipe com os objetivos e metas da empresa. Peça a colaboração delas regularmente para animar o clima. Quando elas sentem que suas contribuições são valorizadas, seu apreço pela equipe e pela empresa fica mais intenso, e a sinergia da equipe aumenta. Estimule, mostre aprovação e lembre-se de dar uma "animada" de tempos em tempos.

meias que a Thorlo fabrica são simplesmente tão confortáveis que logo ficamos mal-acostumados. São meias caras, mas a maioria dos consumidores sente que seu valor excede em muito o preço. A cultura dessa empresa também é fascinante. Localizada no coração da região têxtil da Carolina do Norte, perto de Charlotte, a fábrica, com 350 empregados, desenvolveu uma cultura em que o treinamento é aplicado ativamente em todos os níveis da empresa. O presidente da Thorlo, Jim Throneburg,[8] chegou à conclusão de que, para criar uma companhia forte em que os valores centrais estivessem sempre presentes, seria necessário treinamento contínuo. Adepto dos processos de equipe desde o princípio, Throneburg logo viu que a equipe poderia fracassar sem um mecanismo de treinamento que garantisse que todo conhecimento e sabedoria fossem devidamente transmitidos. Ele não poupou esforços: quatro horas semanais — 10% do tempo pago dos empregados — são gastas com formação de equipes e desenvolvimento de coerência em torno de todos os aspectos da cultura da Thorlo. Todas as quarenta ou mais equipes da Thorlo participam de um sistema de rodízio de facilitadores "treinados" para desempenhar seu papel de forma bem definida, porém sem prepotência.

Vários aspectos da cultura da Thorlo são impressionantes e reiteram a opinião dos outros autores mencionados neste livro. Uma série de valores centrais fortes e inabaláveis formam a base da cultura dessa empresa. As pessoas, os empregados e os consumidores realmente são importantes. Ajudar os empregados a terem flexibilidade e serem capazes de se adaptar também é considerado fundamental. Foi criado o Thorlo U, um currículo interno para desenvolvimento pessoal e profissional, fato raro numa empresa de menos de quinhentos empregados. As técnicas GQI foram oferecidas para que os funcionários adquirissem uma noção maior de equilíbrio pessoal e profissional. Com todas essas políticas progressistas e um ambiente de trabalho amistoso, essa empresa enfrenta grandes desafios: a patente de produtos importantes expira em poucos anos, o que torna ainda mais essencial uma cultura capaz de inovar, criar e se recuperar. Embora a Thorlo represente um empenho extremamente estruturado no modelo de treinamento o princípio de orientar e treinar os empregados para que eles possam alcançar níveis maiores de coerência será ainda mais fundamental à medida que o ritmo dos negócios se acelerar.

Coerência Militar

O exército, indiscutivelmente, representa um modelo de coerência operacional. Embora nos Estados Unidos o final da Guerra Fria e os orçamentos de defesa cada vez menores tenham desencadeado uma crise de confiança entre os oficiais — e os mesmos problemas de reestruturação e corte de funcionários enfrentados pelas empresas do setor privado —, podem-se aprender lições significativas de liderança. Patrick L. Townsend e Joan E. Gebhardt, em artigo para o periódico *Leader to Leader*, salientaram a coerência do exército em suas três prioridades de liderança: "a primeira é realizar a missão; a segunda, cuidar dos militares; a terceira, formar novos líderes". Deve existir uma coerência em torno de cada uma dessas prioridades interdependentes.[9] A incoerência e a falta de enfoque em qualquer uma delas não só enfraquece drasticamente as outras mas também diminui a chance de a missão ter sucesso. Townsend e Gebhardt fazem algumas perguntas difíceis a seus colegas do meio empresarial:

> Pode-se dizer o mesmo sobre uma empresa civil? Será que todos compartilham o empenho na missão e o comprometimento de seus colegas? Pergunte à maioria dos civis sobre a segunda prioridade no trabalho, e a resposta provavelmente estará ligada à preocupação em galgar postos na carreira profissional. Os militares não são anjos, eles estão tão preocupados com suas carreiras como qualquer outra pessoa. Porém, eles sabem que a ascensão profissional é um subproduto da realização das prioridades de liderança, e não uma meta por si só.

Os administradores e os executivos estão percebendo cada vez mais que os talentos que os conduziram aos níveis mais altos da companhia talvez não sejam os mesmos que vão ajudá-los a conservar sua posição. Além disso, cada novo nível exige uma visão mais ampla e mais global. Normalmente, não conhecemos realmente algo até alcançá-lo. Muitas empresas estão atuando em território inexplorado, e o desafio de se renovar continuamente está ficando mais crítico.

Mas quem está fazendo o mesmo pelos próprios executivos seniores? Freqüentemente isolados e afastados das operações rotineiras, sem realizar mais as atividades que exigem "arregaçar as mangas" e que contribuem para tornar o trabalho mais divertido, eles descobrem que suas perspectivas e atitudes podem ficar velhas e ultrapassadas. Por essa razão, as empresas estão contratando cada vez mais pessoas especializadas para dar cursos individuais a seus executivos sobre crescimento profissional e estratégias necessárias para a renovação da vitalidade. Independentemente de se tratar de equipes numa fábrica ou de um executivo cujo desempenho está deixando a desejar, o treinamento dá uma outra oportunidade para a ativação e a transferência da inteligência do coração, uma abordagem fundamental para a renovação da empresa.

Obviamente, equipes eficientes e sincronia do coração e da mente serão os pré-requisitos do futuro. Com o mundo marchando inexoravelmente rumo à colaboração e à cooperação, um instrumento prático para sintetizar a complexidade da mente e a clareza do coração consiste no Mapeamento da Mente e do Coração.

Mapeamento do Coração (Heart Mapping®)

O Mapeamento da Mente foi desenvolvido na década de 60 por educadores que queriam sincronizar os dois hemisférios do cérebro em um todo coerente, levando a um salto em criatividade e inovação. O Mapeamento da Mente representa uma abordagem extremamente criativa dos processos de tomar decisão e fazer planejamentos complexos. A essa técnica muito bem pesquisada, juntamos a inteligência do coração. Uma vez que um Mapa da Mente tradicional é elaborado, os participantes congelam a imagem, refletem sobre seus valores centrais e se perguntam como podem integrar esses valores e como querem se sentir durante o projeto que estão mapeando. Faz-se um segundo mapa, mais tático e pragmático, que normalmente revela informações totalmente diferentes do Mapa da Mente. A combinação dos dois mapas, da mente e do coração, fornece uma visão coerente e fascinante da direção a seguir. É uma técnica prática para as pessoas ou equipes adquirirem uma visão mais ampla e global de problemas importantes, para que a perspectiva gerada seja estrategicamente bem fundamentada, e não apenas voltada para o aspecto tático.

Os Mapas da Mente normalmente geram idéias sobre *o que* o grupo ou a pessoa precisa fazer. As idéias, teóricas e já conhecidas, tendem a ser bastante voltadas para a ação. Isso é bom, pois a pessoa ou o grupo que está fazendo o Mapa da Mente identifica claramente todos os itens conhecidos e faz a ligação entre os problemas e o potencial de redundância. Em alguns casos, a tendência é que ou as idéias geradas já tenham sido colocadas em prática, com ou sem êxito, ou então sejam teóricas demais para realmente produzir mudanças concretas. A experiência indica que quando nos concentramos apenas nas idéias geradas pelo Mapa da Mente, em geral não obtemos os resultados desejados nem mantemos um enfoque nas dinâmicas humanas e no equilíbrio da equipe. Por esse motivo, a confecção de um Mapa do Coração contribui para dar uma profundidade muito maior ao processo.

O Mapa do Coração normalmente gera idéias completamente diferentes das do Mapa da Mente, como podemos ver no exemplo a se-

AJUDE A SUA EQUIPE A FICAR MAIS FLEXÍVEL E MAIS ÁGIL

A coerência interior constitui a base de pessoas ágeis e flexíveis. Atitudes flexíveis geram uma fisiologia flexível. Faça o melhor que puder para criar flexibilidade e agilidade de dentro para fora. Discuta abertamente com os membros da sua equipe como eles podem se ajudar mutuamente a ficar equilibrados e se sentir menos sobrecarregados. Sejam solidários.

guir. Essas idéias tendem a estar muito mais ligadas à forma *como* o grupo precisa mudar — o sentimento ou clima almejado pela equipe — do que simplesmente ao que o grupo precisa fazer. Tendem também a ser mais voltadas para as pessoas e ter uma base mais pragmática e qualitativa do que teórica. Se o grupo quiser obter os resultados desejados, precisa abordar as qualidades humanas fornecidas pelo Mapa do Coração, para permitir que as boas idéias teóricas geradas pelo Mapa da Mente possam ser concretizadas e mantidas.

Se a tarefa que estiver sendo mapeada for particularmente grande ou complexa, ramificações importantes dos mapas muitas vezes exigem seus próprios mapas. Numa sessão de Mapeamento do Coração em grupo, isso é conseguido por meio de um subgrupo que se encarrega de confeccionar um Mapa do Coração para essa ramificação. A fase final e crucial do Mapeamento do Coração consiste em criar um plano de ação a partir dos dois mapas. Para isso é preciso retroceder e refletir sobre o tempo, os recursos e o número de pessoas necessárias, bem como estabelecer prazos específicos. Embora o processo de Mapeamento do Coração se assemelhe a outros processos de planejamento, a ênfase na comunicação coerente e o uso da inteligência do coração fornecem informações muito mais ricas do que a maioria dos métodos de planejamento tradicionais.

O Mapeamento do Coração Melhorou o Trabalho de Equipe

O dr. Alan Watkins e Chris Sawicki chefiaram a equipe européia de uma empresa de artigos eletrônicos que vinha usando a técnica de mapeamento da mente e do coração com o intuito de melhorar suas habilidades de trabalho em equipe. As idéias geradas por todo o grupo durante a elaboração do Mapa da Mente foram as seguintes:

1. Ter uma liderança eficiente.
2. Estabelecer metas em comum, definir alvos, fazer um cronograma e transmitir a noção de importância.
3. Garantir a composição e a diversidade corretas da equipe.
4. Designar responsabilidades específicas a cada um dos participantes.
5. Ficar atento ao desenvolvimento das equipes.
6. Identificar os recursos disponíveis.
7. Conduzir melhor as reuniões, dando atenção especial aos horários e locais.
8. Melhorar a comunicação.
9. Identificar informações importantes que precisam ser partilhadas.
10. Estabelecer recompensas e incentivos para todos os membros da equipe.
11. Identificar soluções vantajosas para ambas as partes.

12. Ser competente e claro.
13. Produzir resultados.
14. Comemorar o resultado.

As idéias geradas por todo o grupo no Mapa do Coração (depois de quatro minutos de Imagem Congelada) foram:

1. Promover amizade e companheirismo.
2. Dar maior importância à aprovação e à compreensão.
3. Ajudar uns aos outros: treinamento recíproco.
4. Transmitir um sentimento de união.
5. Aprender a evoluir juntos.
6. Promover harmonia.
7. Recompensar a abertura.
8. Prestar atenção na "química da equipe".
9. Comemorar com mais freqüência e valorizar mais uma "atmosfera positiva".
10. Identificar e trabalhar com o "espírito e a alma da equipe".

Nesse exemplo, as idéias geradas pelos dois mapas são semelhantes, mas há uma diferença qualitativa. O Mapa da Mente tem um teor mais tático e teórico; o Mapa do Coração tem um teor mais colaborador e está mais voltado para as pessoas. A combinação dos dois fornece uma visão abrangente para um melhor trabalho de grupo. Seis meses depois, as conquistas feitas pela equipe estavam sendo mantidas.

Uma equipe de projetos da National Semiconductor lançou mão desse processo de forma vigorosa num seminário para uma equipe formada por funcionários de várias empresas, usando as técnicas GQI. Os participantes faziam parte da National e de cinco empresas fornecedoras que trabalhavam com eles num grande projeto de âmbito mundial. A complexidade técnica do projeto foi ampliada ainda mais pelo fato de os padrões locais em vários países precisarem ser integrados ao planejamento. A equipe se espalhou por três continentes e, conseqüentemente, as reuniões também representavam um grande desafio. Durante o seminário, subgrupos fizeram o Mapa do Coração de áreas relevantes do projeto e, em seguida, reuniram-se com toda a equipe para trocar informações. (Todas as pessoas haviam aprendido a congelar a imagem, a exercitar a capacidade de ouvir intuitivamente e os conceitos de aprovação e superpreocupação antes da elaboração do mapa.) Numa sessão de cinco horas, mais de trinta páginas de planos de ação foram desenvolvidas a partir dos Mapas da Mente e do Coração, um processo que, segundo a equipe, normalmente teria levado vários meses para ser feito. Tão importante quanto esses resultados tangíveis foi o aspecto divertido e a eficiência do processo. Vários meses depois, as pessoas ainda estavam maravilhadas com o desempenho eficiente da equipe e com o nível muito menor de *stress*. A mensagem, uma vez mais, é a seguinte: forme pessoas e equipes coerentes, e os resultados serão altamente compensadores (ver Figura 11-2).

Aplicações do Mapeamento do Coração

O Mapeamento do Coração tem uma grande variedade de aplicações porque é divertido, surpreendentemente eficaz e reforça a necessidade de sair da rotina frenética para obter uma visão mais ampla. Num ambiente de grupo, principalmente, é indispensável que o processo seja *imparcial* e se baseie nos princípios da comunicação coerente. Isso significa estimular o mapeamento de *todas* as idéias, e não apenas daquelas que se destacam. Significa também não debater nenhuma idéia a princípio, pois o Mapeamento do Coração irá desenvolver coerência dentro da equipe para criar um resultado mais abrangente e produtivo enquanto se descobrem idéias criativas que em outras circunstâncias poderiam ser deixadas de fora. Além disso, o facilitador não deve omitir informações ou demonstrar preconceito com relação a nenhum tema em particular, mas simplesmente orientar e procurar reunir todas as idéias possíveis.

Em nossa empresa, o Mapeamento do Coração é usado regularmente pelas equipes durante sessões de discussão sobre produtos. Todas as idéias possíveis, necessidades dos consumidores, problemas de comercialização e cálculos de preços, entre outros, são mapeados com o intuito de criar uma visão inicial dos parâmetros do produto. É melhor não ser linear e seqüencial neste estágio, para não se prender a formas tradicionais de pensar sobre a idéia.

Trata-se também de uma excelente técnica para expandir o número de clientes, aumentar a satisfação do consumidor e avaliar o *status* de um projeto. O uso do Mapeamento do Coração para estabelecer priori-

USE O MAPEAMENTO DO CORAÇÃO PARA ESTABELECER PRIORIDADES

Você tem vários projetos para executar, responsabilidades orçamentárias, tarefas pessoais e questões delicadas relacionadas aos funcionários. Faça um Mapa da Mente das questões relevantes todos os meses. Em seguida, faça um Mapa do Coração para descobrir as que são essenciais para o seu crescimento pessoal e profissional, bem como para o crescimento da sua equipe e das pessoas que estão sob a sua liderança. Quando for apropriado, troque idéias.

Mapa da Mente

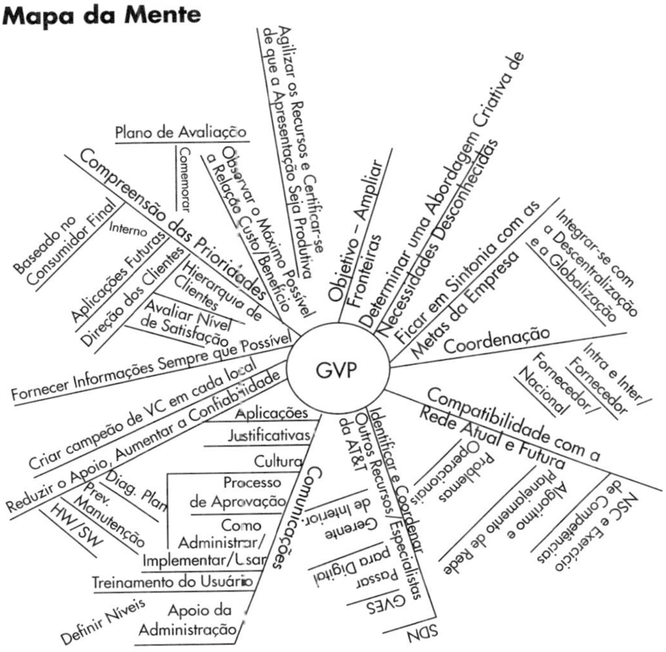

Mapa do Coração

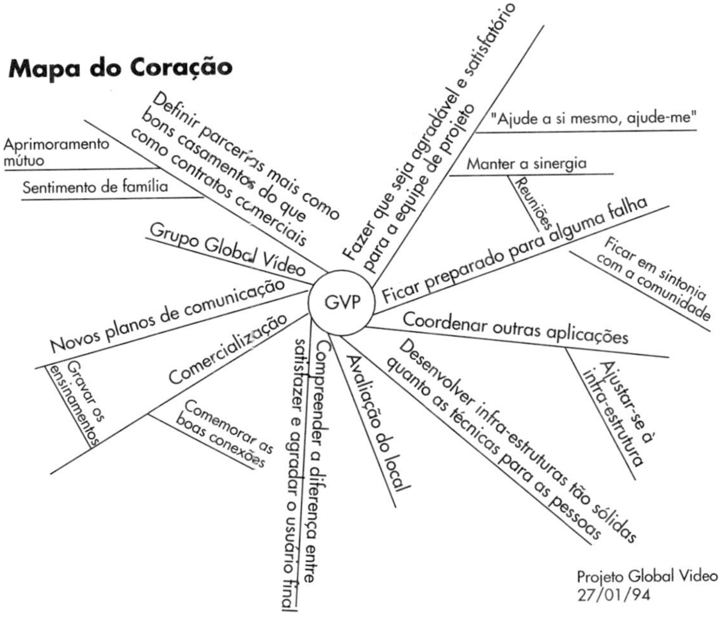

Figura 11-2 Os Mapas da Mente e do Coração foram elaborados no início da sessão com o objetivo de fornecer uma visão geral de todo o projeto. A partir desses mapas, subgrupos desenvolveram mapas e planos mais detalhados (página a seguir), produzindo vários planos para a implementação a contento do projeto. Fonte: Reproduzido com autorização do Instituto HeartMath.

GESTÃO DE QUALIDADE INTERNA

Plano de Ação do Mapa do Coração™

Nome do Projeto:	Projeto Global Vídeo
Objetivos:	Locais Operacionais até 1995
	Agradar (não apenas satisfazer) o usuário final

Data Programada	**HRS**	**Atividades-Ações**	**Quem**	**Concluídos**
1º de março		Compreender as necessidades	Stuart, Mike e Judith	
1º de março		Ident. e coord. outros recursos AT&T	Mike, Gabe e Bruce P.	
Em curso		Agilizar recursos — desenvolver infra-estruturas tão sólidas quanto as técnicas para as pessoas		Todos
10 de março		Compat. Rede W/ atual e futura	Mike, Gabe, Stuart, Gene, Judith, Kathy	
1º de março		Coordenar — definir parcerias como um bom casamento, e não como contatos comerciais — sentimento de família		Todos
15 de março		Desenvolver novo plano de comunicações	Equipe NSC	
Várias		Campeão de VC em cada local	Equipe NSC	
Em curso		Avaliação do local	Equipe NSC	
15 de março		Coordenar outras aplicações	Mike, Kathy E., Stuart, Judith	
Sempre		Tornar os projetos da equipe global vídeo divertidos e satisfatórios		Todos
TBA		Comemorar as boas conexões	Mike, Bruce P., Stuart, Judith	
Em curso		SATISFAÇÃO do Usuário final		Todos
		DATA DE FINALIZAÇÃO:		

Instituto HeartMath — P.O. BOX 1463 — Boulder Creek, CA 95006
Tel: 408-338-8700 — Fax: 408-338-9861

Figura 11-2 Continuação

dades pessoais mostra-se particularmente vantajoso. Para estabelecer prioridades para o mês (ou qualquer outro período definido), comece fazendo o Mapa da Mente de todos os potenciais e medidas urgentes a serem tomadas. Seja o mais minucioso possível e inclua, sobretudo, os itens que você tende a evitar por algum temor ou que são particularmente traiçoeiros e complexos. Congele imagens durante a confecção do Mapa da Mente e pergunte a si mesmo quais são os outros itens que não foram mapeados. Mais tarde, quando achar que o mapa está completo, congele a imagem e pergunte ao seu coração quais são as prioridades, as atividades que precisam ser realizadas impreterivelmente. Confeccione um Mapa do Coração com as respostas às suas perguntas. Continue congelando imagens para se lembrar de que está na hora de garantir que o *equilíbrio* seja o centro das suas atividades. Não é hora de se prender a detalhes nem de pensar no grande volume de trabalho que você poderia estar fazendo. Em seguida, crie um plano de ação com base nos dois mapas, deixando que os valores centrais revelados no Mapa do Coração o orientem. O Mapeamento do Coração representa outra forma de você ativar sua inteligência plena, em vez de confiar unicamente numa abordagem linear ou só responder às necessidades mais gritantes. Ele abre novos potenciais criativos onde antes predominava o ruído.

capítulo **12**

A Criação de um Futuro Quântico

O modelo de gestão de qualidade interna afirma que, por trás da excelência, existem quatro dinâmicas integradas, agora e no futuro. Apresentamos vários fatos e estudos bem fundamentados com o intuito de mostrar que os problemas relacionados com *stress*, desempenho do ser humano e clima da empresa precisam se transformar em prioridades estratégicas e deixar de ser apenas tópicos discutidos durante um rápido almoço, concebidos por um Departamento de Recursos Humanos bem-intencionado. Embora as quatro dinâmicas representem um todo coerente que pode ser aplicado por qualquer empresa, não somos ingênuos a ponto de pensar que a vida é sempre organizada e certinha. Com efeito, a própria imprevisibilidade e a aceleração sentidas nas empresas atualmente nos impeliram a criar a metodologia GQI.

A eficiência no mundo dos negócios constitui uma espécie de ciência, e para que ela faça sentido é preciso que haja um coração. A ciência aqui apresentada não se baseou em dogmas ou princípios rígidos, mas sim em coerência e na inteligência genuína da flexibilidade e da adaptabilidade. As quatro dinâmicas GQI, mais do que regras a serem seguidas, são atitudes a serem integradas de forma exclusiva à sua cultura. A percepção de cada leitor irá determinar em grande parte a forma como essas idéias e técnicas ganham vida na empresa.

Massa Crítica

Se você for criativo ao implementar as quatro dinâmicas da Gestão de Qualidade Interna — Autogerenciamento Interior, Comunicação Coerente, Clima

Saudável, Processos Estratégicos de Renovação —, poderá criar um grau de coerência mais elevado. Quando uma massa crítica de indivíduos dentro da empresa atingir um novo nível de autogerenciamento mental e emocional, haverá uma tendência irrefreável rumo à coerência. Você ainda precisará assumir as rédeas, ouvir todas as partes e zelar pelos clientes, sócios e funcionários. Mas a empresa vai ter mais acesso à inteligência intuitiva do coração. Como resultado, vai ficar mais resiliente, adaptável, inovadora, produtiva, eficaz. Dê uma nova ênfase ao desenvolvimento individual para fazer que a empresa passe a operar com base mais na sabedoria do que no conhecimento. Os valores centrais e a declaração de metas da empresa passarão a ter novo significado (ou exigirão alguns ajustes). Seu pessoal e sua empresa têm um "coração". Quando esse coração ganhar nova vida, a empresa alcançará a coerência, mesmo em meio ao caos.

Criando o Futuro

A percepção governa o mundo. No decorrer da nossa vida, e por muitas gerações antes de nós, a percepção humana de inteligência, poder e tempo, bem como a noção sobre a natureza da nossa satisfação, passaram por mudanças radicais. Com a explosão da informação, os estudiosos procuraram construir pontes e identificar conexões entre campos de estudo em geral essencialmente díspares. As leis da teoria do caos e da física quântica são discutidas nas faculdades de administração, as informações da área biomédica influenciam nossas práticas de contratação e de treinamento de funcionários, estudos psicológicos ditam os projetos dos locais de trabalho.

Podemos afirmar com segurança que "ainda não vimos nada". Todas as gerações julgam suas conquistas fabulosas quando comparadas às conquistas do passado, e certamente a velocidade da transformação atualmente não tem precedentes na história da humanidade. É tentador acreditar que a mais recente descoberta representa a resposta final. No entanto, seria sábio da nossa parte lembrar que, para cada descoberta, outras muito mais importantes aguardam nossa exploração inteligente. Durante séculos as pessoas ficaram absolutamente convencidas — e suas observações confirmavam isso — de que a Terra era plana. Uma observação posterior, contudo, acabou por convencê-las de que a Terra era o centro do universo e de que o Sol girava à sua volta. Atualmente, lentes expandidas de percepção em ambas as extremidades do espectro — do telescópio Hubble, que revelou mundos jamais vistos, à visão teórica das partículas quânticas — ampliam os limites do que podemos observar. Afirmamos aqui que as lentes da inteligência do coração representam a próxima fronteira a ser transposta na forma como vemos e nos relacionamos com a vida.

Uma nova inteligência está disponível, uma inteligência que pode transformar o caos e a confusão do passado em coerência. Cada era da história da humanidade foi marcada por uma grande expansão da inteligência humana, mas as falhas e distorções nos relacionamentos entre os seres humanos limitaram o impacto de grande parte dessa inteligência. Fizemos grandes avanços tecnológicos, cercamo-nos de confortos materiais, conseguimos acesso a uma grande quantidade de informações, desenvolvemos os meios de transporte e fizemos um sem-número de outras conquistas. Nosso padrão de vida melhorou em diversas partes do mundo, mas as relações sociais básicas permanecem envoltas em imaturidade e antagonismo. Religião, raça, nacionalidade ou classe social têm servido de justificativa para assassinatos.

Visto através das lentes da História, nada do que sabemos até agora poderia ser considerado definitivo, a última palavra ou até mesmo um conhecimento fixo. A ironia está no fato de que, na busca por significado, as respostas muitas vezes passam a ser mais evasivas e mais básicas. Os físicos quânticos deram nome a partículas como quarks e mésons; os astrônomos especulam sobre a existência de MACHOs — objetos sólidos compactos do halo da galáxia* — que não emitem luz. O mundo da informática e a maioria das culturas empresariais estão cheios de acrônimos bem-humorados e de palavras novas ou velhas, mas com novos significados. Há uma certa inquietação em torno de grande parte das descobertas que estão sendo feitas atualmente; uma sensação de que as respostas que estamos procurando são mais simples e mais irônicas do que poderíamos imaginar.

Os seres humanos demonstram uma tendência para a organização pessoal, desde a formação da nossa identidade até a forma como manipulamos o meio ambiente — como arrumamos a cama, escovamos os dentes, arquivamos os papéis, desenvolvemos estratégias ou fazemos planos de viagens. Tentamos lidar com o presente pensando no futuro. Agindo de forma mecânica com base em nossas posturas habituais e nos programas emocionais do nosso passado, normalmente fazemos um bom

Reza uma lenda hindu que os deuses estavam tentando decidir onde esconder o segredo da vida. Um dos deuses sugeriu:
—Vamos escondê-lo nas montanhas.
— Não — replicou outro —, eles irão procurar lá.
Então, um dos deuses disse:
— Vamos escondê-lo no céu.
Mas sua sugestão foi contestada da mesma forma:
— Não, eles irão procurar lá.
Nessa altura, o mais sábio deles disse:
— Vamos escondê-lo no coração. Lá, eles nunca irão procurar.

*Em inglês: *Massive Compact Holo Objects*.

trabalho. Mas o que é que não estamos vendo? Quais são os sinais sutis da nossa inteligência que não ouvimos por estarmos ocupados demais?

A criatividade e a inovação são facetas fundamentais de toda a atividade humana. Darwin identificou mutações genéticas espontâneas que proporcionavam capacidade de adaptação e vantagens competitivas e, conseqüentemente, possibilidades de sobrevivência. Observou-se que essas mutações aconteciam em saltos descontínuos, e não numa progressão constante de pequeninas mudanças. Para um pássaro, o crescimento de uma pena a mais praticamente não altera a sua capacidade de voar, mas o crescimento de várias outras penas poderia fazer uma diferença considerável. No mundo da física, os elétrons mudam seu movimento orbital em saltos descontínuos, enquanto absorvem ou emitem energia em quanta.

QUESTIONE SUAS PRESSUPOSIÇÕES

Segundo as palavras de Albert Einstein, "Os problemas significativos que enfrentamos hoje não podem ser resolvidos pelo mesmo nível de raciocínio que os criou". As empresas usam sempre as mesmas práticas de negócios, partindo da pressuposição de que elas continuarão a produzir os resultados almejados. Nunca foi tão importante ficar aberto a novas idéias e desejar sinceramente realizar mudanças concretas. Aprenda a abandonar posturas rígidas e a ser mais adaptável e flexível. Reflita sobre todas as opções quando tiver de tomar decisões estratégicas e críticas. Use toda a sua inteligência, e não apenas a lógica e a experiência, para tomar decisões. Ative o poder do seu coração para eliminar o medo de realizar mudanças. Ao contrário, adote essas mudanças com empolgação e uma sensação de aventura. Seja rápido, mas aja de forma equilibrada.

Inovação

As mudanças nas empresas também podem ser repentinas. Acreditamos que a coerência seja o princípio subjacente que, no futuro, levará a saltos quânticos de eficiência. "De repente" uma nova empresa se destacará. As empresas sustentáveis serão aquelas fundamentadas em valores centrais sólidos que fornecem o sistema operacional para a coerência. A cada novo nível de coerência que essas empresas alcançarem, ocorrerão inovações como fruto da criatividade renovada. Diante de uma adversidade, em vez de reagir ao desafio de forma emocionalmente exagerada, elas vão se organizar com base numa coerência inteligente para lidar com os problemas. Essa é a verdadeira inovação. A capacidade de inovar continuamente emergirá da flexibilidade e da coerência que estão por trás de todos os aspectos da saúde da empresa e das pessoas que a compõem.

Antigamente, podíamos desafiar uma pessoa ou um sistema a inovar, assim como podíamos nos valer do medo como uma motivação para o sucesso. Mas, com a nova inteligência, esses velhos métodos serão vistos como totalmente ineficazes, como estratégias que só contribuem para minar energia. A natureza não busca o caos; ela se organiza de forma inteligente para garantir sua sobrevivência a despeito do caos. A coerência traz eficiência no uso da energia para um mundo caótico.

A inovação representa a arrancada, o salto descontínuo de inteligência aplicado de uma nova forma. Ela não é superficial ou estática; não existe uma *melhor* maneira universal. Soluções locais que funcionam são fundamentais, assim como, no nível individual, estar "presente" significa ter toda a inteligência disponível para lidar com cada situação específica.

Gerenciamento Quântico

Estar no momento presente — alerta, lúcido e neutro — será um imperativo gerencial. Viver no passado ou preocupar-se demasiadamente com o futuro é uma forma de desperdiçar energia e recursos. Nenhuma empresa pode sobreviver por muito tempo vivendo num tempo desvirtuado pela História ou distorcido por ansiedades futuras.

A cultura popular nos leva a crer que *quantum* significa grande. Na verdade, *quantum* significa um componente básico elementar, pequenino demais para ser medido. Pequeno, até mesmo infinitamente pequeno, entretanto, não quer dizer insignificante. De fato, pode ser que o paradoxo seja que quanto menor, mais forte seu efeito potencial. Obviamente, tamanho não é documento: empresas, burocracias e impérios gigantescos foram forçados a diminuir de tamanho ou a se dividir. A AT&T, o planejamento centralizador da indústria soviética e o Império Britânico representam apenas alguns exemplos memoráveis. Será que a Microsoft vai ser a próxima? Será que a febre de fusões está com os dias contados?

O gerenciamento quântico implica uso da inteligência plena para lidar de forma eficaz com cada componente básico elementar — com este momento. As empresas serão desafiadas a encontrar soluções locais — *agora* — que funcionem numa época de complexidade, caos e *stress* crescentes. O desafio será alcançar a coerência e a serenidade interior necessárias para perceber a ordem mais profunda implícita no que parece ser o caos. A emoção não trabalhada contribui para aumentar o desconforto. Encontrar essa ordem mais profunda é fundamental para a capacidade de adaptação e de sobrevivência. A liderança de qualquer empresa deve se empenhar para identificar, administrar e orientar as mudanças, bem como ensinar estratégias de adaptação em nível individual. A expansão da inteligência e a capacidade de auto-organização das pessoas que compõem uma empresa levam à descoberta de importantes estratégias. As quatro dinâmicas GQI podem oferecer um guia flexível e dinâmico para que as pessoas consigam vencer o desafio de se adaptar a um novo futuro de forma inteligente.

Sensação de Segurança

A sensação de segurança será a marca registrada dos líderes e das empresas de destaque no futuro. A sensação de segurança de uma pessoa ou sistema proporciona um alto índice de coerência. Os líderes ou empresas que se sentem seguros podem acabar com o poder e a autoridade e desenvolver centros de inovação e excelência em todos os níveis.

A Skandia, companhia seguradora sueca pioneira na iniciativa de valorizar e medir o capital humano, criou centros do futuro para explorar novas tecnologias fundamentais para o seu desenvolvimento. Porém, o mais importante é que, à medida que suas operações, oferta de produtos e força trabalhadora ficaram mais diversificadas e complexas, ela criou um "escritório do coração" para garantir que os valores centrais da empresa fossem devidamente transmitidos. A auto-organização ocorrerá no nível local, mas a Skandia garante que irá expandir sua coerência com a inteligência que vem do núcleo.[1]

O gerenciamento quântico implica orientar a evolução das pessoas e dos sistemas em resposta à mudança, criando adaptações "genéticas" em saltos descontínuos na visão que a empresa tem de si mesma e na forma como ela se transforma para oferecer novas habilidades. O gerenciamento quântico vai garantir que "o pequeno e o insignificante" não sejam ignorados. Isso ficará claro quando percebermos que a questão está no fato de que estamos nos movendo muito rápido tanto mental como emocionalmente. O problema é que estamos deixando de compreender o significado de um acontecimento, e não o fato de que o assunto ou a pessoa seja insignificante demais para atrair nossa atenção. Para isso é preciso ficar *atento* — de forma equilibrada, coerente e alinhada com nossos valores centrais. Então, saltos quânticos acontecerão, permitindo que a empresa mantenha e aumente seu nicho no mercado enquanto conserva o seu significado. O gerenciamento quântico exige que as habilidades dos seres humanos e dos sistemas sejam orientadas de forma coerente para padrões de auto-regeneração e de espirais ascendentes, desdobrando-se nas novas camadas individuais do potencial intrínseco de DNA, ao mesmo tempo que desenvolve novas camadas de potenciais de mercado, humano e de inovação. O segredo será nos libertarmos da gravidade e da densidade em nós mesmos e nas empresas.

Como Fazer o Seu Planejamento

Você terá oportunidade agora de tirar o máximo proveito do investimento que fez ao ler este livro e de fazer o seu próprio planejamento para aplicar as técnicas que aprendeu e as descobertas que fez. Qual é o seu objetivo? Quais são as suas principais dúvidas com relação ao seu equilíbrio pessoal, sua carreira ou a viabilidade da empresa em que trabalha? Mais à frente, você encontrará um glossário com os principais conceitos e definições das técnicas usadas neste livro, mas apresentaremos aqui um breve resumo:

- Autogerenciamento Interior
  - — Imagem Congelada
  - — Balancete de vantagens e desvantagens
  - — Neutro
  - — Gerenciamento do tempo e controle das expectativas
- Comunicação coerente
  - — Capacidade de ouvir intuitivamente
  - — Diálogo autêntico
  - — Discussões sobre assuntos relevantes
- Como estimular um clima saudável na empresa
  - — Distinção entre cuidado e superpreocupação
  - — Cuidados consigo mesmo
  - — Como identificar o vírus emocional
  - — Contato com o Coração
- Processos estratégicos de renovação
  - — Mapeamento do Coração
  - — Balancete de vantagens e desvantagens
  - — Treinamento
  - — Trabalho de equipe
  - — Como administrar o momento presente

Quais são os seus valores centrais, as qualidades e experiências que fazem o seu coração bater mais forte? Reflita agora sobre sua rotina diária, semanal e mensal. Quanto tempo por dia você passa ao telefone, em reuniões, sessões de planejamento, viagens, respondendo as mensagens da secretária eletrônica e os *e-mails*? De todos os conceitos e instrumentos descritos aqui, quais são os que parecem mais fáceis de ser incluídos em sua agenda? Quais são os mais desafiadores, mas que levariam a resultados compensadores? Faça um Mapa da Mente de todas as maneiras possíveis de integrar e aplicar os instrumentos, recorrendo à lista anterior. Em seguida, elabore um Mapa do Coração das atividades mais importantes, aquelas que estão mais em sincronia com seus valores. Inclua nesses mapas a necessidade de se encontrar com pessoas para resolver conflitos e criar uma comunicação mais coerente. Lembre-se, sobretudo, de se concentrar no desenvolvimento de maior equilíbrio e coerência em *si mesmo*. O próximo passo é esboçar um plano de ação dos instrumentos que você pode se comprometer a utilizar. A última etapa consiste em pôr mãos à obra.

A Presença

Um subproduto do processo GQI é o desenvolvimento da *presença*. Essa é uma qualidade rara num mundo frenético, de estímulos ininterruptos e ansiedade constante. O que está por trás da presença? Obviamente, não se trata de uma proeza intelectual ou Mensa* que governaria o mundo. Todos nós já derramamos lágrimas mais de uma vez por causa da indiferença intelectual de alguém que está afastado da realidade cotidiana, perdido num universo conceitual criado por si próprio. No mundo das artes cênicas há muitas pessoas *talentosas*, mas poucas têm realmente *presença*. Será que essa presença é a coerência gerada pelo coração num mundo de magnetismo pessoal? As pessoas com presença têm uma qualidade inefável: elas estão "presentes", isto é, são surpreendentemente atentas e centradas e irradiam plenitude, concentração e inteireza. Gostamos de estar "na sua presença". Presença nada mais é do que a irradiação natural da segurança que vem do coração, e pode ser desenvolvida.

Vários fatores podem privar as pessoas e as empresas de presença:

- Conflitos pendentes.
- Uma vida afastada dos valores centrais.
- Processos mentais não trabalhados que ficam fora de controle.
- Hábito de julgar a si mesmo e aos outros.

A presença, sem dúvida alguma, é mais tangível do que pensamos e provavelmente um dia será possível medir um "campo magnético de presença". Mas, mesmo antes de a ciência comprovar sua existência, estamos permanentemente deparando com ela:

- Na loja que freqüentamos, por causa da inegável sensação de bem-estar que sentimos no seu interior.
- Nos grandes atores e atrizes cujos filmes nunca deixamos de ver, por causa do carisma e da presença que eles emanam.

---

*Associação de "gênios": organização internacional que só admite pessoas com QI superior a 132.

- Num professor ou líder que, pelo simples fato de entrar num ambiente, estimula imediatamente sua dinâmica.
- Numa empresa aérea que age de forma aberta e compassiva diante de uma tragédia no ar.

A falta de presença pode ser vista:

- No novo âncora que simplesmente lê as notícias, sem acrescentar sensibilidade humana às "manchetes do dia".
- Na constrangedora reunião com os funcionários pautada por interrupções freqüentes, conversas paralelas e antagonismo.

A Vulnerabilidade de Einstein

Apesar de terem transcorrido muitos anos até que as teorias radicais de Einstein passassem a integrar a corrente principal da ciência, no final ele acabou sendo reconhecido como o maior físico do século XX. No auge da sua fama, um padre católico do Vaticano desafiou uma de suas principais doutrinas: sua visão de um "universo estático". O cientista fez pouco do padre, afirmando publicamente que ele não entendia nada de matemática. Naquela ocasião, ainda se acreditava que vivíamos na única galáxia existente no universo, mas as fotos surpreendentes do grande astrônomo Hubble começaram a apresentar uma visão muito diferente do cosmos. As "nebulosas", que cientistas como Einstein acreditavam fazer parte da nossa própria galáxia, eram, na verdade, outras galáxias imensas que se distanciavam de nós a uma velocidade fantástica. A beleza dessas imagens tirou o fôlego de Einstein e o levou a pedir desculpas publicamente ao padre e a mudar radicalmente sua visão de realidade cósmica. Quantos líderes e visionários são capazes de expor a própria vulnerabilidade como fez Einstein — não apenas por admitir abertamente seu erro, mas também por se maravilhar ante a nova descoberta. Essa vulnerabilidade e a abertura à verdade foram dois grandes legados de Einstein ao mundo e se escondiam por trás da sua *presença* discreta e um tanto desmazelada.

No futuro, procuraremos cada vez mais fazer negócios com empresas nas quais sentirmos presença, desejaremos trabalhar apenas para líderes que a respeitem e estaremos bastante conscientes do desejo íntimo de desenvolver nossa própria presença. Essa será uma qualidade imprescindível para que possamos nos sentir bem-vindos e compreendidos no ambiente de uma empresa e nas equipes com as quais trabalhamos. A presença gera e aumenta a coerência.

Há uma tendência de desenvolvimento irrefreável de uma nova inteligência, muito embora possa parecer embrionária e frágil diante de tanto caos e de tanta dor. As empresas do futuro terão de descobrir e alimentar o seu coração. Não vai ser fácil, mas será essencial.

Aquelas que agirem com base no coração vão estimular o desenvolvimento pessoal e o autogerenciamento dos seus membros. Procurarão maximizar a inteligência e, em vez de pressionar as pessoas a produzirem cada vez mais, vão oferecer-lhes apoio. Considerarão a saúde mental, emocional e física das pessoas que a compõem como fatores imprescindíveis para a produtividade e a viabilidade a longo prazo, e não apenas um problema típico dos que não têm fibra. Verão a comunicação como um fluxo de informações vivas com poder de vitalizar e regenerar. Estimularão a troca de idéias e a saúde e eficiência de todos os métodos de comunicação, com o intuito não de invadir a privacidade, mas de reconhecer o fluxo de informação como seu próprio alimento. Tentarão criar um clima saudável na empresa, não apenas para o seu próprio bem ou por ser a coisa certa a fazer, mas simplesmente porque não cogitarão agir de outra forma. Compreenderão que a aquisição desenfreada de conhecimento, por mais excitante que seja, não passa de um pálido substituto para a maturidade moderada da sabedoria. O conhecimento sem coração é uma carga pesada; a sabedoria regenera. Essas empresas criarão processos capazes de gerar renovação e revitalização para si próprias e para as pessoas que as compõem, atendendo às necessidades de todos. Por todo esse esforço inteligente, elas serão recompensadas com conquistas inauditas de inovação, lealdade do consumidor e realização pessoal e, dessa forma, terão transformado o caos em coerência.

apêndice

Relatórios de Campo

A HeartMath e suas associadas forneceram programas GQI para um grande número de empresas, agências governamentais e instalações militares nos Estados Unidos, Canadá, Europa e Ásia. Este apêndice resume os resultados de várias dessas intervenções. *(Relatórios completos sobre essas e outras intervenções estão disponíveis na HeartMath e no site www.heartmath.com)*

RETORNO DO INVESTIMENTO NA INDÚSTRIA PETROLEIRA

Byron Stock e Jane Shuman

Histórico

Jane Shuman, da Shuman & Associates, e Byron Stock, da Byron Stock & Associates, forneceram o programa de treinamento de Desenvolvimento de Habilidades de Inteligência Emocional (IE)® baseado na tecnologia da Gestão de Qualidade Interna para várias empresas do setor público e privado. Um dos clientes, uma organização com 3 mil funcionários que licencia sua propriedade intelectual (patentes e processos) para a indústria petroleira, pediu-nos para elaborar um programa de treinamento com o intuito de avaliar a eficácia do nosso programa com um grupo diversificado de profissionais e funcionários de cargo administrativo. Os resultados obtidos nesse programa são apresentados a seguir:

Por Que o GQI Foi Escolhido

O programa GQI foi selecionado por várias razões. Ele...

- fornece técnicas e instrumentos simples e cientificamente comprovados que qualquer pessoa pode usar para aliviar o *stress*;
- comparou os resultados obtidos antes e depois da sua aplicação em várias empresas, revelando impacto positivo sobre aspectos como desempenho, *stress*, saúde e atitudes (emoções);
- não representa apenas um "evento" isolado, mas sim um programa abrangente destinado a produzir alterações no centro afetivo (emocional) do cérebro;
- baseia-se em pesquisas médicas publicadas em artigos técnicos de periódicos como *American Journal of Cardiology*, *Journal for the Advancement of Medicine* e outros;
- reforça as aptidões da cultura da empresa em vários fatores, como Pensamento, Liderança, Comunicação, Habilidades Interpessoais e Autogerenciamento.

Inteligência Emocional

Existem provas crescentes da grande importância da inteligência emocional. Sabe-se há muito tempo que as emoções são responsáveis por boa parte do *stress* e, mais recentemente, elas foram apontadas como um fator importante do sucesso no âmbito pessoal e profissional. Inteligência emocional é a capacidade de adquirir e aplicar conhecimento a partir das próprias emoções e das emoções de outros, com o intuito de obter sucesso e levar uma vida repleta de realizações. Daniel Goleman, em seu famoso artigo para a *Harward Business Review*, "*What Makes a Leader?*" (*HBR* nov.dez. de 1998, p. 93), reflete sobre a força da inteligência emocional:

...quando calculei o índice de habilidades técnicas, QI e inteligência emocional (identificados em modelos de aptidões de 188 empresas) como ingredientes de um excelente desempenho, a inteligência emocional revelou ser duas vezes mais importante em cargos de todos os escalões.

...Além disso, minha análise revelou que a inteligência emocional desempenha um papel cada vez mais relevante nos cargos mais elevados da empresa, onde as diferenças de habilidades técnicas são insignificantes...

Reações Emocionais Não Trabalhadas

As reações emocionais não trabalhadas e a falta de habilidades de inteligência emocional nos executivos e funcionários de todos os escalões têm enorme impacto no mundo dos negócios. A falta dessas qualidades nos executivos e funcionários de todos os escalões pode resultar em...

- alta rotatividade do quadro de funcionários
- demora para tomar a iniciativa de fazer mudanças
- inovação insatisfatória e criatividade medíocre
- iniciativas de aprimoramento malsucedidas
- menor desenvolvimento do potencial de talentos
- menor produtividade
- menor satisfação por parte do cliente ou consumidor
- iniciativas de reengenharia malsucedidas
- menor lealdade por parte do cliente ou consumidor
- queda da receita
- aumento do *stress* e das despesas com saúde
- ambiente e cultura empresarial desagregadores
- violência no local de trabalho

Quais desses itens estão impedindo que as metas e os objetivos da sua empresa sejam alcançados?

Participantes

Os empregados que participaram do programa não foram selecionados aleatoriamente. Além dos membros da comissão que escolheram o nosso programa, foram convidados a participar os indivíduos que mais ganhariam com a redução dos sintomas físicos do *stress* e com a aquisição de habilidades de inteligência emocional e criatividade. O objetivo era fazer um cruzamento de cargos e funções dentro da empresa para avaliar a eficácia do programa. Foram selecionadas 14 pessoas ao todo.

Programa

Nosso programa é abrangente e inclui entrevistas individuais realizadas antes do início do treinamento (com avaliação psicológica), treinamento de dois dias, materiais de reforço (*e-mails*), prática de habilidade no local de trabalho, três sessões individuais de treinamento pelo telefone com meia hora de duração cada uma, realizadas no 7º, 21º e 35º dias, e sessões de treinamento integrado com duração de um dia, realizadas no 14º, 28º e 42º dias. Esse processo é seguido por avaliação psicológica após o treinamento e Entrevistas de Eventos Importantes de uma hora.

Avaliação

O programa contou com três métodos de avaliação. A pesquisa de Avaliação de Qualidade Individual e Empresarial (POQA) foi feita para determinar o terceiro nível de mudanças emocionais em relação às atitudes dos participantes como resultado do treinamento. O POQA foi administrado ao grupo-piloto antes das entrevistas e depois da sessão final de integração. A agenda dos Objetivos e Realizações Pessoais (PG&A) foi usada para determinar o primeiro, o segundo, o terceiro e o quarto níveis de habilidades e usar os exemplos do impacto das mudanças sobre os participantes e a empresa. O PG&A foi administrado durante as entrevistas e em cada uma das sessões de Integração. Foram realizadas Entrevistas de Eventos Importantes cerca de quatro meses depois da última Sessão de Integração. Essas entrevistas incluíam uma série de perguntas, que foram usadas para determinar o terceiro e quarto níveis de habilidades e usar os exemplos do impacto das mudanças sobre os participantes e a empresa.

Os Resultados Gerais

Os participantes relataram aumento de emoções positivas e maior capacidade de lidar com o *stress* e com as emoções negativas. Foram observados também aumento de produtividade, maior capacidade de se comunicar e satisfação com o emprego.

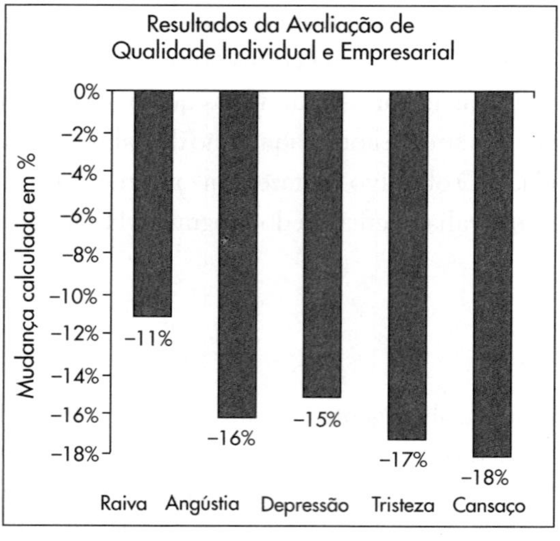

Influência Sobre as Emoções Negativas

À medida que os participantes aprendem a reconhecer os estados emocionais que produzem *stress*, como raiva, frustração e medo, bem como a lidar imediatamente com essas emoções, transformando-as em ações e estados emocionais positivos e produtivos, as emoções negativas, que minam energia e desperdiçam tempo, são reduzidas significativamente.

— Estou mais autoconsciente, sinto o ardor (rubor, coração e sangue).
— Não tenho mais explosões de raiva como antes.
— Em geral, não saio mais nervoso do trabalho. Está me ajudando a sobreviver.
— Estou conseguindo controlar melhor minha reação diante de fatores irritantes. Gasto menos energia com as coisas que fogem ao meu controle.

O que acontece quando os sintomas físicos de *stress* são reduzidos? O desempenho melhora!

Eficácia Individual

Conforme os participantes aprendem a tomar consciência das suas emoções e a lidar com elas, eles conseguem pensar de forma clara e eficaz. Além disso, ficam mais motivados. Conseqüentemente, pensam com mais lucidez (clareza mental e de objetivos), comunicam-se melhor com os colegas de trabalho e companheiros de equipe e aumentam a produtividade, obtendo, assim, maior satisfação no nível pessoal e no trabalho.

— De modo geral, as técnicas me ajudaram a me concentrar nas questões importantes. Minha produtividade aumentou 20%, consigo fazer o trabalho de cinco dias em quatro.

COMENTÁRIO DE UM PARTICIPANTE

Duas semanas atrás, dez ou doze pessoas se reuniram para analisar o problema de desempenho de um novo projeto. Alguns comentários podiam ser interpretados facilmente como duras críticas à produção. As respostas eram defensivas ou acusatórias.
Usei a técnica da Imagem Congelada e refleti sobre minha resposta.
Se sabemos que existe um problema, vamos elaborar uma série de testes para descobrir a causa. Isso evita troca de acusações e respostas exaltadas. Antes (do programa) eu teria dito: o problema é (você)...
Depois de um episódio como esse, pode levar de 3 a 6 meses para que as ofensas sejam esquecidas.
Dependendo do produto, isso pode custar milhões de dólares.

— Usei as técnicas em meu último projeto para ouvir realmente "quando, o que e como", em vez de ficar dando justificativas. Sem dúvida alguma, houve mais cooperação.

— Estou mais organizado e mais produtivo.

— Estou trabalhando mais e reclamando menos.

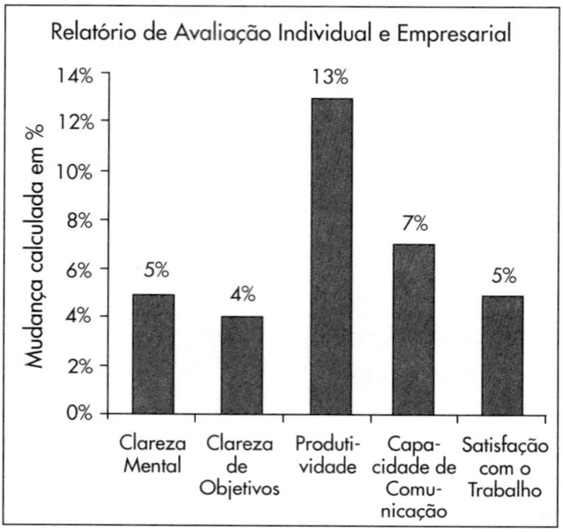

A Influência Sobre as Emoções Positivas

Quando conseguem lidar com as próprias emoções no exato momento em que elas surgem, os participantes ficam mais eficientes e adquirem uma perspectiva geral mais positiva. Em vez de ficarem ansiosos e angustiados, eles ficam mais calmos e tranqüilos, preparando o terreno para a criatividade e para um melhor trabalho de equipe.

— Dizem que estou mais calmo e mais organizado.

— Sinto-me melhor, mais equilibrado.

— Reajo melhor às pessoas, estou fazendo mais por elas.

— Acho que as coisas fluem mais quando me acalmo e penso com mais clareza.

Sintomas Físicos do Stress

Depois de algum tempo usando as técnicas HeartMath, os efeitos das emoções positivas coerentes e da energia do coração podem ser observados e sentidos

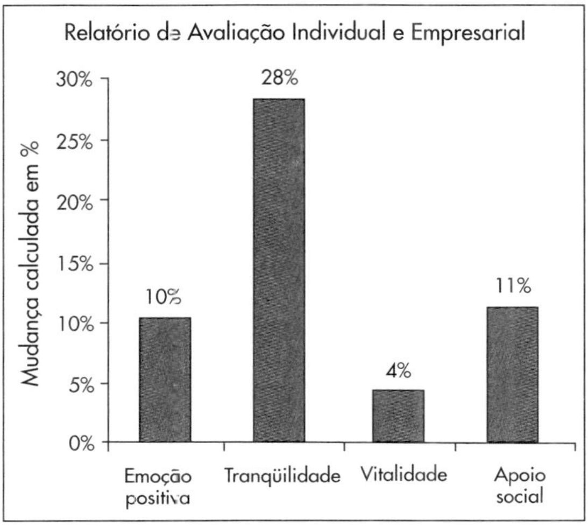

fisicamente. À medida que os sistemas corporais (hormonal, digestivo, cardiovascular, endócrino, respiratório etc.) entram em sincronia e começam a trabalhar de maneira harmoniosa na maior parte do tempo, outros benefícios são percebidos.

— Sinto-me descansado e capaz de pensar com mais clareza. Consigo trabalhar bem durante todo o dia. Quando não estou me sentido bem, fico distraído e sem energia.
— Estou dormindo melhor, sinto-me mais calmo e mais relaxado.
— Há muito tempo não tenho enxaqueca.
— Estou me sentindo muito menos estressado. Durmo melhor. Estou mais organizado e mais concentrado. Agora sou um bom ouvinte.

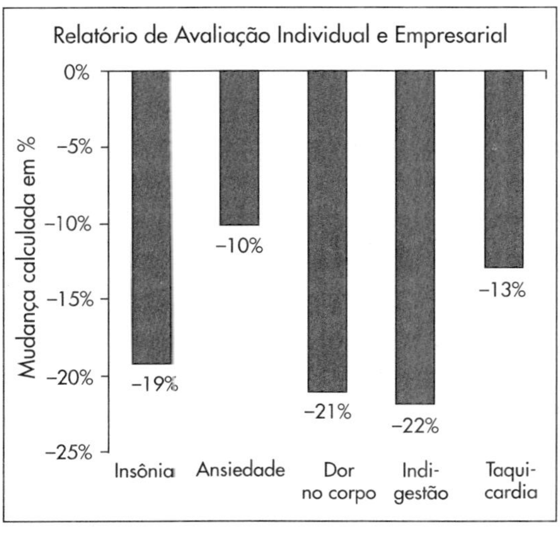

Aumento da Produtividade

Por três vezes durante o programa de 12 semanas, cada participante foi solicitado a identificar a porcentagem de aumento da produtividade (caso tivesse havido algum) que observou com o uso das novas habilidades. Para definir o aumento da produtividade, eles consideravam o volume de trabalho produzido num período mais curto ou o volume a mais de trabalho produzido no mesmo período. O aumento da produtividade dos diretores e gerentes foi de 19% a 28%; e o dos engenheiros e do pessoal de apoio, de 38% a 48%. Nesse programa de contatos múltiplos, a média de aumento da produtividade subiu de 10,25% na segunda semana da sessão de integração para 31,94% na décima semana.

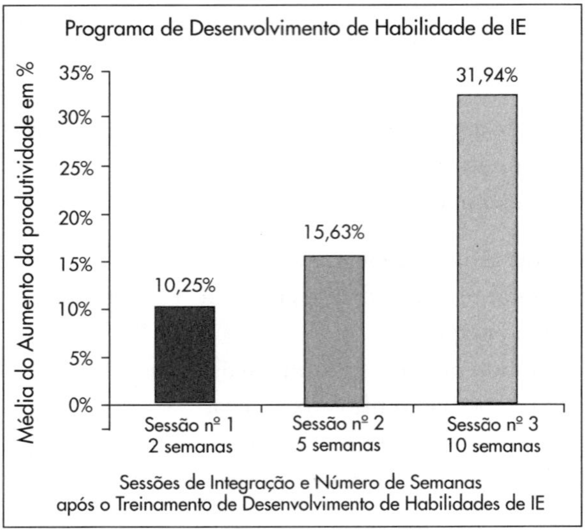

Retorno do Investimento

Para determinar o valor do programa para o cliente, o salário de cada participante foi multiplicado pela porcentagem média do aumento da produtividade. O valor total do programa de Desenvolvimento de Habilidades de Inteligência Emocional para o cliente foi calculado em 264.529 dólares por ano.

O retorno do investimento empregado no programa de treinamento pode ser determinado de duas maneiras básicas. O primeiro método consiste em subtrair o custo total do investimento (nesse caso, despesas desembolsadas mais despesas com salário para freqüentar o treinamento) do aumento da produtividade (em dólares de salário) gerado pelo investimento. O retorno líquido do investimento do programa foi calculado em 216.092 dólares. O segundo método consiste em dividir o aumento de produtividade (em dólares de salário) gerado pelo investimento pelo custo total do investimento (nesse caso, despesas desembolsadas mais custos com salário) para obter o índice de retorno. **O índice de retorno do investimento no programa foi de 5,5 para 1.**

Conclusão

A produtividade do grupo que realizou o treinamento aumentou cerca de 32% ao longo das doze semanas de duração do programa. Isso significa 264.259 dólares de valor agregado para o cliente com base no salário dos participantes. O índice de retorno do investimento em relação ao custo do programa foi de 5,5 para 1. Além disso, houve uma melhora significativa em relação a todos os conceitos de qualidade, tanto no âmbito pessoal como no empresarial:

Eficácia Individual
Influência Sobre as Emoções Positivas
Sintomas Físicos de *Stress*
Influência Sobre as Emoções Negativas

Esses resultados indicam que as técnicas oferecidas pelo programa reduziram com eficácia a principal fonte de *stress* dos participantes, ajudando-os a lidar melhor com os padrões emocionais negativos. A redução do *stress* fez que os participantes melhorassem a produtividade, o desempenho, a capacidade de se relacionar e a saúde.

BENEFÍCIOS DO PROGRAMA DE GESTÃO DE QUALIDADE INTERNA® NO ÂMBITO PESSOAL E DOS NEGÓCIOS — UMA PERSPECTIVA EUROPÉIA

Alan Watkins, M. D., Hunter-Kane, Reino Unido

Histórico

A maioria das empresas de categoria internacional está em constante transformação, e o ritmo da mudança parece estar cada vez mais acelerado. Algumas empresas estão sempre se reorganizando, e outras lutam com os problemas da globalização enquanto tentam racionalizar sua abordagem ao “mercado mundial”.

Independentemente de a empresa estar lidando com redução do quadro de funcionários, terceirização, mercados mais sofisticados, sobrecarga de informações ou mudanças tecnológicas, ou todos esses fatores juntos, não resta dúvida de que criamos o ambiente de trabalho mais complexo de toda a história da humanidade. Algumas pessoas acham que este “novo mundo” em rápida transformação é desafiador e estimulante, mas muitas o acham estressante e e lutam com dificuldade cada vez maior.

Para que os indivíduos possam prosperar numa época de mudanças rápidas como esta e apresentar seu melhor rendimento, eles precisam aprender a lidar com o *stress* e a ser mais flexíveis, mais adaptáveis e mais resilientes. Em suma, precisam ser mais inteligentes do que antes.

Ciência

Uma pesquisa recente realizada por cardiologistas e neurocientistas revelou que as técnicas eficazes desenvolvidas pelo Instituto HeartMath podem gerar melhoras rápidas e significativas em:

- clareza mental, criatividade e capacidade de tomar decisões
- flexibilidade cardiovascular
- equilíbrio hormonal
- função imunológica

Essa pesquisa demonstrou, sobretudo, que existe estreita ligação entre produtividade, função cerebral, saúde cardiovascular e *stress*. Ao aprenderem a alterar conscientemente a qualidade do sinal interior que vai do coração ao cérebro, os indivíduos melhoram sua *função cortical*. Esse processo é denominado "sincronização cérebro-coração". A sincronização aumenta o nível de clareza, criatividade e percepção do indivíduo, fatores determinantes do desempenho. Essas técnicas, portanto, são capazes de levantar o moral e aumentar a eficiência, a produtividade e a capacidade de adaptação, tanto no âmbito pessoal como no empresarial.

Programa de Gestão de Qualidade Interna

O Programa de Gestão de Qualidade Interna foi elaborado com base nessa pesquisa científica e demonstrou que exerce um impacto sobre uma gama de indicadores de saúde e de desempenho profissional.

Plano de Estudo

Por causa dessas evidências científicas contundentes, uma grande indústria de petróleo organizou uma série de estudos piloto para avaliar a eficácia dessa nova tecnologia no meio empresarial. O sucesso dos programas piloto já levou até hoje mais de 700 empregados dessa empresa a serem treinados em GQI, e as melhoras constatadas continuam extraordinariamente consistentes. Os dados apresentados aqui representam os resultados de mais de trinta programas GQI realizados ao longo de dois anos em nove unidades dessa empresa de petróleo distribuídas pela Europa, Ásia e África. Os dados resumem as mudanças operadas nos primeiros 500 empregados que passaram pelo treinamento.

Resultados Psicométricos

Antes de freqüentar o curso, todos os participantes responderam um extenso questionário psicométrico, a Avaliação de Qualidade Individual e Empresarial (POQA).* O POQA aborda questões de desempenho individual e da empresa e tem 58 itens escalonados que representam 12 conceitos. Cada pergunta tem cinco respostas possíveis: quase nunca, raramente, às vezes, freqüentemente e a maior parte do tempo; ou então: discordo veementemente, discordo, neutro, concordo e concordo plenamente.

O POQA foi repetido depois de seis semanas e depois de seis meses para determinar o impacto do programa GQI. Além dos dados subjetivos, alguns grupos foram submetidos a uma avaliação objetiva da pressão arterial e da variação da freqüência cardíaca antes e depois do programa GQI. A própria equipe médica da empresa de petróleo coletou esses dados. Os principais achados do POQA são apresentados nos quadros a seguir. Alguns grupos vêm sendo acompanhados há 12 meses, e os dados reunidos revelam que as melhoras constatadas depois de seis meses foram mantidas nesse período.

*Em inglês, *Personal and Organizational Quality Assessment*.

1. Dados pessoais	Antes do GQI	Depois do GQI		
	Antes	*6 semanas*	*6 meses*	
Sinto-me cansado	53%	34%	29%	Freqüentemente/a maior parte do tempo
Sinto-me exausto	39%	22%	18%	Freqüentemente/a maior parte do tempo
Sinto-me esgotado	42%	21%	21%	Freqüentemente/a maior parte do tempo
Sinto-me ansioso	33%	15%	12%	Freqüentemente/a maior parte do tempo
Estou preocupado	35%	16%	12%	Freqüentemente/a maior parte do tempo
Sinto-me inquieto	29%	9%	8%	Freqüentemente/a maior parte do tempo
Sinto-me infeliz	18%	8%	7%	Freqüentemente/a maior parte do tempo
Sinto-me aborrecido	35%	15%	13%	Freqüentemente/a maior parte do tempo
Estou com raiva	18%	9%	6%	Freqüentemente/a maior parte do tempo
Sinto-me tenso	43%	16%	17%	Freqüentemente/a maior parte do tempo
Sinto-me sempre culpado	31%	17%	13%	Concordo/concordo plenamente
Tenho insônia	21%	13%	10%	Freqüentemente/a maior parte do tempo
Sinto dores e mal-estar	30%	16%	12%	Freqüentemente/a maior parte do tempo
Sinto-me relaxado	45%	55%	61%	Freqüentemente/a maior parte do tempo
Sinto-me satisfeito	52%	61%	65%	Freqüentemente/a maior parte do tempo
Sinto-me calmo	62%	71%	72%	Freqüentemente/a maior parte do tempo
Sinto-me protegido	57%	65%	71%	Concordo/concordo plenamente
Preocupo-me com o problema dos outros	64%	57%	50%	Concordo/concordo plenamente
Cuidar dos outros me deixa esgotado	30%	25%	20%	Concordo/concordo plenamente

2. Dados da empresa	Antes do GQI	Depois do GQI		
	Antes	*6 semanas*	*6 meses*	
Sinto-me lúcido	74%	80%	82%	Freqüentemente/a maior parte do tempo
Sinto-me concentrado	71%	76%	80%	Freqüentemente/a maior parte do tempo
Ouvimos uns aos outros	49%	58%	62%	Concordo/concordo plenamente
Ouço meus colegas com atenção	82%	85%	85%	Concordo/concordo plenamente
Nossa comunicação é boa	61%	70%	68%	Concordo/concordo plenamente
Nossas reuniões são bem-organizadas	36%	44%	46%	Concordo/concordo plenamente
Sou criativo	67%	72%	72%	Concordo/concordo plenamente
Sou eficiente	73%	81%	79%	Concordo/concordo plenamente
Gosto do que faço	71%	77%	75%	Concordo/concordo plenamente
Sinto que meu trabalho é apreciado	59%	71%	64%	Concordo/concordo plenamente
Estou satisfeito com minhas obrigações	63%	70%	64%	Concordo/concordo plenamente
As metas da empresa são claras	62%	69%	61%	Concordo/concordo plenamente
Minhas metas pessoais e profissionais são as mesmas	60%	65%	64%	Concordo/concordo plenamente
Meu trabalho produz excelentes resultados	59%	72%	69%	Concordo/concordo plenamente
Meu trabalho e minha vida pessoal estão em conflito	55%	47%	44%	Concordo/concordo plenamente
Tenho vontade de deixar a empresa	31%	29%	23%	Concordo/concordo plenamente
Tenho vontade de largar meu emprego	24%	21%	14%	Concordo/concordo plenamente

Resultados Relativos à Pressão Arterial

Os participantes do primeiro estudo piloto tiveram sua pressão arterial monitorada durante três semanas antes do programa GQI, e a média obtida foi de 12,6/8,0mmHg. Seis semanas depois do programa, sem outras alterações no estilo de vida, essa média caiu para 11,8/7,8 mmHg. Isso significa uma queda de 8 mmHg da pressão sistólica e de 2 mmHg da pressão diastólica. Um indivíduo em particular, que tinha pressão muito alta antes do programa (16,0/10,0mmHg), apresentou a primeira leitura normal (13,0/8,0 mmHg) em quinze anos, segundo o médico do Departamento de Saúde Ocupacional da empresa de petróleo, e dois anos depois do programa GQI ainda estava normal.

Esse nível de redução da pressão arterial, se fosse reproduzido numa grande experiência clínica, diminuiria a incidência de acidente vascular cerebral em cerca de 60%. A redução alcançada nesse estudo piloto foi a mesma constatada em outros grupos que realizaram o programa GQI (Figura 1). Em outra empresa de petróleo, a média da pressão arterial do grupo passou de 13,2/8,4 para 12,3/7,9 mmHg, uma queda de 9 mmHg da pressão sistólica e de 5 mmHg da pressão diastólica.

Variação da Freqüência Cardíaca (VFC)

A variação da freqüência cardíaca, obtida pela variação da freqüência de pulso em cada batimento no eletrocardiograma (ECG) de 24 horas é uma medida fisiológica sofisticada. Está cada vez mais claro que é um fator capaz de prever todas as causas de mortalidade e de avaliar a saúde de modo geral.

A literatura especializada afirma que a VFC deve permanecer estável ao longo do tempo, com deterioração gradual à medida que a pessoa envelhece. Uma redução significativa na VFC indica maior risco de contrair doenças, envelhecimento precoce e saúde precária.

Controles

Nos estudos piloto, vários indivíduos tiveram a VFC aferida antes e depois do programa GQI. Num deles, a equipe administrativa em peso foi submetida à análise de VFC. Todos os 10 indivíduos que começaram a aplicar as técnicas depois do programa GQI apresentaram uma melhora objetiva em suas condições fisiológicas. Em contrapartida, os três indivíduos que não aplicaram as técnicas viram seus dados se deteriorarem.

Essas importantes melhoras objetivas nas condições fisiológicas, avaliadas por uma série de índices de VFC, ocorreram apesar de a divisão da equipe administrativa estar passando por um importante processo de reorganização. Em apenas oito semanas foram constatadas melhoras de até 195% nos índices de VFC, o que representa uma inversão do declínio normal relacionado com a idade e demonstra que os indivíduos conseguem realmente melhorar suas condições fisiológicas por meio de um autogerenciamento eficaz.

A melhora da VFC exibida pelos indivíduos que aplicam as técnicas e a deterioração vista nos que não aplicam foram confirmadas em dois outros estudos realizados em empresas. Observamos também que a melhora da VFC está estreitamente relacionada com a regularidade com que as técnicas ensinadas durante o programa GQI são aplicadas. As melhoras mais acentuadas foram apresentadas pelos indivíduos que praticam as técnicas com maior freqüência.

Benefícios Proporcionados pela Gestão de Qualidade Interna

- 25% da população adulta tem pressão alta. Os programas GQI conduzidos na Motorola, nos Estados Unidos, mais os dados citados aqui, mostram que o GQI pode reduzir de forma expressiva a pressão arterial em todos os indivíduos, sem necessidade de intervenções médicas, alterações na alimentação ou prática de exercícios.
- No final do programa de um dia, os participantes aprendem a usar quatro técnicas com base científica altamente eficazes na prevenção do impacto negativo do *stress*, tanto no aspecto psicológico como no fisiológico.
- Além de impedir o *stress* no momento em que ele ocorre, essas técnicas ajudam os participantes a atingirem picos de desempenho, aumentando sua criatividade, produtividade e capacidade de tomar decisões.
- Depois de um dia de treinamento, mais de 85% dos participantes serão capazes de usar essas técnicas de forma eficaz e verificar por si só, com a utilização de um equipamento cardiovascular computadorizado, como suas condições fisiológicas melhoram enquanto estão usando as técnicas.

SAÚDE, DESEMPENHO E RESILIÊNCIA — UM ESTUDO REALIZADO COM A POLÍCIA

Joseph Sundram, Lisa Lehnhoff, Dave Hall e Hobart Johnson

O Stress e a Polícia — Pesquisa de Fundo

Em geral, os policiais sofrem vários efeitos fisiológicos, psicológicos e comportamentais causados pelo *stress*. Aqueles que operam sob grande tensão estão mais sujeitos a erros, acidentes e reações exageradas, que comprometem seu desempenho, colocam em risco a segurança pública e acarretam custos significativos de responsabilidade para a organização. Entretanto, os policiais raramente contam com estratégias eficazes de gerenciamento do *stress* para ajudar a aliviar esses problemas. Além disso, as relações familiares podem ser gravemente afetadas pelo *stress* gerado pelo trabalho.

- Pesquisas revelaram que os policiais têm o dobro da propensão de desenvolver doenças cardiovasculares do que as pessoas que exercem outras profissões.
- Quem trabalha no cumprimento da lei corre maior risco de ter doença cardiovascular do que de ser hipertenso, diabético, obeso ou fumante.
- Constatou-se que o índice de mortes por câncer é maior entre os policiais do que na população em geral.
- No nível psicológico, o *stress* do trabalho policial pode gerar emoções negativas crônicas, como raiva, ansiedade ou depressão, capazes de provocar estafa física ou esgotamento mental.
- Os delegados de polícia da Califórnia afirmam que suas maiores preocupações são os acidentes de automóvel, a necessidade de tomar decisões rápidas, as queixas dos cidadãos, o uso desnecessário da força, as indenizações por acidente de trabalho e o alto índice de mortalidade depois da aposentadoria.
- Os fatores que mais causam *stress* nos membros da força policial são: mudanças de turno que alteram os padrões normais de sono e prejudicam a vida social, administração autoritária, relações tensas com os supervisores, políticas interdepartamentais, falta de planejamento e de recursos, falta de oportunidades de obter promoção ou conseguir transferência, excesso de burocracia, falta de autonomia no desempenho das obrigações e de reconhecimento pelas realizações alcançadas.

Pesquisa Realizada pela HeartMath

Sessenta e quatro policiais juramentados e o oficial encarregado de sete departamentos de polícia do distrito de Santa Clara, Califórnia, com média de idade de 39 anos (as idades variavam entre 24 e 55 anos), foram recrutados para participar desse estudo. O grupo era composto por 43 patrulheiros, 12 detetives e 9 policiais que desempe-

nhavam cargos administrativos. Dos 64 policiais juramentados, 16 tinham de 1 a 5 anos de experiência no serviço policial, 20 tinham de 6 a 15 anos, e 28, de 16 a 30 anos. A média de experiência do grupo era de 14,4 anos. Os indivíduos foram divididos aleatoriamente em dois grupos: um experimental, que recebeu o treinamento de autogerenciamento HeartMath durante a realização do estudo, e outro de controle, que recebeu treinamento depois que o estudo havia sido concluído. Foram tomados todos os cuidados para assegurar uma distribuição equilibrada entre os dois grupos, em relação ao nível de experiência, ao departamento de origem e ao sexo (55 homens e 10 mulheres). Foram feitos alguns ajustes posteriores para eliminar as preocupações com horários.

Plano de Estudo

Esse estudo foi realizado num período de 16 semanas. Os participantes do grupo experimental foram treinados no Departamento de Polícia de Milpitas, em três aulas com intervalos regulares no espaço de um mês. Logo no início do estudo, foram realizadas avaliações fisiológicas e psicológicas de todos os participantes no Departamento de Polícia de Santa Clara. Um subgrupo de policiais participou da parte do estudo que envolvia simulações de chamados policiais no aeroporto de Moffett, em Sunnyvale. Nos dias em que ocorriam essas simulações, os dados fisiológicos e psicológicos desses policiais eram coletados antes e depois das chamadas. Os dados dos policiais que não participavam das simulações eram coletados simultaneamente em seus respectivos departamentos. A primeira sessão de treinamento foi realizada três semanas após o primeiro dia de simulação, e a última sessão terminou quatro semanas antes do segundo dia de simulação. O grupo de controle, que aguardava, recebeu o mesmo treinamento depois que o estudo foi concluído.

Dados do Estudo

O estudo avaliou as seguintes áreas: saúde e vitalidade física, bem-estar emocional, capacidade de lidar com problemas e de se relacionar, desempenho no trabalho, eficiência e ambiente no local de trabalho, relacionamentos familiares e recuperação física e psicológica depois de grande *stress*. Foram obtidos também dados fisiológicos por intermédio da análise da variação da freqüência cardíaca para determinar o impacto cardiovascular em tempo real das situações altamente estressantes das chamadas policiais simuladas usadas no treinamento policial e identificar os policiais que corriam maior risco de ter doenças cardiovasculares e morte prematura. Para a avaliação psicológica, os técnicos da HeartMath realizaram uma pesquisa de Avaliação de Qualidade Individual e Empresarial (POQA) e um Programa de Avaliação de Impacto. Além disso, os oficiais de treinamento da Segurança Pública de Sunnyvale analisaram o nível de *stress* e o desempenho dos participantes durante e após cada simulação e pediram que os participantes classificassem seu nível de *stress* em cada simulação.

Plano de Avaliação dos Eventos de Simulação

Subgrupos do grupo experimental e do grupo de controle foram submetidos a três eventos de simulação enquanto usavam um *holter* de 24 horas, de modo que os efeitos de vários níveis de *stress* sobre a variação da freqüência cardíaca pudessem ser observados. Esses eventos eram comuns nos treinamentos normais realizados pela Segurança Pública de Sunnyvale no aeroporto de Moffett. Dois deles (batida policial e perseguição em alta velocidade) foram realizados no mesmo dia, cinco semanas depois que os dados de base haviam sido coletados e antes que o grupo experimental recebesse o treinamento HeartMath. Um dos eventos (episódio de violência doméstica) foi realizado onze semanas depois que o treinamento HeartMath tinha sido concluído. Os eventos incluíam uso de armas de verdade com munição de festim.

Resultados Gerais

A análise após o estudo revelou que o treinamento HeartMath contribuiu para aumentar a capacidade que os policiais tinham de reconhecer e lidar com o *stress* e com as emoções negativas, tanto no âmbito pessoal como no profissional. No decorrer do estudo, os policiais que receberam treinamento reduziram o nível de *stress*, as emoções negativas e os sintomas físicos do *stress* e aumentaram as emoções positivas e a vitalidade física, em comparação com o grupo de controle, que não recebeu treinamento. Foi observada também melhora nas relações familiares, na capacidade de comunicação e no nível de cooperação das equipes de trabalho.

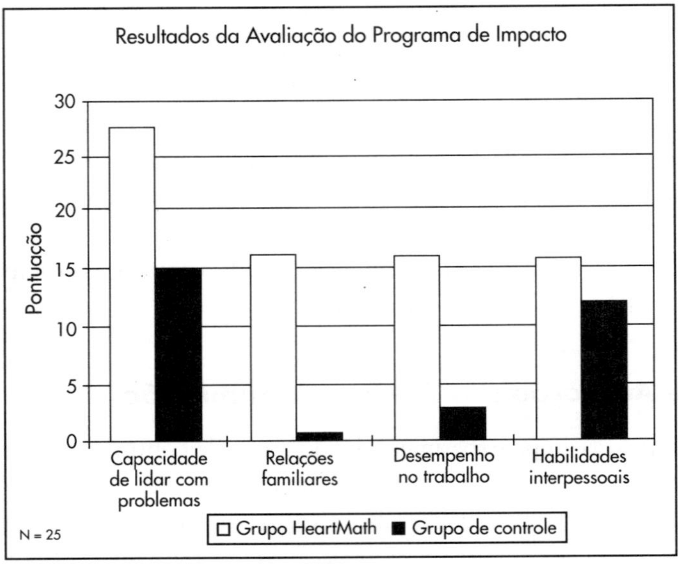

Resultados da Avaliação do Programa de Impacto
Esse gráfico mostra a capacidade de lidar com problemas, as relações familiares, o desempenho no trabalho e as habilidades interpessoais do grupo experimental e do grupo de controle. Os policiais treinados nas técnicas HeartMath apresentaram melhora em todas as áreas, em comparação com o grupo que não recebeu treinamento. Os resultados foram obtidos com entrevistas semi-estruturadas realizadas por um psicólogo.

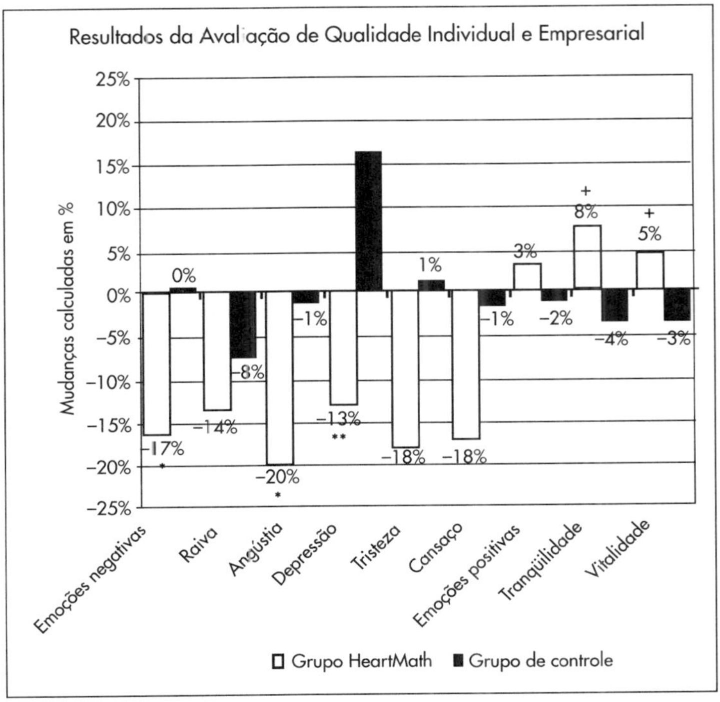

Avaliação de Qualidade Individual e Empresarial (POQA)
Resultados: stress, sintomas físicos e emocionais de stress

Os participantes treinados nas técnicas HeartMath exibiram reduções consideráveis em *stress*, emoções negativas, depressão e fadiga, e aumentos em emoções positivas, tranqüilidade e vitalidade no decorrer das 16 semanas que durou o estudo. O grupo de controle revelou mudanças insignificantes e algumas indicações de piora dos sintomas.

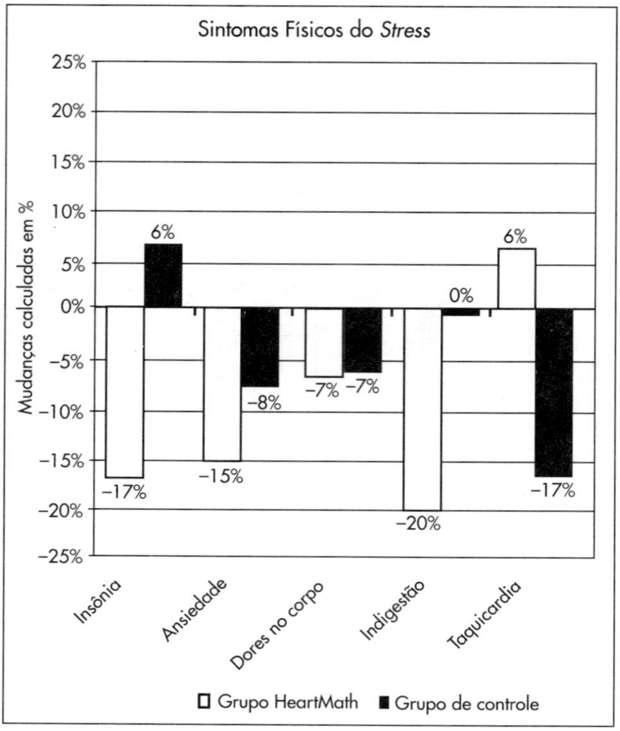

Avaliação de Qualidade Individual e Empresarial (POQA)
Resultados: sintomas físicos e emocionais do stress

Foram comparadas alterações em cinco sintomas de *stress* físico entre os grupos experimental e de controle depois do treinamento HeartMath. O grupo HeartMath teve redução de insônia, ansiedade e indigestão. A incidência de taquicardia nesse grupo foi maior do que no grupo de controle, o que pode ser atribuído à maior conscientização dos próprios batimentos cardíacos depois do programa de treinamento.

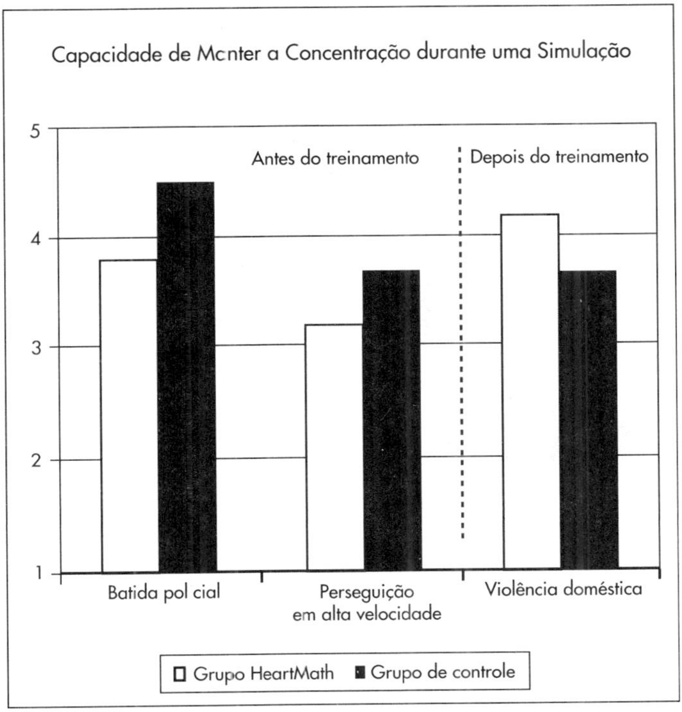

Resultados da Simulação

Uma parte do estudo conduzida por simuladores da Segurança Pública de Sunnyvale mostra a capacidade de os policiais manterem a concentração durante os três eventos de simulação nos dois grupos, experimental e de controle. Observe que a pontuação do grupo experimental foi menor que a do grupo de controle nos dois eventos conduzidos antes do treinamento HeartMath (batida policial e perseguição em alta velocidade). Depois de receber treinamento das técnicas HeartMath, essa tendência foi revertida: a pontuação do grupo experimental foi maior que a do grupo de controle no último evento de simulação (violência doméstica), que os policiais consideraram mais estressante.

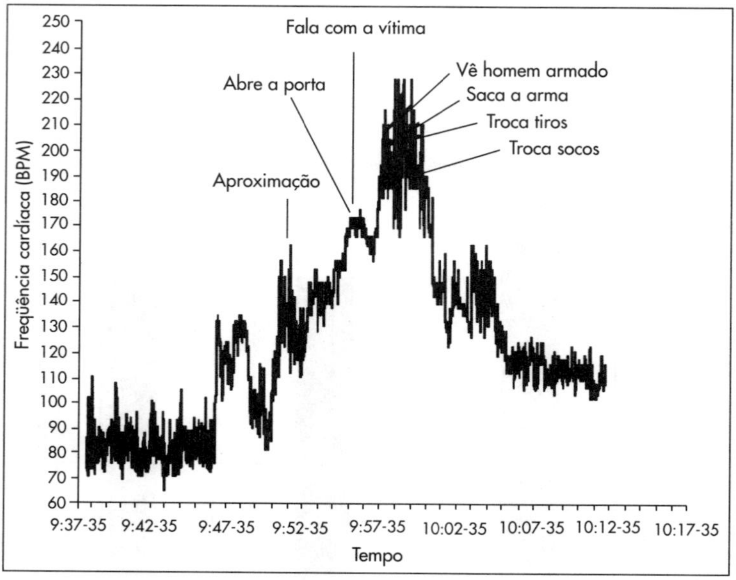

Alterações na Freqüência Cardíaca durante Evento Estressante

Esse gráfico fornece um exemplo típico da variação da freqüência cardíaca de um policial (alteração da freqüência de pulso em cada batimento) durante uma cena de violência doméstica. Os batimentos cardíacos aumentam à medida que o policial se prepara para entrar na residência e disparam quando ele identifica o sujeito armado. No período de pico do *stress*, durante a troca de tiros com o suspeito, o coração do policial bate mais de 200 vezes por minuto — mais de três batidas por segundo. A freqüência cardíaca começa a diminuir quando a cena termina, mas ainda permanece num patamar bem superior à linha de base. No caso desse policial em particular, levou mais de duas horas para que o coração retomasse o ritmo normal.

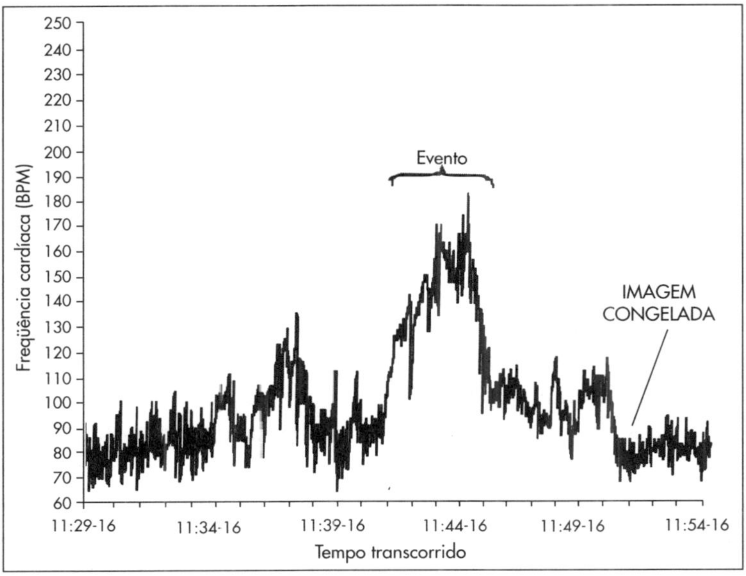

Recuperação depois de um Evento Estressante

Esse gráfico fornece um exemplo da mudança na freqüência cardíaca de um policial que usou a técnica da Imagem Congelada para se recuperar depois da cena de violência doméstica. Observe que, quando a cena termina, a freqüência cardíaca dos participantes começa a cair, mas permanece acima da linha de base. Com o uso da técnica da Imagem Congelada, a freqüência cardíaca do policial é reduzida imediatamente, voltando aos níveis da linha de base.

Conclusões

Ocorreram melhoras expressivas, sobretudo em relação a dificuldades de comunicação no trabalho e relações familiares tensas. Os resultados indicam que as técnicas oferecidas por esse estudo reduziram a principal fonte de *stress* dos participantes, dando-lhes maior capacidade de lidar com as percepções que produzem *stress* e com os padrões negativos de reação emocional.

Esse estudo revelou também o impacto fisiológico do stress *durante o desempenho das funções no trabalho*, como pôde ser observado em tempo real pelos policiais e avaliado pela reação cardiovascular diante de chamados policiais simulados. O forte *stress* dos eventos produziu aumentos rápidos e acentuados da freqüência cardíaca e da pressão arterial, que levaram um tempo considerável para retornar aos níveis normais. As intervenções da HeartMath ajudaram os policiais a manter a clareza mental e o equilíbrio interior diante da pressão dessas situações extremamente estressantes e a se recuperar mais rapidamente, tanto no nível psicológico como no fisiológico.

Além disso, esse estudo mostra que um monitoramento da freqüência cardíaca durante 24 horas é uma boa técnica para identificar os policiais que correm maior risco de desenvolver sérios problemas de saúde a longo prazo, para que possam ser feitos esforços no sentido de reverter ou impedir que esses indivíduos fiquem doentes. O treinamento intensivo em intervenções de gerenciamento do *stress* melhora a VFC e o equilíbrio do sistema nervoso autônomo e pode ser especialmente útil para policiais que estão sempre correndo risco.

Embora seja necessária a realização de outras pesquisas para explorar os efeitos a longo prazo das intervenções empregadas nesse estudo, os resultados dessa investigação inicial indicam que, a longo prazo, *níveis mais elevados de autogerenciamento emocional poderiam ser extremamente benéficos para os policiais em vários aspectos.*

A integração do programa HeartMath ao treinamento policial pode fornecer aos policiais técnicas eficazes de autogerenciamento, ajudando-os a desempenhar melhor suas funções, a preservar sua saúde física e emocional e a proteger melhor os cidadãos.

UMA GRANDE AGÊNCIA GOVERNAMENTAL MELHORA SEU AMBIENTE DE TRABALHO

Joseph Sundram

A metodologia da Pesquisa de Coerência nas Empresas (OCS) descrita no capítulo 9 permite que a empresa identifique com precisão as áreas de incoerência e, com a ajuda das técnicas GQI, elabore soluções eficazes. Apresentamos a seguir os resultados obtidos antes e depois do treinamento de uma grande agência governamental norte-americana que usou o OCS concomitantemente com a intervenção GQI. As mudanças em porcentagem de cada pergunta da pesquisa estão relacionadas nas tabelas de 1 a 6.

- A coluna da linha de base representa a porcentagem das pessoas consultadas que achavam que determinado item precisava ser melhorado como prioridade absoluta.
- A coluna pós-treinamento representa a porcentagem de pessoas consultadas que achavam que ele ainda precisava melhorar.
- Um número negativo na coluna da mudança representa a melhora da empresa em relação a esse item.

1. Cuidados com os Negócios

	Linha de Base	*Depois do Treinamento*	*Mudança*
A alta administração cuida bem dos clientes	30%	0%	-100%
A alta administração cuida bem dos funcionários	45%	25%	-44%
A alta administração cuida bem dos interesses financeiros da empresa	30%	0%	-100%
Seu gerente cuida bem dos clientes	11%	0%	-100%
Seu gerente cuida bem de você e da sua equipe	39%	8%	-79%
Seu gerente cuida bem dos interesses financeiros da empresa	25%	0%	-100%
Meus colegas e eu cuidamos bem dos nossos "clientes"	10%	8%	-20%
Meus colegas e eu cuidamos bem uns dos outros	10%	17%	70%
Meus colegas e eu cuidamos bem dos interesses financeiros da empresa	16%	8%	-50%
O pessoal do setor de atendimento ao cliente cuida bem dos "clientes" deles	16%	0%	-100%
O pessoal do setor de atendimento ao cliente cuida bem dos seus colegas	25%	8%	-68%
O pessoal do setor de atendimento ao cliente cuida bem dos interesses financeiros da empresa	21%	0%	-100%

2. Sensação de Bem-estar no Trabalho

	Linha de Base	*Depois do Treinamento*	*Mudança*
Sensação de fazer parte da empresa	25%	17%	-32%
Sensação de fazer um trabalho que vale a pena	20%	8%	-60%
Sensação de fazer parte de uma grande equipe	20%	0%	-100%
Autoconfiança no desempenho do trabalho	5%	0%	-100%
Liberdade para se expressar sem temer represálias	53%	8%	-85%
Sensação de corresponder às exigências do trabalho	20%	8%	-60%
Sensação de que a empresa se preocupa com você	47%	25%	-47%
Sensação de que seu gerente se preocupa com você	42%	17%	-60%

3. Relacionamentos no Trabalho

	Linha de Base	*Depois do Treinamento*	*Mudança*
Seu relacionamento com os gerentes seniores da empresa	21%	8%	-62%
Seu relacionamento com o seu gerente	30%	17%	-43%

Seu relacionamento com os colegas do setor de atendimento ao consumidor	15%	0%	-100%
Seu relacionamento com os clientes	15%	0%	-100%
Seu relacionamento com os colegas de outros departamentos	0%	0%	0%
Seu relacionamento com os seus colegas de departamento ou de equipe	10%	0%	-100%
Seu relacionamento com os colegas de sexo oposto	0%	0%	0%

4. Avaliação da Administração

	Linha de Base	*Depois do Treinamento*	*Mudança*
Administração que trata todos com justiça	55%	33%	-40%
Administração que diz claramente o que espera de você	32%	33%	3%
Administração que faz exigências justas	32%	17%	-47%
Administração que se interessa pelo seu bem-estar no trabalho	45%	25%	-44%
Administração que se interessa pelo seu bem-estar fora do local de trabalho	45%	27%	-40%
Administração que trata homens e mulheres da mesma forma	47%	25%	-47%
Administração aberta a sugestões	50%	25%	-50%
Administração que o convida a participar das decisões que o afetam	65%	50%	-23%
Administração que valoriza a sua contribuição	32%	33%	3%
Administração disposta a ouvir suas queixas	45%	25%	-44%
Administração que dá o melhor de si para o bem da empresa	35%	25%	-29%
Administração que lhe dá toda a liberdade para contribuir sem interferir	35%	25%	-29%
Administração que confia em você	45%	45%	0%

5. Avaliação da Empresa

	Linha de Base	*Depois do Treinamento*	*Mudança*
Salário	75%	67%	-11%
Benefícios recebidos	30%	9%	-70%
Ambiente físico do local de trabalho	25%	36%	44%
Carga de trabalho	15%	18%	20%
Perspectivas de subir na carreira	50%	45%	-10%
Oportunidades de treinar e se desenvolver	50%	33%	-34%
Acontecimentos sociais no trabalho	21%	25%	19%
Comunicação no local de trabalho	47%	17%	-64%
Políticas com relação aos funcionários	50%	33%	-34%
Procedimentos de atendimento ao cliente	20%	17%	-15%

Processos de orçamento	37%	33%	-11%
Processos de avaliação	35%	33%	-6%
Forma como são reconhecidos os que têm bom desempenho	65%	50%	-23%
Política com relação aos que têm desempenho fraco	55%	58%	5%
Recursos oferecidos para a realização do trabalho	35%	17%	-51%
Reputação da empresa	15%	0%	-100%
Perspectivas a longo prazo da empresa	20%	0%	-100%

6. Clima no Local de Trabalho

	Linha de Base	*Depois do Treinamento*	*Mudança*
Meu gerente me apóia	30%	17%	-43%
Meu gerente é muito claro com relação ao que quer de mim	30%	8%	-73%
Sei que minha contribuição é valiosa para a equipe	15%	8%	-47%
Meu gerente reconhece prontamente minha contribuição	37%	17%	-54%
Meu gerente gosta que eu expresse minhas opiniões livremente	37%	25%	-32%
Meu trabalho é desafiador	26%	17%	-35%

Referências

Capítulo 1

1. Global Studies, Civilizations of the Past and Present, Revisado 1998, Amsco School Publications, Inc., Nova York, NY

2. Por causa do extenso trabalho da HeartMath com as Forças Armadas, tivemos oportunidade de trocar inúmeras idéias com o pessoal de todas as quatro divisões: exército, marinha, aeronáutica e força de fuzileiros navais. Várias bases, inclusive a base da força aérea de McClellan em Sacramento, incluíram os programas GQI em seus currículos de treinamento.

Capítulo 2

1. William A. Tiller, *Science and Human Transformation: Subtle Energies, Intentionality and Consciousness* (Walnut Creek, CA: Pavior Publishing, 1997), p. 196.

2. William A. Tiller, Rollin McCraty e Mike Atkinson, "Cardiac Coherence: A New Noninvasive Measure of Autonomic Nervous System Order", *Alternative Therapies* 2, nº 1 (janeiro de 1996).

3. O Instituto HeartMath conduziu vários estudos de caso em empresas aplicando as técnicas GQI. O apêndice traz um resumo desses estudos.

4. Faith Popcorn e Lys Marigold, *Clicking: Sixteen Trends to Future Fit Your Life, Your Work, and Your Business* (Nova York: HarperCollins, 1996).

5. Alan Watkins, org., *Mind-Body Medicine: A Clinician's Guide to Psychoneuroimmunology* (Londres: Churchill Livingstone, 1997). É um excelente apanhado geral do campo emergente da medicina que se preocupa com a interação entre o corpo e a mente editado pelo dr. Alan Watkins. Esse livro faz várias referências a pesquisas realizadas no Instituto HeartMath.

6. Departamento de Estatísticas do Trabalho dos Estados Unidos, 20 de março de 1997.

7. "Taking the Stress Out of Being Stressed Out", *Business Week Health Wire* (20 de março de 1997).

8. Paul J. Rosch, "Job Stress: America's Leading Adult Health Problem", *USA Magazine* (maio de 1991).

9. B. L. Seaward, *Stress Management* (Boston: Jones e Bartlett, National Safety Council, 1995).

10. Richard A. Shweder, "America's Latest Export: A Stressed-Out World", *New York Times* (25 de janeiro de 1997).

11. Citado em Seaward, *Stress Management*.

12. Karen Charlesworth, "Are Managers Under Stress? A Survey of Management Morale", *Institute of Management* [Londres] (Setembro de 1996).

13. A Statistics Canada, a Carleton University e a Conference Board do Canadá foram as fontes dessas estatísticas canadenses.

14. Além dos dois estudos da Reuters mencionados no Capítulo 8, nosso trabalho na Ásia, sobretudo depois do colapso da economia asiática no final de 1997, revelou um nível de desespero e ansiedade significativo em muitos administradores asiáticos. As culturas coletivas de muitos desses países não permitiram que eles se preparassem para a grande reviravolta econômica que ocorreu nessa parte do mundo.

15. Irene M. Kunii, "Caving Under Pressure", *Time* (16 de fevereiro de 1998).

16. Sandy Sugawara, "Japan Eases Its Killer Work Ethic", *Washington Post* (20 de abril de 1997).

17. Margaret Wheatley, *Leadership and the New Science: Learning about Organization from an Orderly Universe* (San Francisco: Berrett-Koehler, 1992), p. 8. [*Liderança e a Nova Ciência*, publicado pela Editora Cultrix, São Paulo, 1996.]

18. Robert W. Galvin, *The Idea of Ideas* (Schaumburg, IL: Motorola University Press, 1991), pp. 109-11.

19. Bob Barrios-Choplin, Rollin McCraty e Bruce Cryer, "An Inner Quality Approach to Reducing Stress and Improving Physical and Emotional Wellbeing at Work", *Stress Medicine* 13 (1997), pp. 193-201.

20. "Common Sense About Feeling Tense", *Heart at Work Program*, Dallas, TX: American Heart Association, 1995.

21. Ibid.

22. Victor Frankl, *Man's Search for Meaning* (Nova York: Simon e Schuster, 1970).

23. Vários dos livros anteriores de Doc discutem esse tema de forma bastante detalhada. Dentre eles ressaltamos *Self-Empowerment: The Heart Approach to Stress Management* e *Freeze-Frame: One Minute Stress Management* (ambos Boulder Creek, CA: Planetary Publications).

24. Citado em Joseph Jawaorski, *Synchronicity: The Inner Path of Leadership* (San Francisco: Berrett-Koehler, 1996), p. 9.

Capítulo 3

1. Sandra Blakeslee, "Complex and Hidden Brain in Gut Makes Stomachaches and Butterflies", *The New York Times* (23 de janeiro de 1996).

2. Ibid.

3. Chamado de *chi* ou *qi* na tradição chinesa e de *ki* na tradição japonesa, acredita-se que a fonte de poder emana da região do plexo solar. Os praticantes aprendem a parar a mente e concentrar sua atenção nessa área, de modo que o poder é concentrado e equilibrado. Em nossa concepção, essa prática na verdade está acalmando a perturbação emocional e, dessa forma,

ajudando a pessoa a se tornar mais coerente. Mas nossa pesquisa também indica que o coração suplanta o plexo solar, tanto no aspecto elétrico como no biomecânico.

4. J. A. Armour, "Anatomy and Function of the Intrathoracic Neurons Regulating the Mammalian Heart", *in* I. H. Zucker e J. P. Gilmore, orgs., *Reflex Control of the Circulation* (Boca Raton, Fl: CRC Press, 1991).

5. M. Cantin e Genest, "The Heart as an Endocrine Gland", *Clinical and Investigative Medicine* 9, nº 4 (1986), pp. 319-27.

6. Antonio Damasio, *Descartes'Error: Emotion, Reason and the Human Brain* (Nova York: Putnam, 1994).

7. Daniel Goleman, *Emotional Intelligence: Why It Can Matter More than IQ* (Nova York: Bantam Books, 1995).

8. Introdução de Joseph Chilton Pearce ao *Teaching Children to Love* de Doc Childre (Boulder Creek, CA: Planetary Publications, 1996), p. 9.

9. Goleman, *Emotional Intelligence*.

10. Karl H. Pribram, *Languages of the Brain* (Nova York: Brandon House, 1971).

11. R. McCraty, W. A. Tiller, M. Atkinson, "Head-Heart Entrainment: A Preliminary Survey". Retirado do Brain-Mind Applied Neurophysiology EEG Neurofeedback Meeting, 1996. Key West, Flórida (pp. 26-30).

12. Rollin McCraty, Bob Barrios-Choplin e Deborah Rozman, "The Impact of a New Emotional Self-Management Program on Stress, Emotions, Heart Rate Variability, DHEA e Cortisol", *Integrative Physiological and Behavioral Science* (1998, no prelo). Também D. S. Kerr, L. W. Campbell e M. D. Applegate, "Chronic Stress-Induced Acceleration of Eletrophysiologic and Morphometric Biomarkers of Hippocampal Aging", *Society of Neuroscience* 11, nº 5 (1991), pp. 1316-317.

13. McCraty, Barrios-Choplin, Rozman, "The Impact of a New Emotional Self-Management Program on Stress, Emotions, Heart Rate Variability, DHEA e Cortisol", *Integrative Physiological and Behavioral Science* (1998, no prelo).

14. Goleman, *Emotional Intelligence*.

15. R. McCraty, William. A. Tiller, M. Atkinson *et al.*, "The Effects of Emotions on Short Term Power Spectrum Analysis of Heart Rate Variability", *American Journal of Cardiology* 76, nº 14 (15 de novembro de 1995), pp. 1088-093.

16. S. A. Rosenfeld, *Conversations Between Heart and Brain* (Rockville, MD: National Institute of Mental Health, 1977).

17. William Tiller, Rollin McCraty e Mike Atkinson, "Toward Cardiac Coherence: A New Non-Invasive Measure of Autonomic System Order", *Alternative Therapies* (1996).

18. Rosenfeld, *Conversations Between Heart and Brain*.

19. McCraty *et al.*, "The Impact of a New Emotional Self-Management Program".

20. First, Break All the Rules.

21. Tiller *et al.*, "Toward Cardiac Coherence".

22. McCraty *et al.*, "Head-Heart Entrainment: A Preliminary Survey".

23. Rollin McCraty; Mike Atkinson e Glen Rein, "Music Enhances the Effect of Positive Emotional States on Salivary IgA and Heart Rate Variability", *Stress Medicine* 12 (1996), pp. 167-75.

24. McCraty *et al.*, "The Impact of a New Emotional Self-Management Program".

Capítulo 4

1. Richard A. Shweder, "America's Latest Export: A Stressed-Out World". *New York Times* (25 janeiro de 1997).

2. Citado *in* ibid.

3. Citado *in* Jane E. Brody, "The Good News About Growing Old", *Atlanta Journal and Constitution* (14 de abril de 1996).

4. "Job Stress Affects Arteries", *British Medical Journal* 314 (1997), pp. 553-57.

5. Ibid., pp. 558-64.

6. Glen Rein, Mike Atkinson e Rollin McCraty, "The Physiological and Psychological Effects of Compassion and Anger", *Journal of Advancement in Medicine* 8, nº 2 (1995), pp. 87-105.

7. Sue Shellenbarger, "No, You're Not Too Tough to Suffer a Bout of Burnout", *Wall Street Journal* (25 de junho de 1997).

8. Citado num artigo da Reuters "Emoção, Stress Affect Heart Survival", *American Journal of Critical Care* 6, nº 2 (1997), pp. 116-26.

9. Brigid Schulte, "To Help Your Heart, Just Take a Chill Pill", *San Jose Mercury News* (20 de outubro de 1997).

10. Citado num relatório da Associated Press, *Circulation* (maio de 1994). Os autores do estudo são Ichiro Kawachi, David Sparrow, Pantel Vokonas e Scott Weiss.

Capítulo 5

1. Robert Cooper e Ayman Sawaf, *Executive EQ: Emotional Intelligence in Leadership and Organizations* (Nova York: Grosset/Putnam, 1997).

2. Ver Apêndice para obter mais informações.

Capítulo 6

1. O Instituto HeartMath é uma 501(c)(3) empresa sem fins lucrativos transformada em sociedade anônima em 1991. A HeartMath LLC é a nova empresa de treinamento e consultoria, que tem licença para usar a tecnologia do instituto. A HeartMath LLC é uma sociedade de responsabilidade limitada.

2. Lee Evans e Bruce Cryer trabalharam juntos durante a Olimpíada de 1984, em Los Angeles. Conversamos inúmeras vezes ao longo de vários meses sobre as disciplinas e atitudes que o transformaram num grande corredor e sobre as atitudes que fizeram que outros atletas soberbos obtivessem desempenhos medíocres.

Capítulo 7

1. Robert Cooper and Ayman Sawaf, *Executive EQ: Emotional Intelligence in Leadership and Organizations* (Nova York: Grosset/Putnam, 1997), p. 68.

2. Christopher Locke, Rick Levine, Doc Searls e David Weinberger, *The Cluetrain Manifesto: The End of Business as Usual* (Cambridge, MA: Perseus Books, 2000), p. 179.

3. Ibid., p. 103.

4. Rollin McCraty, Mike Atkinson, Dana Tomasino e William Tiller, "The Electricity of Touch: Detection and Measurement of Cardiac Energy Exchange Between People", *in Proceedings of the Fifth Appalachian Conference on Neurobehavioral Dynamics: Brain and Values* (Mahwah, NJ: Lawrence Erlbaum Associates, 1998).

5. O dr. Alan Watkins, que trabalhou extensamente com as técnicas GQI no Reino Unido, na Europa e na Ásia, e contribuiu com muitas dessas idéias de codificação e decodificação.

6. Extraído de uma conversa com Gerard McMullan, presidente da No Fear Software Services, Sidney, Austrália.

7. Citado no Sarah Cliffe, "Knowledge Management-The Well Connected Business", *Harvard Business Review*, julho-agosto de 1998, p. 17.

8. Christopher Locke, Rick Levine, Doc Searls e David Weinberger, *The Cluetrain Manifesto: The End of Business as Usual*, p. 159.

Capítulo 8

1. O Instituto para o Futuro é uma organização de pesquisas sem fins lucrativos. Robert Johansen, seu presidente, é também autor de *Global Work: Bridging Distance, Culture and Time*, com Mary O'Hara-Devereaux (San Francisco, Jossey-Bass, 1994) e (com Rob Swigart) *Upsizing the Individual in the Downsized Organization* (Reading, MA: Addison-Wesley, 1996). Entre em contato com a firma na 2744 Sand Hill Road, Menlo Park, California, 94025-7020, telefone 415-854-6322.

2. Michael Powell, "Are Humans Doomed?", entrevista com Bill Joy no *The Washington Post*, 16 de abril de 2000.

3. Michael Powell, "Are Humans Doomed?", *The Washington Post*, 16 de abril de 2000.

4. "Study Reveals Growing Danger of Information Addiction", *Reuters* (10 de dezembro de 1997).

5. Conversa com os escritores de *Technostress* Michelle M. Weid e Larry D. Rosen, em 25 de outubro de 1997.

6. "Information Fatigue Syndrome", *Reuters* (25 de outubro de 1997).

7. Vários avanços tecnológicos, como a importantíssima relação preço-desempenho de densidades de silício/microprocessadores e transmissão de dados característicos de luz, demonstram que muitas tecnologias de informação centrais estão nos primeiros estágios de exploração comercial e que várias gerações virão antes que comecemos a correr contra os limites físicos. O problema é que, ao mesmo tempo que nos espantamos — e ficamos estressados! — com os computadores e com a Internet atualmente, ainda não vimos nada.

8. Extraído de conversa com Torrey Byles, analista econômico e consultor especializado em comércio pela Internet e em economia digital, de agosto a dezembro de 1997. Torrey pode ser encontrado em Granada Research, P.O. Box 2601, El Granada, California, 94018, telefone 650-726-3002.

9. Citado em David Champion, "Marketing: Technology's Garden of Paradox", *Harvard Business Review* (julho-agosto de 1998), p. 12.

10. Christopher Locke, Rick Levine, Doc Searls e David Weinberger, *The Cluetrain Manifesto: The End of Business as Usual*, p. 148.

11. Jim Taylor e Watts Wacker, com Howard Means, *The 500-Year Delta: What Happens After What Comes Next* (Nova York: HarperCollins, 1997), p. 115.

12. Extraído de conversa com Torrey Byles.

13. Leif Edvinsson e Michael S. Malone, *Intellectual Capital: Realizing Your Company's True Value by Finding Its Hidden Brainpower* (Nova York: HarperCollins, 1997), p. 34.

14. Extraído de conversa com Torrey Byles.

15. Ibid.

16. Visão do primeiro-ministro Goh Chok Tong para Cingapura 21, como foi relatado no *Straits Times* (7 de junho de 1997). Cingapura 21 é uma iniciativa de alto nível do governo que visa ajudar o país a conduzir a sua excelência para o século XXI, ao mesmo tempo que garante níveis crescentes de equilíbrio para as pessoas.

Capítulo 9

1. Glen Rein, Mike Atkinson e Rollin McCraty, "The Physiological and Psychological Effects of Compassion and Anger", *Journal of Advancement in Medicine* 8, nº 2 (1995), pp. 87-105.

2. Jon Gice, "The Relationship Between Job Satisfaction and Workers' Compensation Claims", *CPCU Journal* 48, nº 3 (setembro de 1995), pp. 178-84.

3. Phil Smith, "Emotional Climate Is More Than Just a Feeling", *The Edge Newsletter*, Edgecumbe Consulting Croup (agosto de 1997). Você pode entrar em contato com o Edgecumbe Consulting Group na Edgecumbe Hall, Richmond Hill, Clifton, Bristol BS8 1AT, United Kingdom, telefone 0117-973-8899.

4. Steven P. Brown and Thomas V. Leigh, "A New Look at Psychological Climate and Its Relationship to job Involvement, Effort and Performance", *Journal of Applied Psychology* 81, nº 4 (1996), pp. 358-68.

5. *Ibid.*, p. 361.

6. *Ibid.*

7. Extraído do artigo de Ron Winslow, "Underused Skills Raise Risks of Developing Heart Disease", *The Wall Street Journal* (25 de julho de 1997).

8. Entre em contato com a HeartMath LLC para obter informações completas.

9 David Pendleton, *Organizational Coherence Survey Manual*, Institute of HeartMath, 14700 West Park Avenue, Boulder Creek, CA, 95006, telefone 831-338-8500.

10. Ibid.

Capítulo 10

1. James C. Collins e Jerry Porras, *Built to Last: Successful Habits of Visionary Companies* (Nova York: HarperBusiness, 1994), p. xx.

2. James L. Heskett, W. Earl Sasser, Jr., e Leonard A. Schlesinger, *The Service-Profit Chain: How Leading Companies Link Profit and Growth to Loyalty, Satisfaction, and Value* (Nova York: The Free Press, 1997).

3. Ibid., p. 249.

4. D. C. McClelland e C. Kirshnit, "The Effects of Motivational Arousal Through Films on Salivary lmmunoglobulin A", *Psychological Health* 2 (1988), pp. 31-52.

5. Tom Peters, "You Gotta Have Heart", *Canadian Airlines Magazine* (fevereiro de 1994).

6. Carol Montgomery, "The Care-Giving Relationship: Paradoxical and Transcendent Aspects", *Journal of Transpersonal Psychology* 23, nº 2 (1991).

7. Álbum de música concebido para aumentar o equilíbrio mental e emocional. Doc Lew Childre, *Heart Zones*, Planetary Publications, 1994.

Capítulo 11

1. O evento foi o YPO (Young President's Organization) da International University em Washington, DC. Bruce Cryer apresentou a tecnologia HeartMath em inúmeros seminários para presidentes e diretores executivos de empresas. Ben Zander, regente da Filarmônica de Boston, era o maestro.

2. James L. Heskett, W. Earl Sasser, Jr., e Leonard A. Schlesinger, *The Service-Profit Chain: How Leading Companies Link Profit and Growth to Loyalty, Satisfaction, and Value* (Nova York: The Free Press, 1997).

3. Ibid., p. 237.

4. Ibid., p. 238.

5. Herb Kelleher, "A Culture of Commitment", *Leader to Leader*, nº 4 (primavera de 1997), p. 20.

6. "Executive Survey: 'Compassion' Is Important for Future Business Leaders", *Cornell Chronicle* 28, nº 10 (24 de outubro de 1996). Cornell University Johnson Graduate School of Management. www.gsm.cornell.edu/Newideas/leadershipsurvey2. html.

7. Margaret J. Wheatley, *Leadership and the New Science: Learning about Organization from an Orderly Universe* (San Francisco: Berrett-Koehler, 1992), pp. 38-9.

8. Jim Throneburg, presidente da Thorlo, freqüentou vários programas HeartMath em nossas instalações na Califórnia. Fornecemos também treinamento e serviços de consultoria para a empresa em sua fábrica na Carolina do Norte.

9. Patrick L. Townsend e Joan E. Gebhardt, "The Three Priorities of Leadership", *Leader to Leader*, nº 4 (verão de 1997), p. 13.

Capítulo 12

1. Leif Edvinsson e Michael S. Malone, *Intellectual Capital: Realizing Your Company's True Value by Finding Its Hidden Brainpower* (Nova York: HarperCollins, 1997), p. 49.

Glossário

aprovação Estado emocional ativo no qual a pessoa tem uma percepção clara ou reconhecimento da qualidade ou magnitude daquilo a que deve ser grato. A aprovação leva também a um maior equilíbrio fisiológico, como foi constatado no funcionamento dos sistemas cardiovascular e imunológico.

autogerenciamento interior Dinâmica 1 da Gestão de Qualidade Interna, processo ativo pelo qual se reduzem e neutralizam as reações automáticas mentais e emocionais diante de acontecimentos ou situações, em vez de se tornar uma vítima involuntária.

balancete de vantagens e desvantagens Técnica GQI destinada à avaliação das vantagens e desvantagens de qualquer projeto, decisão pendente, desempenho de funcionário, entre outros. Em conjunto com o congelamento de imagem, o balancete de vantagens e desvantagens pode produzir idéias surpreendentes para a solução de problemas pessoais e profissionais.

caos Grande confusão ou desordem; incoerência. Sua origem vem da palavra grega *Khaos*, que significa matéria amorfa. Acredita-se que antes do universo ordenado existia o estado de desordem.

capacidade de ouvir intuitivamente Meio de se comunicar que implica ouvir atentamente a outra pessoa, enquanto se mantém uma atitude interior neutra e emocionalmente equilibrada. Essa técnica de comunicação nos permite compreender imediatamente a essência de uma conversa e, muitas vezes, perceber as sutilezas da informação que está sendo transmitida.

célula Menor unidade estrutural básica de um organismo capaz de funcionar de maneira independente. Unidade complexa de protoplasma que em geral tem núcleo, citoplasma e membrana.

celular Que contém células ou é composto por células.

circuitos neurais Vias nervosas compostas por neurônios interligados no cérebro e no corpo por meio dos quais informações específicas são processadas. Uma pesquisa revelou que muitas dessas conexões nervosas se desenvolvem no início da infância, com base em nossas experiências e no tipo de estímulo que recebemos. Da mesma forma, até mesmo mais tarde, outros circuitos neurais podem ser reforçados ou atrofiados, dependendo da assiduidade com que os usamos. Circuitos específicos se formam e são reforçados pela repetição de condutas e, dessa maneira, tanto reações físicas como emocionais podem se transformar em tendências naturais e automáticas em nosso sistema.

coerência cardíaca Tipo de função do coração no qual suas reações rítmicas e elétricas são extremamente ordenadas. Uma pesquisa do Instituto HeartMath demonstrou que emoções positivas como amor, carinho e aprovação aumentam a coerência dos padrões dos batimentos rítmicos do coração. Foi comprovado que durante estados de coerência cardíaca o padrão das ondas cerebrais entra em sincronia com os padrões de variabilidade do ritmo cardíaco, o sistema nervoso fica mais equilibrado, a função imunológica aumenta e o organismo funciona de forma mais harmoniosa e eficaz.

coerência interior Estado profundo de autogerenciamento interior no qual a pessoa gera mais ordem e harmonia nos sistemas físico, mental e emocional. Nesse estado, os sistemas cardiovascular, imunológico, hormonal e nervoso funcionam de forma mais eficaz. Os estados de coerência interior estão associados a menor reação emocional, maior clareza mental, criatividade, capacidade de adaptação e flexibilidade.

coerência Ligação lógica, ordem interna ou harmonia entre os componentes de um sistema. O termo refere-se também a uma tendência para maior ordem no conteúdo de informações de um sistema ou no fluxo de informações entre sistemas. Em física, duas ou mais formas de onda que se propagam na mesma direção e com a mesma freqüência, de modo que sua energia seja construtiva, é descrita como coerente. A coerência também pode ser atribuída a uma única forma de onda, caso em que ela apresenta uma distribuição ordenada ou construtiva do conteúdo de força. A coerência de sistemas vivos vem despertando um crescente interesse científico. Quando um sistema está coerente, literalmente nenhuma energia é desperdiçada por causa da sincronia interna entre as partes. Em empresas, a coerência permite o surgimento de novos níveis de criatividade, cooperação, produtividade e qualidade em todos os níveis.

comunicação coerente Comunicação direta, centrada e livre de estática mental entre as pessoas. A troca coerente de informações constitui um elemento-chave para a eficácia da empresa e uma excelente forma de reduzir o *stress*. A comunicação coerente compõe a Dinâmica 2 da gestão de qualidade interna, que abrange: obter primeiro uma compreensão, ouvir sem fazer julgamentos, ouvir procurando assimilar a essência e o diálogo autêntico.

coração Órgão muscular oco que mantém a circulação do sangue através do corpo por meio de contrações rítmicas. É o mais forte oscilador rítmico e gerador de energia do corpo. Sistema de processamento complexo e auto-organizado que possui um "pequeno cérebro" próprio, ele transmite continuamente mensagens nervosas, hormonais, rítmicas e de pressão ao cérebro.

córtex cerebral Área mais desenvolvida do cérebro, que governa todas as habilidades superiores humanas, tais como a linguagem, a criatividade e a capacidade de resolver problemas. O córtex, assim como outros centros cerebrais, continua a desenvolver vias ou circuitos neurais no decorrer da vida.

cortisol Hormônio produzido pelas glândulas supra-renais durante situações de *stress*, comumente conhecido como *hormônio do stress*. Apesar de se tratar de um hormônio essencial, a quantidade excessiva de cortisol é prejudicial ao organismo e pode destruir as células do hipocampo, região do cérebro associada ao aprendizado e à memória.

cuidado Sentimento de preocupação genuína, sem qualquer interesse pessoal. O cuidado sincero é rejuvenescedor tanto para quem dá como para quem recebe.

DHEA Hormônio essencial produzido pelas glândulas supra-renais, conhecido como *hormônio da vitalidade*, por causa da sua ação no combate ao envelhecimento. Como o antagonista natural do organismo aos hormônios glicocorticóides como o cortisol, o DHEA reverte muitos dos efeitos fisiológicos desfavoráveis do *stress* excessivo. Precursor dos hormônios sexuais estrogênio e testosterona, dentre suas inúmeras funções incluem-se: estimular o sistema imunológico, baixar os níveis de colesterol e promover a deposição óssea e muscular. Tem-se constatado níveis baixos de DHEA em pacientes com doenças graves.

DNA Molécula complexa encontrada em todas as células do corpo e que contém as informações genéticas responsáveis pela transmissão das características hereditárias. Componente essencial de toda matéria viva, o DNA é um ácido nucléico formado por duas cadeias longas de nucleotídeos torcidos numa hélice dupla e é o principal componente dos cromossomos.

emoção Sentimento forte. Qualquer uma de várias reações complexas com manifestações mentais e físicas, como amor, alegria, pesar ou raiva. A energia emocional é neutra, ligando-se a pensamentos positivos ou negativos para criar as *emoções*.

epinefrina Hormônio secretado pela glândula supra-renal e que estimula o coração, aumenta a força e a resistência muscular, contrai os vasos sangüíneos e eleva a pressão arterial. Conhecido também como adrenalina.

equilíbrio Estabilidade ou distribuição uniforme de peso em cada lado de um eixo vertical. O termo é usado também para indicar estabilidade mental ou emocional.

freqüência Número de vezes que qualquer ação, ocorrência ou acontecimento é repetido num determinado período de tempo. Em física, consiste no número de oscilações, vibrações ou ondas periódicas por unidade de tempo, normalmente expressa em ciclos por segundo. A inteligência humana opera dentro de uma ampla faixa de freqüências.

holograma Imagem tridimensional feita de luz criada por um padrão de interferência de dois feixes de raios *laser* gravados sobre um filme fotográfico. *Holo* significa "completo ou total". *Gram* significa "registro gravado, desenhado ou escrito de uma imagem".

imagem congelada (*Freeze-frame*) Técnica usada na Dinâmica 1, Autogerenciamento Interior, que consiste em separar as reações mentais e emocionais dos acontecimentos externos ou internos. O centro da atenção, dessa forma, desvia-se da mente e das emoções para a área física ao redor do coração, enquanto se concentra numa emoção positiva, como amor ou aprovação. Esse instrumento destina-se a evitar o *stress* ao colocar um ponto final nas reações ineficazes do momento e dar oportunidade para perspectivas novas e intuitivas. A Imagem Congelada pode ser usada para gerar pensamento criativo, inovação e planejamento, bem como para melhorar a saúde e o bem-estar geral.

incoerência empresarial Estado resultante do acúmulo de ruído interno e externo, perturbação, pressão e conflito entre as pessoas que compõem uma empresa. Esse estado caracteriza-se por percepções distorcidas, altos níveis de reação emocional e redução da eficiência, cooperação e produtividade.

inibição cortical Falta de sincronia ou redução da atividade cortical atribuída aos batimentos cardíacos irregulares, que fazem que os sinais nervosos sejam transmitidos do coração ao cérebro durante períodos de *stress* ou estados emocionais negativos. Essa condição pode se refletir na diminuição da capacidade de tomar decisões eficazes, levando a decisões tacanhas, ineficazes ou a uma comunicação impulsiva, bem como a uma menor coordenação motora.

inteligência do coração Termo cunhado para expressar o conceito do coração como um sistema inteligente com poder de colocar os sistemas emocional e mental em equilíbrio e coerência.

inteligência intuitiva Tipo de inteligência distinta dos processos cognitivos, que se origina do uso constante da intuição e da sua aplicação. As pesquisas vêm demonstrando que a capacidade humana de vencer os desafios da vida com desenvoltura e elegância se baseiam não apenas no conhecimento, na lógica ou na razão, mas incluem também a capacidade de tomar decisões intuitivas. A pesquisa realizada pela HeartMath afirma que, com treino e prática, os seres humanos conseguem desenvolver um alto nível de inteligência intuitiva operacional.

intuição Inteligência e compreensão que contornam a lógica e os processos cognitivos lineares. Capacidade de saber diretamente por instinto, sem uma lógica consciente. Conhecimento puro, não adquirido, deduzido por um rápido e perspicaz lampejo intuitivo; bom senso.

lampejo intuitivo (*insight*) Faculdade de "ver" o interior ou a verdade subjacente e assimilar a verdadeira natureza de algo; percepção ou compreensão claras.

neurônio Qualquer uma das células que compõem o sistema nervoso, consistindo em um corpo celular com um núcleo, um ou mais dendritos e um único axônio. Os neurônios são as unidades estruturais fundamentais do tecido nervoso.

neutro Em física, significa ter carga elétrica igual a zero. Com referência aos mecanismos, significa uma situação na qual uma série de engrenagens estão desengatadas. Nos seres humanos, consiste num estado no qual estamos conscientemente desligados das nossas reações mentais e emocionais automáticas diante de situações ou problemas com a finalidade de obter uma perspectiva mais ampla.

parassimpático Ramificação do sistema nervoso autônomo que diminui ou relaxa as funções corporais. Essa parte do sistema nervoso assemelha-se aos freios de um carro. Muitas doenças e desordens conhecidas estão associadas à diminuição das funções parassimpáticas.

percepção Ato ou faculdade de assimilação por meio dos sentidos. Maneira como uma pessoa vê uma situação ou um acontecimento. A forma como percebemos um acontecimento ou um problema está por trás da nossa maneira de pensar, sentir e reagir diante desse acontecimento ou problema. Nosso nível de consciência determina nossa percepção inicial de um acontecimento ou nossa capacidade de obter um significado dos dados disponíveis. As pesquisas vêm demonstrando que, quando a lógica da mente e do intelecto estão harmoniosamente integradas com a inteligência intuitiva do coração, nossa percepção das situações pode mudar consideravelmente, oferecendo perspectivas mais amplas e apontando novas possibilidades.

plexo solar Grande rede de nervos localizada na área do abdome, abaixo do esterno, assim denominada por causa dos nervos radiados. Essa rede de nervos está distribuída pelo tecido que reveste o esôfago, o estômago, o intestino delgado e o cólon, algumas vezes chamado de *sistema nervoso entérico* ou *cérebro do intestino*.

princípio holográfico A propriedade singular de um holograma está no fato de que cada parte da imagem contém todas as informações necessárias para produzir o todo. O princípio holográfico segundo o qual "cada parte contém o todo" se reflete na estrutura celular do corpo humano, em que cada célula contém as informações necessárias para criar uma duplicação de todo o organismo.

salto no tempo Usado aqui para descrever o tempo economizado quando somos capazes de nos libertar de uma reação mental ou emocional ineficaz e fazer uma opção mais inteligente. O salto no tempo detém a reação em cadeia e o desperdício de energia e lança as pessoas para um novo domínio do tempo, em que existe mais eficiência no uso da energia e mais realização.

simpático Ramificação do sistema nervoso autônomo que acelera as funções corporais, preparando-nos para a mobilização ou ação. A reação de luta ou fuga ao *stress* ativa o sistema nervoso simpático e provoca a contração dos vasos sangüíneos e uma elevação da freqüência cardíaca, além de muitas outras reações do organismo. Essa parte do sistema nervoso assemelha-se ao pedal de aceleração de um carro.

sinal eletromagnético Em física, o termo é usado para descrever uma onda propagada no espaço ou no meio material pelo campo de energia elétrica e magnética oscilatório gerado por uma carga elétrica oscilante. No corpo humano, o coração constitui a fonte mais forte de energia eletromagnética.

sincronia coração-cérebro Estado no qual as ondas cerebrais e os ritmos cardíacos estão na mesma freqüência (sincronizadas). Esse fenômeno vem sendo associado a mudanças significativas na percepção e a uma conscientização mais intuitiva.

sincronização automática Fenômeno visto em toda a natureza, pelo qual os sistemas ou organismos que exibem comportamento periódico entram em sincronia e oscilam na mesma freqüência e fase. Um exemplo comum desse fenômeno consiste na sincronia de dois ou mais relógios de pêndulo colocados próximos uns aos outros. Nos seres humanos, a sincronização de diferentes sistemas biológicos oscilatórios para a freqüência primária do ritmo cardíaco muitas vezes pode ser observado durante estados emocionais positivos. Esse estado representa um modo extremamente eficiente da função corporal e está associado a uma maior clareza, leveza de espírito e paz interior. Nesse estado as equipes operam com um alto grau de sincronia, eficiência e comunicação coerente.

sistema cardiovascular Sistema do corpo humano que compreende o coração e os vasos sangüíneos.

sistema de barorreceptores Receptores nervosos localizados no interior do coração e das artérias. Sensíveis às alterações de pressão, eles transmitem informações nervosas ao cérebro e ajudam a regular a pressão arterial a curto prazo. Os sinais nervosos enviados pelo sistema de barorreceptores têm inúmeros efeitos no cérebro e são capazes de alterar a percepção nos centros superiores do cérebro.

sistema hormonal O hormônio é uma substância produzida por células vivas que circulam nos fluidos corporais e produz um efeito específico na atividade de células distantes do seu ponto de origem. O sistema hormonal é composto por vários hormônios que agem e se relacionam em todo o corpo com o intuito de regular inúmeras funções metabólicas e as células, órgãos e tecidos que o compõem.

sistema imunológico Sistema integrado de órgãos, tecidos, células e produtos das células do corpo humano, como os anticorpos, que diferencia o que "pertence" e o que "não pertence" ao organismo e neutraliza substâncias ou organismos potencialmente patogênicos que provocam doenças. O "sistema imunológico" de uma empresa se baseia nos valores centrais responsáveis por um nível mais elevado de realizações pessoais e maior bem-estar, eliminando os vírus emocionais que possam permear e destruir a eficiência e a coerência da empresa.

sistema límbico Grupo de estruturas cerebrais corticais e subcorticais envolvidas no processamento emocional e em determinados aspectos da memória. Essas estruturas abrangem: hipotálamo, tálamo, hipocampo e tonsila do cerebelo, entre outras.

sistema nervoso autônomo Porção do sistema nervoso que regula a maior parte das funções involuntárias do corpo, incluindo os batimentos cardíacos, os movimentos do trato gastrintestinal e as secreções de várias glândulas. Composto por duas ramificações (simpática e parassimpática), o sistema nervoso autônomo regula mais de 90% das funções do corpo. O coração, o cérebro e os sistemas imunológico, hormonal, respiratório e digestivo estão todos interligados por essa rede de nervos.

sistema nervoso Sistema de células, tecidos e órgãos que coordenam e regulam as reações do organismo aos estímulos internos e externos. Nos vertebrados, o sistema nervoso é composto pelo cérebro e pela coluna vertebral, pelos nervos, gânglios e centros nervosos nos órgãos receptores e efectores.

stress Pressão, tensão ou sensação de perturbação interior decorrente de percepções ou reações a acontecimentos. Estado de excitação emocional negativa normalmente associado a sentimentos de mal-estar ou ansiedade que atribuímos às circunstâncias que nos cercam ou a alguma situação.

superpreocupação Conseqüência do cuidado levado ao extremo que cruza a linha que o separa da ansiedade e da preocupação. A superpreocupação constitui um dos maiores inibidores da resiliência no âmbito pessoal e empresarial. Tornou-se tão natural que as pessoas muitas vezes não se dão conta desse comportamento, pois ele se apresenta como cuidado. À medida que aprendem a identificar e vedar as rachaduras em seu próprio sistema provocadas pela superpreocupação, elas estancam o gasto de energia e eficiência, pessoal e da empresa.

teoria quântica Teoria matemática que descreve o comportamento de sistemas físicos. É particularmente útil no estudo das características energéticas da matéria e do nível subatômico. Um dos princípios mais importantes da teoria quântica é que não estamos simplesmente observando a realidade, mas participando da forma como a criamos.

tonsila do cerebelo Principal centro cerebral subcortical que coordena as reações comportamentais, neurológicas, imunológicas e hormonais às ameaças ambientais. Serve também como depósito de memória emocional do cérebro. Sua função consiste em comparar os sinais recebidos do ambiente com as memórias emocionais armazenadas. Dessa forma, a tonsila toma decisões imediatas sobre o nível de ameaça das informações sensoriais. Por causa das suas extensas conexões com o hipotálamo e outros centros do sistema nervoso autônomo, ela consegue ativar o sistema nervoso autônomo e as reações emocionais antes que os centros superiores do cérebro recebam as informações sensoriais.

variação da freqüência cardíaca (VFC) Mudanças que ocorrem normalmente nos batimentos cardíacos. A análise da variabilidade da freqüência cardíaca é um instrumento importante para a avaliação do funcionamento e do equilíbrio do sistema nervoso autônomo. É considerada também um indicador importante do envelhecimento e da saúde cardíaca e geral.

vírus emocional Termo metafórico usado para descrever o resultado das emoções mal trabalhadas numa empresa. O vírus prolifera na discrepância entre as nossas expectativas e a realidade que percebemos. Os desequilíbrios interiores criados por um vírus emocional perpetuam as distorções e os obstáculos que ainda não foram superados. Esse conceito faz parte da Dinâmica 3, Como Estimular um Clima Saudável na Empresa.

Leitura Recomendada

Autry, James A. *Love and Profit: The Art of Caring Leadership*. Nova York: William Morrow and Company, 1991.

Block, Peter. *Stewardship: Choosing Service over Self-Interest*. San Francisco: Berrett-Koehler Publishers, 1993.

Bracey, Hyler, Jack Rosenblum, Aubrey Sanford e Roy Trueblood. *Managing from the Heart*. Nova York: Dell, 1995.

Childre, Doc. *Self-Empowerment: The Heart Approach to Stress Management*. Boulder Creek, Ca: Planetary Publications, 1992.

Childre, Doc, *Freeze-Frame: One-Minute Stress Management*. Boulder Creek, Ca: Planetary Publications, 1994; edição revista, 1998.

Childre, Doc, e Sara Paddison. *HeartMath Discovery Program: Daily Readings and Self-Discovery Exercises for Creating a More Rewarding Life*. Boulder Creek, Ca: Planetary Publications, 1998.

Childre, Doc, e Howard Martin. *The HeartMath Solution*. San Francisco, Ca: HarperSanFrancisco, 1999. [*A Solução HeartMath®*, publicado pela Editora Cultrix, São Paulo, 2001.]

Collins, James C., e Jerry I. Porras. *Built to Last: Successful Habits of Visionary Companies*. Nova York: HarperBusiness, 1994.

Conner, Daryl R. *Managing at the Speed of Change: How Resilient Managers Succeed and Prosper Where Others Fail*. Nova York: Villard Books, 1993.

Cooper, Robert, e Ayman Sawaf. *Executive EQ: Emotional Intelligence in Leadership and Organizations*. Nova York: Grosset/Putnam, 1997.

Covey, Stephen R. *The Seven Habits of Highly Effective People: Powerful Lessons in Personal Change*. Nova York: Simon and Schuster, 1989.

Cox, Allan, e Julie Liesse. *Redefining Corporate Soul: Linking Purpose and People*. Chicago: Irwin Professional Publishing, 1996.

DePree, Max. *Leadership Is an Art*. Nova York: Dell, 1989.

DePree, Max. *Leadership Jazz*. Nova York: Dell, 1992.

Edvinsson, Leif, e Michael S. Malone. *Intellectual Capital: Realizing Your Company's True Value by Finding Its Hidden Brainpower*. Nova York: HarperCollins, 1997.

Farkas, Charles M., e Philippe DeBacker. *Maximum Leadership: The World's Leading CEOs Share Their Five Strategies for Success*. Nova York: Henry Holt and Company, 1996.

Frankl, Victor. *Man's Search for Meaning*. Nova York: Simon and Schuster, 1970.

Galvin, Robert W. *The Idea of Ideas*. Schaumburg, IL: Motorola University Press, 1991.

Goleman, Daniel. *Emotional Intelligence: Why It Can Matter More Than IQ*. Nova York: Bantam Books, 1995.

Hammond, Sue Annis. *Appreciative Inquiry*. Plano, TX: Kodiak Consulting, 1996.

Hawley, Jack. *Reawakening the Spirit of Work: The Power of Dharmic Management*. San Francisco: Berrett-Koehler Publishers, 1993.

Helgesen, Sally. *The Web of Inclusion*. Nova York: Doubleday, 1995.

Heskett, James L. W. Earl Sasser, Jr., e Leonard A. Schlesinger. *The Service-Profit Chain: How Leading Companies Link Profit and Growth to Loyalty, Satisfaction, and Value*. Nova York: The Free Press, 1997.

Hesselbein, Frances, Marshall Goldsmith, e Richard Beckhard. *The Leader of the Future*. San Francisco: Jossey-Bass, 1996.

Jaworski, Joseph. *Synchronicity: The Inner Path of Leadership*. San Francisco: Berrett-Koehler, 1996.

Johansen, Robert, e Rob Swigart. *Upsizing the Individual in the Downsized Organization: Managing in the Wake of Reengineering, Globalization, and Overwhelming Technological Change*. Reading, MA: Addison-Wesley Publishing, 1996.

Land, George, e Beth Jarman. *Breakpoint and Beyond: Mastering the Future Today*.

Nova York: HarperBusiness, 1992. [*Ponto de Ruptura e Transformação*, publicado pela Editora Cultrix, São Paulo, 1991.]

McMaster, Michael D. *The Intelligence Advantage: Organising for Complexity*. Isle of Man, United Kingdom: Knowledge Based Development Company, Ltd., 1995.

O'Hara-Devereaux, Mary, e Robert Johansen. *Global Work: Bridging Distance, Culture and Time*. San Francisco: Jossey-Bass, 1994.

Osborne, David, e Ted Gaebler. *Reinventing Government: How the Entrepreneurial Spirit Is Transforming the Public Sector*. Nova York: Penguin Books, 1993.

O'Shea, James, e Charles Madigan. *Dangerous Company: The Consulting Powerhouses and the Business They Save and Ruin*. Nova York: Random House, 1997.

Paddison, Sara. *The Hidden Power of the Heart: Discovering an Unlimited Source of Intelligence*. Boulder Creek, Ca: Planetary Publications, 1992. [*O Poder Oculto do Coração*, publicado pela Editora Cultrix, São Paulo, 2000.]

Pearce, Joseph Chilton. *Evolution's End*. San Francisco: HarperCollins, 1992.

Peters, Tom. *Thriving on Chaos*. Nova York: Harper and Row, 1987.

Peters, Tom. *The Pursuit of Wow: Every Person's Guide to Topsy-Turvy Times*. Nova York: Vintage Books, 1994.

Rechtschaffen, Stephan. *Time Shifting: Creating More Time to Enjoy Your Life*. Nova York: Doubleday, 1997.

Schultz, Howard, e Dori Jones Yang. *Pour Your Heart into It: How Starbucks Built a Company One Cup at a Time*. Nova York: Hyperion, 1997.

Srivastva, Suresh, David L. Cooperrider, e Associados. *Appreciative Management and Leadership: The Power of Positive Thought and Action in Organizations*. San Francisco: Jossey-Bass, 1990.

Taylor, Jim, e Watts Wacker, com Howard Means. *The 500 Year Delta: What Happens After What Comes Next*. Nova York: HarperCollins, 1997.

Tiller, William A. *Science and Human Transformation: Subtle Energies, Intentionality and Consciousness*. Walnut Creek, Ca: Pavior Publishing, 1997.

Watkins, Alan. *Mind-Body Medicine: A Clinician's Guide to Psychoneuroimmunology*. Londres: Churchill Livingstone, 1997.

Wheatley, Margaret J. *Leadership and the New Science: Learning about Organization from an Orderly Universe*. San Francisco: Berrett-Koehler, 1992. [*Liderança e a Nova Ciência*, publicado pela Editora Cultrix, São Paulo, 1996.]

O Instituto HeartMath

O Instituto HeartMath é uma empresa de pesquisas e educação pública sem fins lucrativos que se dedica a desenvolver e a promover estabilidade nas escolas e evitar as doenças coronarianas. As técnicas e os instrumentos do Instituto foram usados em vários contextos — empresarial, educacional, governamental e de saúde — para ajudar milhares de pessoas a lidar com o *stress* e o conflito, ter mais paz e tranqüilidade e adquirir hábitos mais saudáveis. As pesquisas do IHM foram publicadas em vários periódicos científicos, como o *The American Journal of Cardiology* e o *Journal of Stress Medicine*.

Entre em contato com eles para obter mais informações sobre suas pesquisas, relatos de casos, Hub groups, arrecadação de fundos ou programas de voluntários.

Institute of HeartMath
P. O. Box 1463, Boulder Creek, CA 95006
831-338-8500 – info@heartmath.org
www.heartmath.org

Agradecimentos

O instituto foi criado originalmente com o intuito de reunir os campos da ciência, saúde, psicologia e negócios. Por causa do seu rápido crescimento, lançamos a HeartMath LLC, com o objetivo de fornecer serviços de treinamento e assessoria em todo o mundo, nos mercados atendidos antigamente pelo instituto, que continua a ser uma empresa sem fins lucrativos e de vanguarda na área de pesquisas. Em 1999, a HeartMath fez uma fusão com a Planetary Publications, uma editora de livros, CDs, CD-ROMs e *software* interativo. Várias pessoas que trabalham nessas duas empresas, como clientes e colegas, contribuíram enormemente para a realização deste trabalho. A edição de texto de Sara Paddison ajudou a dar coerência ao livro. Rollin McCraty foi um assessor de pesquisas sem igual, e Tom Beckman vasculhou a Internet nos últimos anos em busca de dados relacionados às questões de produtividade, cuidados de saúde, *stress* e eficiência nos locais de trabalho. Meus agradecimentos especiais aos doutores Karl Pribram, Alan Watkins e Lee Lipsenthal, por suas contribuições no capítulo sobre inteligência humana. Tricia Hoffman, Christiana Bramlet, Jennifer Barr, Dana Tomasino e Veronica Yousoofian enriqueceram sobremaneira esta pesquisa, ao passo que Brandi Barchi e Sherye Woodley ajudaram a manter todas as peças organizadas e claras. J. J. McCraty foi inestimável na produção das ilustrações e a perspectiva de Joseph Sundram foi o grande trunfo do último capítulo, assim como foi Sibyl Cryer em todo o processo. Como vice-presidente executiva da HeartMath LLC, Deborah Rozman ajudou a orientar todas as fases do desenvolvimento da HeartMath. Howard Martin, vice-presidente executivo e diretor de criatividade, também fez contribuições valiosas para este trabalho, além de auxiliar e orientar todo o processo publicitário. O trabalho de Euphrasia Carroll e Dan Bishop na criação de um CD-ROM baseado na primeira edição do livro influenciou a elaboração da nova edição.

Gostaríamos de agradecer também aos nossos parceiros ingleses, Chris Sawicki e o dr. Alan Watkins, da Hunter-Kane Ltd.; Wendy Parker; Robert Cooper, autor de *Executive EQ*; Vivian Wright, da Hewlett-Packard; Torrey Byles da Granada Research; Cassandra Pulig, da Silicon Graphics; Peter Buecking, da Cathay Pacific Airway; Jim Warren, da Waren Financial Group; e Wolfgang Hultner, do Mandarin Oriental Hotel, em San Francisco, por seu estímulo e por suas informações valiosas.

Divirtam-se!